AF171009

Otto Jahn

Die Entführung der Europa auf antiken Kunstwerken

Otto Jahn

Die Entführung der Europa auf antiken Kunstwerken

ISBN/EAN: 9783743675810

Hergestellt in Europa, USA, Kanada, Australien, Japan

Cover: Foto ©Thomas Meinert / pixelio.de

Weitere Bücher finden Sie auf **www.hansebooks.com**

DIE

ENTFÜHRUNG DER EUROPA

AUF

ANTIKEN KUNSTWERKEN

VON

OTTO JAHN

(Mit 10 Tafeln.)

(VORGELEGT IN DER SITZUNG AM 21. APRIL 1869.)

WIEN

AUS DER KAISERLICH-KÖNIGLICHEN HOF- UND STAATSDRUCKEREI

IN COMMISSION BEI KARL GEROLD'S SOHN, BUCHHÄNDLER DER KAISERLICHEN AKADEMIE DER WISSENSCHAFTEN

1870

SEPARATABDRUCK AUS DEM XIX. BANDE DER DENKSCHRIFTEN DER PHILOSOPHISCH-HISTORISCHEN CLASSE
DER KAISERLICHEN AKADEMIE DER WISSENSCHAFTEN.

DIE

ENTFÜHRUNG DER EUROPA AUF ANTIKEN KUNSTWERKEN

VON

OTTO JAHN.

(Mit 10 Tafeln.)

(VORGELEGT IN DER SITZUNG DER PHILOSOPHISCH-HISTORISCHEN CLASSE AM 11. APRIL [illegible].)

Eine Anzahl noch nicht bekannt gemachter Monumente, welche *Europa* darstellen, gab mir Veranlassung, die Kunstwerke, welche sich auf diese, früher mehr vom mythologischen Gesichtspunkt aus behandelte Sage[1]) beziehen, zusammenzustellen und einer näheren Erörterung zu unterziehen. Meine Arbeit war nahezu vollendet, als mir die in gleichem Sinn unternommene Zusammenstellung Stephanis[2]) zukam, welche ich daher fast nur nachtragsweise benutzen konnte.

Die Eröffnungsscene, welche der wirklichen Entführung der *Europa* vorangeht, das Erscheinen des Stiers unter den Jungfrauen, die er durch Schönheit und zahme Zuthunlichkeit anlockt, mit ihm ihr Spiel zu treiben, bot der dichterischen Darstellung manche anmuthige Züge dar, von denen die bildende Kunst nur theilweise, und auch erst in ihrer späteren, völlig freien Entwickelung Gebrauch machen konnte.

Eine Darstellung dieser Art zeigt eine unteritalische hohe Amphora des Museo Nazionale in Neapel (Taf. I, *a*)[3]). *Europa* unterhält sich auf einer blumenreichen Wiese mit vier Gespielinnen nicht, wie gewöhnlich berichtet wird, mit Blumenpflücken, sondern ist mit dem

[1]) Welcker über eine kretische Kolonie in Theben, die Göttin Europa und Kadmos den König. Bonn 1824. Böttiger Kunstmyth. I p. 307 ff. Höck Kreta I p. 80 ff. Ch. Lenormant nouv. gal. myth. p. 62 ff.

[2]) Stephani compte rendu 1866 p. 79 ff. 145 ff.

[3]) Sie wurde zuerst nach einem Bericht von Salv. Fenicia beschrieben (Bull. 1852 p. 34. 86 f.), darauf genauer von Minervini (Bull. Nap. N. S. II p. 46 ff. 57 ff.). Eine von Minervini erwähnte ausführliche Erklärung Quarantas ist meines Wissens nicht gedruckt. Die auf Taf. I, *a* mitgetheilte Zeichnung verdanke ich Dr. Klügmann, der mir über die Farben genauere Mittheilung machte. Die Vase ist mit zwei anderen Prachtvasen, die Bestattung des *Patroklos* und *Medea* (arch. Ztg. XXV Taf. 224, 1) vorstellend, nach Minervinis Angabe in Canosa, nach Fenicia in der Nähe von Ruvo gefunden. Dieser Theil der Vase ist ohne alle Beschädigung.

Ballspiel beschäftigt, wie Nausikaa mit ihren Jungfrauen[1]), als der Stier ihre Aufmerksamkeit auf sich zieht. Neben den Motiven des Wasserholens, des Blumenpflückens, des Reihentanzes, welche in der Sage und Poesie, wie in der bildenden Kunst bei Entführungsscenen von Jungfrauen zur Anwendung kommen[2]), findet auch das Ballspiel einen angemessenen Platz[3]). Nicht bloss bei den Knaben war es ein beliebtes Spiel[4]), auch die Mädchen und Frauen ergötzten sich daran auf mannigfache Weise, allein, im Frauengemach, und im Freien in Gesellschaft[5]), in die sich auch *Eros* mischt, der nicht zu fehlen pflegt, wo Jugend und Anmuth sich in heiterem Spiel ergehen[6]). Die späteren Vasenbilder, welche mit Vorliebe die Züge des leicht bewegten Frauenlebens hervorheben, geben ihnen daher gern den Ball[7]), meist so wie hier mit gekreuzten Bändern verziert und mit einer Schlinge zum Anfassen versehen[8]). Eine der Jungfrauen hinter *Europa*, noch ganz mit dem Spiel beschäftigt, hebt den Ball mit der Rechten zum Wurf, zwei andere, deren Aufmerksamkeit schon auf den Stier gerichtet ist, halten den Ball müssig in der Linken. Zwischen diesen befindet sich eine dritte, deren lebhaftere Bewegung auch durch das beliebte Motiv des über dem Kopf bogenförmig flatternden, mit der Rechten festgehaltenen Tuchs bezeichnet wird, mit einem Tympanon in der gesenkten Linken. Dies Instrument hat hier sicher keinerlei Beziehung zum Cultus, sondern war nur bestimmt zu den rhythmischen, tanzartigen Bewegungen des Ballspiels den Takt anzugeben[9]), wie noch heute im Süden die Schläge des Tamburins genügen, um die tanzlustige Jugend auf der Gasse oder im Freien zur Saltarella zu beleben. Uebrigens sind diese leichtfüssigen Frauen im durchsichtigen, ärmellosen Chiton, mit shawlartigen Tüchern, Hauben, die immer wiederkehrenden Gestalten der apulischen Vasenbilder. Halsbänder, Arm- und Fussketten, Bälle, Gewandsäume, Schuhe sind weiss und gelb bemalt, nur die Tympanistria hat dunkelrothe Schuhe. *Europa*, durch ihre Kleidung in keiner Weise vor den übrigen ausgezeichnet, eilt mit vorgebeugtem

---

1) Hom. Od. ζ, 99:

αὐτὰρ ἐπεὶ σίτου τάρφθεν δμῳαί τε καὶ αὐτή,
σφαίρῃ ταὶ τ' ἄρ' ἔπαιζον, ἀπὸ κρήδεμνα βαλοῦσαι·
τῇσι δὲ Ναυσικάα λευκώλενος ἤρχετο μολπῆς. —
σφαῖραν ἔπειτ' ἔρριψε μετ' ἀμφίπολον βασίλεια·
ἀμφιπόλου μὲν ἅμαρτε, βαθείῃ δ' ἔμβαλε δίνῃ.

Athen. I p. 14 D ὀρχήσεις δ' εἰσὶ παρ' Ὁμήρῳ αἱ μέν τινες τῶν κυβιστητήρων αἱ δὲ διὰ τῆς σφαίρας, ἧς τὴν εὕρεσιν Ἀγαλλὶς ἡ Κερκυραία γραμματικὴ Ναυσικάᾳ ἀνατίθησιν ὡς πολίτιδι χαριζομένη. Vgl. Claudian. I. Ser. 141 ff. Bekanntlich hatte Sophokles das Motiv in seiner Nausikaa benutzt und sich durch sein Ballspiel ausgezeichnet. Athen I p. 20 F. Eustath. Od. p. 1553, 64. Il. p. 381, 10.

2) O. Jahn arch. Beitr. p. 29 ff.

3) Auch *Oreithyia* wird von *Boreas* beim Ballspiel mit ihren Gespielen überrascht auf einem Vasenbild (Bull. Nap. N. S. V, 2).

4) Grasberger Die leibl. Erziehung b. d. Gr. u. R. I p. 84 ff. R. Rochette choix de peint. p. 191. Fouquières les jeux des anc. p. 47 ff. p. 176 ff.

5) Sitzend spielen Frauen mit einem oder mehreren Bällen (Politi espos. di 7 vasi. Palermo 1832. Panofka Bilder ant. Leb. 19, 8; ann. XIII tav. I; Gerhard auserl. Vas. 297. 98, 1. 2; Münch. Vas. 676), oder stehend und schreitend (d'Hancarville I, 67. Inghirami vasi fitt. 204; ant. du Bosph. Cimm. 61, 6. Ber. d. sächs. Ges. der Wiss. 1854 Taf. 13; Compte rendu 1863 Taf. 2, 4). Auf der Archemorosvase (Mon. inéd. de la sect. Franç. 6 Gargiulo racc. 45; bei Gerhard ges. Abh. Taf. 2 fehlt der Ball) scheint eine der Hesperiden die ἀπόρραξις zu spielen (Poll. IX, 104. Eustath. Od. p. 1601, 34). Ein Jüngling im Begriff dem Mädchen einen Ball zuzuwerfen auf einem Vasenbild (Gerhard Myster. 11. él. céram. IV, 75).

6) O. Jahn Ber. d. sächs. Ges. d. Wiss. 1854 p. 258 f. Cat. Campana IV, 228.

7) Vgl. d'Hancarville I, 22; IV, 27; Inghirami Vasi fitt. 174; Millin vas. II, 73; Mus. Borb. VII, 8. Inghirami Vasi fitt. 34; Gerhard Myster. 6; Bull. Nap. N. S. III, 3.

8) Vgl. Böttiger Amalth. I p. 27 f.

9) Bei den Phäaken ist das Ballspiel zugleich ein kunstreicher Tanz (Od. 3. 370 ff.) Vor der Hochzeit weiht Timareto der jungfräulichen Artemis ihre Kleider, das Haarnetz, die Puppen, τὰ τύμπανα τάν τ' ἐρατεινὰν σφαῖραν (anth. Pal. VI. 280).

Körper auf den Stier zu, dem sie mit den ausgestreckten Händen seinen Platz zu ihren Füssen anweist. Dieser, am Rücken gelb gefärbt, übrigens weiss[1]), senkt das kurzgehörnte Haupt[2]) und lässt sich auf ein Knie vor der Jungfrau nieder, ὤκλασε πρὸ ποδοῖϊν, wie Moschus sagt[3]). Um aber keinen Zweifel zu lassen, wodurch dieses Wunder gewirkt werde, sitzt rittlings auf seinem Rücken *Eros*, stützt die Linke auf seinen Nacken und erhebt die Rechte wie zum Schlagen; ihm entgegen fliegt ein zweiter *Eros* mit einer Binde, auf den glücklichen Ausgang des von Zeus unternommenen Liebesabenteuers hinweisend. Beide Eroten haben nach der Weise der apulischen Vasenmalerei grosse gelb und weiss bemalte Schwingen, Hals- und Brustketten, Arm- und Fussspangen. Die unmittelbar hinter dem Stier heranschreitende Jungfrau erhebt in der vorgestreckten Rechten einen Kranz; vielleicht ursprünglich für die Siegerin im Ballspiel bestimmt, soll er jetzt die wunderbare Bezähmung des Stiers krönen. Auch von der andern Seite fliegt hinter Europa noch eine Taube herbei, welche einen Kranz in den Krallen hält[4]). Einen eigenthümlichen Zug von Gemüthlichkeit bringt in die heiter bewegte Darstellung die am Ende stehende Gestalt eines Mannes mit weissem Haar und Bart, der durch die auf Vasenbildern dieses Stils feststehende Tracht als *Pädagog* bezeichnet ist[5]). Mit Stiefeln und kurzem Chiton bekleidet, steht er in sein Himation gewickelt, den Hut im Nacken hängend, das Kinn auf den Krückenstock, über den er beide Hände gekreuzt hat, bequem gestützt, ruhig da und sieht behaglich einem tändelnden Spiel zu, das der erfahrene Jungfrauenhüter für ganz ungefährlich ansieht[6]).

---

[1]) Didymos bei Eustathios (Hom. Od. β p. 1480. Hesych. ἀργυφέας) führt an ταῦρος ἀργυφέας ἔχων λευκὰς παρὰ Φρυνίχῳ (15 N.) ὁ διαπορθμεύσας τὴν Εὐρώπην. Ovid. met. II, 852. 865 *nunc latus in fulvis niveum deponit arenis*. Sil. It. XIV, 568. anth. Lat. I, 14 (576), 3. Lucian. dial. mar. 15. 2 λευκός τε γὰρ ἦν ἀκριβῶς. Mosch. II, 84:

τοῦ δ' ἤτοι τὸ μὲν ἄλλο δέμας ξανθόχροον ἔσκε,
κύκλος δ' ἀργύφεος μέσσῳ μάρμαιρε μετώπῳ.

[2]) Ovid. met. II, 855 *cornua parva quidem, sed quae contendere possis*
facta manu puraque magis perlucida gemma.

[3]) Mosch. II, 99. Vgl. Nonn. I, 52 δίχηλον ὀκλάζων ὑψαύχενα νῶτα τιταίνων
Εὐρώπην ἀνάειρε,

[4]) Ähnlich auf anderen apulischen Vasenbildern. Gerhard apul. Vas. 14. Bull. Nap. N. S. VI, 6.

[5]) Eine Zusammenstellung der auf Kunstwerken vorkommenden Pädagogen und Ammen giebt Stephani (compte rendu 1863 p. 177 ff.). Gegen meine Annahme, dass das auf den apulischen Vasenbildern ganz stereotype Costüm der Pädagogen von der Theatertracht derselben entlehnt sei (Münchn. Vas. Einl. p. CCXXVII), bemerkt Stephani (a. a. O. p. 176): „Also sogar die Darstellungsweise der Pädagogen sollen die Vasenmaler von der Bühne entlehnt haben; sie, die täglich Hunderte von Pädagogen auf der Strasse sahen, sollen sich erst bei der Theatergarderobe Rath erholt haben über die Tracht und die äussere Erscheinung dieser Menschenclasse, und eines so unnatürlichen und geschmacklosen Verfahrens werden sie für fähig gehalten, selbst bevor wenigstens nachgewiesen ist, dass die Pädagogen im wirklichen Leben wesentlich anders aussahen, als in jenen Vasengemälden, auf der Bühne aber genau ebenso". Meines Wissens ist nicht nachgewiesen, auch nicht nachweisbar, an sich gewiss höchst unwahrscheinlich, dass in Griechenland, namentlich in Athen, die Hunderte von Pädagogen alle weisshaarig, kahlköpfig, in eine bis auf Stock und Stiefel genau übereinstimmende Livree gekleidet waren. Eben weil eine feststehende conventionelle äussere Erscheinung der Pädagogen im wirklichen Leben weder bezeugt noch nach Analogie wahrscheinlich ist, schien es mir verständig, den auf den Vasenbildern durchgehenden Typus auf einen Typus zurückzuführen, der allgemein bekannt und verständlich war. Diesen bot die Bühne, auf welcher der Pädagog eine stehende Figur und daher mit einer Maske und einem Costüm ausgerüstet war, welche ihn ohne Weiteres kenntlich machten. Studien in der Theatergarderobe waren deshalb nicht nöthig; die Vasenmaler besuchten das Theater wie andere Leute, und die stehenden Figuren des Theaters waren dem Publicum nicht fremder, als was sie auf der Strasse sahen; was für ein Bedenken konnte ein Künstler haben, eine conventionelle Figur daher zu entnehmen, wo er sie fertig und allen verständlich vorfand? Eine bestimmte Überlieferung über das Costüm der Pädagogen auf der Bühne wie auf der Strasse fehlt; es kann sich daher nur um eine aus allgemeinen Gründen wahrscheinliche Erklärung des Factums handeln, dass auf den apulischen Vasenbildern die Pädagogen immer unter einer stereotypen Form erscheinen.

[6]) Auf der Rückseite ist *Zeus* auf einem Felsstein sitzend dargestellt, bekränzt, den Unterkörper verhüllt, in der Rechten eine Schale, in der Linken das Scepter mit dem Adler. Vor ihm steht auf einem Viergespann ein geflügelter Jüngling, der sich nach ihm umsieht; vor den Pferden, über deren Köpfe vier Sterne sind, die Zügel anfassend *Hermes*, neben diesem

Vereinfacht ist die Darstellung auf einer unteritalischen Hydria, welche aus der vaticanischen Bibliothek ins Museum Gregorianum versetzt ist[1]). Auch hier legt sich der durch weisse Farbe ausgezeichnete Stier in derselben Weise vor *Europa* nieder, welche, im ärmellosen Chiton, mit der Rechten ihm eine durch schwarze Punkte angedeutete Schnur um die Hörner legt[2]); eine Gespielin hat den Stier am Schwanz gefasst und ruft mit erhobener Rechten *Europa* zu. Ueber dem Stier schwebt *Eros*, im Begriff mit der Rechten *Europa* einen Kranz aufzusetzen, während er in der Linken Zweig und Binde hält. Hinter *Europa* steht eine ruhig zusehende Frau, welche sich mit dem ins Gewand gehüllten rechten Arm auf einen Pfeiler stützt und einen Spiegel in der Rechten hält. Etwas oberhalb sitzt ein unbärtiger Mann mit einem Kranz im Haar, der mit der Rechten den Zipfel seines Gewandes erhebt, das über den Rücken gezogen von der linken Schulter herabfällt und den unteren Theil des Körpers bedeckt; in der Linken ruht das mit dem Adler bekrönte Scepter. Er sieht nach einem Jüngling zurück, der hinter Europas Gespielin die Darstellung abschliesst. Dieser ist mit Stiefeln, einer über den Rücken fallenden Chlamys, dem im Nacken liegenden Petasos bekleidet, tritt mit dem rechten Fuss hoch auf und hält in der Rechten einen Kranz, in der Linken das Kerykeion. Da er hiedurch als *Hermes* hinreichend charakterisirt ist, der in dieser Stellung auf Vasenbildern und sonst oft genug vorkommt[3]), wird die Frau am entgegengesetzten Ende unbedenklich als *Aphrodite* aufzufassen sein, welche in ähnlicher Weise auf Vasenbildern dieser Art dargestellt wird[4]). Auch kann nunmehr der Scepterträger, trotzdem dass er unbärtig ist, nur für *Zeus* gelten. Der Künstler ist der späteren Auffassung gefolgt, welche den Stier von Zeus abgesendet werden liess, um *Europa* zu entführen[5]), wie man auch in dem Adler, welcher *Ganymedes* raubte, bald den Diener des Zeus, bald den verwandelten Gott sah[6]).

---

ein bocksfüssiger *Panisk*, endlich der jugendliche, bis auf die sprossenden Hörner menschlich gebildete *Pan* der apulischen Vasenbilder. Mit *Europa* hat diese Vorstellung gewiss nichts zu thun; es ist die Abfahrt des *Helios*, wie sich Darstellungen von Lichtgottheiten so häufig auf diesen Vasenbildern finden (Gerhard ges. Abh. Taf. 6, 7). — Die Darstellung, welche sich unter den Hauptvorstellungen um das ganze Gefäss zieht, zeigt eine jener zahlreichen Versammlungen von Jünglingen, Frauen und Eroten mit mancherlei Geräthen und Symbolen, deren Bedeutung weder im Ganzen noch im Einzelnen aufgeklärt ist, die aber die Entführung der Europa nicht angeht.

[1]) Passeri pict. 6. Pistolesi Vatic. descr. III, 91. Die sehr ungenauen Abbildungen sind durch eine sorgfältige von Fr. Matz mir mitgetheilte Beschreibung controlirt.

[2]) Ovid. met. II, 866 *modo pectora praebet*
virginea palpanda manu, modo cornua sertis
impedienda novis.

Anth. Lat. I, 14 (573), 17 *imposuit regina manum patiensque pericli*
mollibus intexens ornabat cornua sertis.

[3]) Ganz entsprechend ist *Hermes* auf der Poniatowskischen Triptolemosvase (Millin Vas. II, 30. Inghirami vasi fitt. 11), sowie auf einer anderen unteritalischen Vase (Bull. Nap. II, 7. arch. Ztg. III, 29). Vgl. Lambeck de Mercurii statua p. 26 ff. Dieselbe Gestalt aber begegnet uns andermal, wo an Hermes nicht zu denken ist; Millin vas. II, 36. 44. Minervini mon. Barone 18.

[4]) Vgl. Millingen peint. de vas. 4.

[5]) Apollod. II, 5, 7 τὸν Κρῆτα ταῦρον — Ἀκουσίλαος μὲν εἶναι φησι τὸν διαπορθμεύσαντα Εὐρώπην Διί. Eratosth. cat. 14 ταῦρος λέγεται ἐν τοῖς ἄστροις τεθῆναι διὰ τὸ Εὐρώπην ἀγαγεῖν ἐκ Φοινίκης εἰς Κρήτην διὰ τοῦ πελάγους, ὥς Εὐριπίδης φησὶν ἐν τῷ Φρίξῳ. Hygin. astr. II, 21. schol. Germ. 174 p. 74. 135 Br. Ampel. 2. Nach Ioa. Malal. p. 31, 6 hatte Euripides ebenfalls die Verwandlung des Zeus, natürlich in einer anderen Tragödie — vielleicht dem Theseus oder den Kretern — berichtet. Die ganz allgemeine Ueberlieferung bis in die späteste Zeit ist die, dass Zeus die Gestalt des Stieres annimmt, vgl. Unger parad. Theb. p. 422 ff.

[6]) O. Jahn arch. Beitr. p. 22 f.

Mit vollem Recht hat Minervini[1]) dieselbe Scene auf einem unteritalischen Krater erkannt, der ebenfalls aus der vaticanischen Bibliothek ins Museum Gregorianum gekommen ist[2]). *Europa* eilt auf den weiss gefärbten Stier, der hier ruhig dasteht, zu, sie hat ihn mit der Linken am Kopf gefasst und streckt die Rechte wie liebkosend ihm entgegen, wie es bei Moschos heisst[3]):

ἡ δέ μιν ἀμφαφάασκε καὶ ἠρέμα χείρεσιν ἀφρὸν
πολλὸν ἀπὸ στομάτων ἀπομόργνυτο καὶ κύσε ταῦρον.

Ueber dem Stier schwebt *Eros* mit einem Spiegel in der Rechten, der Leiter in der Linken; hinter Europa entfernt sich eine Frau, indem sie sich mit staunender Geberde nach ihr umsieht, deren Kopf aus Nachlässigkeit nicht ausgeführt ist. Oben sitzen ein bärtiger, unterwärts bekleideter Mann, in der Rechten eine Schale, in der Linken ein Scepter, dessen Spitze zerstört ist, der also auch hier für *Zeus* zu nehmen sein wird, und eine Frau mit Kästchen und Spiegel, *Aphrodite*.

Eine ähnliche Scene war wohl auf dem im Januar 1869 in Palermo auf der Piazza della Vittoria aufgedeckten Mosaik[4]) dargestellt. In einem grössentheils zerstörten Felde sind die vier Beine eines weissen, ruhig stehenden Stiers erhalten; vor ihm steht eine Frau im Mantel, der die Beine bedeckte, den Oberleib entblösst liess. Dass *Europa* gemeint sei, die mit dem Stier tändelt, wird dadurch wahrscheinlich, dass in zwei anderen Feldern in der Nähe *Leda* und *Danae* erkennbar sind.

Etwas weiter vorgeschritten zeigt die Handlung ein pompejanisches Wandgemälde[5]). *Europa* im feinen gestickten Chiton, einen Mantel über den linken Arm und rechten Schenkel geworfen, beschuht, eine Binde im Haar, sitzt auf dem Rücken des Stiers, dessen Haupt sie mit der Rechten berührt. Fünf Mädchen im Chiton und Mantel, zum Theil bekränzt, umgeben sie; eine legt eine Guirlande um den Hals des Stiers, eine andere lässt eine solche flattern[6]).

Auf diese vorbereitenden Scenen folgt die Entführung selbst. Nachdem *Europa* der Versuchung unterlegen ist, sich auf den Rücken des Stiers zu setzen, macht dieser sich mit seiner schönen Beute auf und trägt sie durch die Meeresfluthen fort, zum Entsetzen der Gespielen und Angehörigen, welche sich ausser Stande sehen, Hülfe zu bringen.

Diese Situation darf man als den Gegenstand eines berühmten Gemäldes des Antiphilos ansehen, welches in Rom in der Porticus des Pompeius[7]) aufgestellt, offenbar den Hauptschmuck derselben ausmachte. Plinius bezeichnet dasselbe nach seiner Weise, kurz den Gegenstand oder die Hauptpersonen der Kunstwerke anzugeben, wodurch sie in Rom für jedermann

---

[1]) Minervini Bull. Nap. N. S. II p. 58.

[2]) Passeri pict. 2. d'Hancarville II, 41. Dubois Maisonneuve introd. à l'étude des vas. gr. 65, der die Vase irrthümlich ins Louvre versetzt. Auch hier konnte ich eine Beschreibung von Fr. Matz zu Rathe ziehen.

[3]) Mosch. II, 95.

[4]) Heydemann arch. Ztg. N. F. II p. 38 ff. Mir lagen Photographien des Mosaiks vor.

[5]) Helbig Wandgem. Campan. p. 37, 123. Fiorelli Pomp. ant. II p. 493.

[6]) Eine ähnliche Scene stellte wohl auch ein fragmentirtes Wandgemälde aus Pompeji dar (Helbig Wandgem. Campan. p. 36, 122). *Eros* in der Chlamys mit einem Stab in der Rechten schreitet auf einen Stier zu, von dem nur der Vordertheil erhalten ist, und erhebt die Linke mit Kräutern gegen dessen Kinn; von einem zweiten *Eros* sind die Beine erhalten.

[7]) Mart. II, 14, 3 *currit ad Europen.*
III, 20, 12 *an delicatas sole rursus Europae*
inter tepentes post meridiem buxos
sedet?
XI, 1, 11 *turbam non habet otiosiorem*
Pompeius vel Agenoris puella.

kenntlich gemacht waren, als *Kadmos* und *Europa*[1]). Ohne Zweifel beschränkte sich die Darstellung nicht etwa auf diese beiden Personen; es war die Entführung der *Europa*, und unter der erschreckten Umgebung ist *Kadmos* als die vornehmste Person genannt. Zwei andere mythologische Compositionen desselben Malers, welche sich in Rom befanden, die Befreiung der *Hesione* in den Anlagen der Octavia, der Tod des *Hippolytos* in der Porticus des Philippus lassen eine merkwürdige Verwandtschaft erkennen. Alle drei sind Seestücke, und statten eine pathetische Scene mit dem auffallenden Reiz eines mächtigen Thiers aus, welches eine Hauptrolle spielt, mit welchem noch die reizenden Frauengestalten der *Hesione* und *Europa* einen effectvollen Contrast bilden.

Dieselbe Situation stellt das Gemälde dar, mit dessen Beschreibung Achilles Tatius seinen Roman eröffnet, welches sich seiner Angabe nach im Tempel der *Astarte* zu Sidon befand[2]). Die Hauptzüge, welche man aus der rhetorischen Schilderung herausziehen kann, sind etwa folgende. Das Bild stellte eine am Meeresufer gelegene Wiese oder vielmehr einen Garten dar, rings von einer Mauer umschlossen. Hohe Bäume bildeten ein schattiges Laubdach, durch welches die Sonne ihre Lichter auf den grünen Rasen warf, der von reihenweis gepflanzten bunten Blumen durchzogen war. Mitten im Garten sprudelte eine Quelle auf, die in Kanäle abgeleitet, denselben bewässerte; ein Gärtner war beschäftigt, dem Wasser freien Lauf zu geben. Am Ufer des Meeres hatten die Jungfrauen ihren Reigentanz verlassen, bekränzt, mit wallendem Haar, im aufgeschürzten Chiton; ihre blassen Wangen, der geöffnete Mund, die ausgestreckten Hände drückten ihren Schrecken aus; sie eilten dem Strande zu, einige liefen ins Wasser, weit konnten sie nicht vordringen. Das Meer, das am Ufer röthlich schimmernd schäumende Wellen gegen die Klippen warf, thürmte vom Lande entfernt hohe blaue Wogen auf, durch welche ein Stier hindurch schwamm, auf dessen Rücken eine Jungfrau sass. Ein weisser, unter der Brust gegürteter Chiton liess die schönen Körperformen durchscheinen, ein purpurner Mantel bedeckte die Beine, ein Schleier wölbte sich, vom Wind wie ein Segel aufgebauscht, über ihrem Haupte. Mit der Linken hielt sie sich am Horn des Stiers fest, die Rechte stützte sie auf sein Hintertheil. Um den Stier tanzten Delphine, spielten *Eroten*: einer derselben mit Bogen und Fackel lenkte den Stier und sah sich mit triumphirendem Lächeln nach ihm um.

Die meisten dieser Züge kehren auf erhaltenen Kunstwerken wieder; auch das Ganze erregt keine wesentlichen Bedenken, so dass nichts anzunehmen verbietet, der Romanschriftsteller habe ein wirkliches Gemälde vor Augen gehabt[3]).

Eine bescheidene Reminiscenz solcher Darstellungen bietet noch ein Wandgemälde aus dem Grabmal der Nasonier[4]). *Europa*, mit nacktem Oberleib, nur den Unterkörper von einem Gewand verhüllt, sitzt auf dem Rücken des Stiers, der gestreckten Laufes über die Oberfläche

[1]) Plin. XXXV, 114 *Antiphilus — et Hesionam nobilem pinxit — in schola in Octaviae porticibus, et in Philippi — Hippolytum tauro emisso expavescentem, in Pompeia vero Cadmum et Europen.*

[2]) Achill. Tat. I, 1.

[3]) Ob Achilles Tatius ein solches Gemälde wirklich in Sidon sah, oder ob er sonst eins, wie es gewiss manche gab, seiner Beschreibung zu Grunde legte, ist eine ziemlich müssige Frage. Man soll gewiss Schriftsteller, die eingestandenermassen frei erfinden, nicht für die Realität einzelner Umstände ihrer erdichteten Einkleidung in Anspruch nehmen. Die Gründe, welche Klügmann (ann. XXXV p. 113 f.) für die Existenz des Bildes in Sidon geltend macht, sind unerheblich. Libanios (ethop. 2 t. IV. p. 1097) lässt einen Maler unter den geläufigen Gegenständen, welche sie darstellten, aufzählen, τὸν Δία — τὴν Εὐρώπην φέρειν ἐπὶ τῶν ὤμων τὸν ταῦρον καὶ κερασφόρον διὰ χρωμάτων [κατὰ] τὴν θάλατταν.

[4]) S. Bartoli sep. d. Nas. 17. Montfaucon ant. expl. I, 20, 2. d'Agincourt peint. 5, 4.

des Meeres wegschreitet, und hält mit beiden Händen die Zipfel ihres Schleiers fest, der sich im Bogen über ihrem Haupte wölbt. Am Lande sehen drei ihrer Gespielinnen entsetzt, aber rathlos, da sie ihr nur bis ans Ufer nachlaufen können, der Entführung zu. Einige Bäume und drei mit einem Giebeldach geschmückte Gebäude deuten den königlichen Garten an.

Bedeutender und eigenthümlicher ist die Darstellung eines schönen Mosaiks im **Palazzo Barberini**[1]), das gegen Ende des siebzehnten Jahrhunderts in **Palestrina** gefunden wurde (Taf. II)[2]). Das Ufer, von dem wie in einer kleinen Bucht eintretenden Meer vielfach zerschnitten, ist im Hintergrunde durch braunschattirte Berge, vorne durch Felsen, welche grau, gelb, weiss in den Lichtpartien, grün und braun in den Schatten, brillant hervortreten, zu einem schmalen Strande begränzt. Im Wasser, das lebhaft weiss und grün spielt, sieht man den mächtigen weissen, bräunlich schattirten Stier noch nahe dem Ufer mit raschen Sätzen forteilen. *Europa* ist auf seinem Rücken hingeworfen, so dass sie dem Beschauer den entblössten Rücken zeigt; und ihre Beine sind in ein Gewand von tief orangegelber Farbe mit röthlichen Schatten gehüllt, dessen Zipfel sie mit der erhobenen Rechten gefasst hat, während sie sich mit der Linken an dem Horn des Stiers festhält[3]). Mit Erstaunen sehen dieser Begebenheit zwei Frauen zu, welche neben dem Felsen im Vordergrunde zum Vorschein kommen. Die erste in einem bis über die Knie aufgeschürzten, roth und gelben Chiton, der die rechte Brust entblösst lässt, die weissen Stiefel mit rothen Bändern zugebunden, hält einen gebogenen Stock in der Linken und erhebt die Rechte in einer Weise gegen das Gesicht, dass es zweifelhaft bleibt, ob sie dadurch nur ihr Erstaunen ausdrücken oder die flache Hand über die Augen halten will, um besser zu sehen[4]). Hinter ihr wird eine mit entblösstem Oberkörper aus dem Felsen hervorragende Frau sichtbar, die mit gespannter Neugierde zuschaut. Diese Gestalt ist beschädigt und an einigen Stellen restaurirt, so ist auch der neben dem linken Arm befindliche Gegenstand von gelblicher Farbe nicht recht kenntlich; es wird wohl eher ein Stück des Gewandes sein, als ein Schild, woran man erinnert wird. Tracht und Haltung dieser Figuren lassen in ihnen Localgottheiten erkennen, wie die alte Kunst sie so häufig anwendet, um nicht allein die Composition reicher und belebter zu machen, sondern durch den Ausdruck der Theilnahme an dem was vorgeht, welche der unbelebten Natur geliehen wird, ein ethisches Moment zur Geltung zu bringen[5]). Während diese Per-

[1]) Ciampini vett. mon. I, 33. Turnbull treat. on pict. (oder a curious collection of anc. pict.) 8 vgl. tav. D. Cassanos pict. ant. app. 12. d'Agincourt peint. 13, 8. Die Abbildung auf Taf. II ist nach einer neuen Zeichnung von Schulz, dem ich auch die Angabe der Farben verdanke.

[2]) Ciampini vett. mon. I p. 82 *Musivum hoc adeo minutis marmoreis lapillis constat, ut artis miraculum dici possit. Hodie inter spectabiliora ornamenta Cardinalis Caroli Barberini asservatur et quoque libere instar tabulae pictae monstratur. Habet in altitudine palmos tres, uncias novem, tantundem fere in latitudine. Hoc musivum opus nobis significavit amicus noster Stephanus Fantonus Castruccius, nobilis Praenestinus, ipsius civitatis copiarum equestrium ductor, extra ac prope eiusdem civitatis moenia repertum fuisse in loco vulgo dicto l'Arcione, ubi adhuc multa rudera multaeque parietinae visuntur, quae antiquitatis variis marmorum incrustationibus variisque columnis aliisque corinthiacis ornamentis obductae erant, ex quibus et ipso musivo eiusdem fabricae magnitudo deducitur.* Das Mosaik befindet sich jetzt in einem Schlafzimmer des Palazzo Barberini (Beschrbg Roms III, 2 p. 431). Das Maass der Höhe und Breite ist O, 82 m.

[3]) Diese Gruppe der auf dem Stier gelagerten *Europa* ist fast ganz genau wiederholt auf einem anderen Mosaik (Ciampini vett. mon. I, 34, 2), von dem Ciampini sagt (a. a. O. p. 83) *elaboratum est in tabula figulina; huius exemplar habui ab Ill. D. Eq. Carolo Ant. a Puteo.* — Das in der späteren Kunst namentlich für die auf Seethieren gelagerten Nereiden so häufig angewendete Motiv, dass die Frau dem Beschauer den Rücken zuwendet, findet sich auch auf einem Scarabäus (mpr. d. inst. V. 2. Taf. VI, 4), wo *Europa*, mit der Linken das Horn des Stieres fassend, in der angegebenen Weise lang ausgestreckt auf dem Rücken des Stieres liegt.

[4]) Vgl. Stephani parerga arch. 14. mél. gréco-rom. I p. 551 ff.

[5]) Nicht selten sind solche Gestalten in einer Weise charakterisirt, dass sie ein bestimmtes historisch gegebenes Local bezeichnen; häufiger geben sie durch Tracht, Stellung, Attribute die Seite der natürlichen Umgebung bestimmter an, welche

sonificationen der Natur auf den allgemein gehaltenen Ausdruck einer staunenden Theilnahme beschränkt bleiben, äussert sich der Antheil, welchen die unmittelbar von dem Ereigniss betroffenen Menschen daran nehmen, in der leidenschaftlichsten Weise. Auf dem zweiten Plan sieht man die Gespielen der *Europa* in eiliger Flucht; mit Geschick ist es so eingerichtet, als käme die letzte hinter dem Berge soeben hervor, der vielleicht noch mehrere verdeckt. Drei, zu einer Gruppe vereinigt, drängen vorwärts, sie heben mit der Linken das Gewand auf, um im Lauf nicht gehemmt zu werden; die ausgestreckte Rechte, ihre Mienen drücken die Bestürzung über das aus, was sich vor ihren Augen begiebt[1]). Ihnen vorausgeeilt ist ein Paar, das sich in enger Umarmung umschlungen hält; leider hat das Mosaik hier gelitten, so dass das Motiv dieser Gruppe nicht mehr mit Sicherheit zu erkennen ist. Die erste Jungfrau wird in ihrem raschen Vorschreiten plötzlich gehemmt, und wirft sich mit dem Oberkörper der nachfolgenden Gespielin entgegen, indem sie sie mit den Armen umschlingt[2]). Es ist ohne Zweifel der Anblick des etwas oberhalb zwischen den Felsen erscheinenden bärtigen Mannes im rothen Mantel, mit einem langen gelben Stab in der Rechten, der sie in solche Aufregung versetzt. Und dies kann nur ein naher Angehöriger der *Europa* sein, der durch das Hülfegeschrei der Jungfrauen aufmerksam gemacht, zum Schutze herbeieilt, ihr Vater *Agenor* oder allenfalls, wenn man an das Gemälde des Antiphilos denken will, ihr Bruder *Kadmos*.

Während hier in einer ausgeführten Composition die erregte Theilnahme der Gespielinnen einen lebendigen Ausdruck erhalten hat[3]), begnügen sich spätere meist flüchtige Vasenbilder mit rothen Figuren mit einer Andeutung dieses Motivs[4]). Auf Amphoren mässigen Umfangs, wie sie namentlich in *Campanien* häufig vorkommen, sieht man wiederholt auf der Vorderseite *Europa* auf dem Stier in einer so genau wiederkehrenden Stellung, dass offenbar ein bekannter Typus zu Grunde liegt[5]). Die Jungfrau ist vollständig bekleidet;

---

hervorzuheben in der Intention des Künstlers liegt, Luft-, Licht-, Berg-, Wald-, Fluss- und Quellgottheiten sind meistens leicht zu erkennen. Die Feinheit, mit welcher die alten Künstler aus der Fülle einzelner Motive das für den Ausdruck einer zarteren Nuance geeignete herauszugreifen wussten, verbunden mit dem Takt den typischen Charakter solcher Gestalten nicht anzutasten, hat einen grossen Reichthum von ansprechenden und bedeutsamen Gebilden der Art hervorgerufen. In den meist späten, handwerksmässig ohne feineres Verständniss für das Detail ausgeführten Momenten, durch welche vorwiegend grössere Compositionen auf uns gekommen sind, sind die kleineren sprechenden Züge freilich meist verwischt. Indessen lassen Beischriften, einzelne Notizen, bezeichnende Motive mitunter eine schärfere Bezeichnung zu, insofern eine auf alten Kunstwerken nachweislich gebrauchte Benennung auch für erhaltene passt. In diesem Sinne hat Stephani die Bezeichnung Σκοπιαί (parerga arch. 14. mél. gréco-rom. I p. 578 ff.), Helbig Ἀκταί (arch. Ztg. XXI p. 117 f.) angewendet. Hier geht die Charakteristik über die allgemeine Bezeichnung durch ein hirtenartiges Costüm nicht hinaus.

[1]) Das Gewand der ersten Figur links ist orangefarbig, in den Schattenpartien braun, der Schleier weiss, an beiden Enden blau, die Sandalen dunkelroth. Das Gewand der zweiten ist blau, der Schleier weiss mit braunem Schatten, der Leibgürtel weiss, die Sandalen roth. Das Gewand der dritten ist roth, die Lichtpartien dunkelgelb, der Mantel weiss, Leibgürtel und Sandalen roth.

[2]) Das Gewand der ersten Figur nach links ist grün und gelb, der in der Luft wallende Schleier grau mit braunen Schatten; das Gewand der zweiten weiss mit röthlichen Schatten.

[3]) Auf Vasenbildern pflegen bei den verschiedensten Entführungsscenen die zum Vater sich flüchtenden Schwestern oder Gespielen nicht zu fehlen; auch sind solche Fluchtscenen nicht selten selbständig dargestellt (O. Jahn. arch. Beitr. p. 29 ff.). Ein Vasenbild der Art (a. a. O. Taf. 2) glaubten de Witte (cat. Magnonc. 180) und Welcker (alte Denkm. III p. 175) auf *Agenor* und *Phoenix* beziehen zu können, denen der Raub der Europa angezeigt werde, weil eine Palme dabei steht. Dass diese nicht für charakteristisch gelten kann, habe ich nachgewiesen (a. a. O. p. 41); eine Deutung bleibt unsicher.

[4]) Auf einem Elfenbeinkästchen in der Kathedrale zu Veroli, dessen Reliefs, welche man dem elften Jahrhundert zuschreibt, in merkwürdiger Weise Motive antiker Reliefs benutzen, ist am Deckel ein Stier mit einem Kranz um den Hals vorgestellt, auf dessen Rücken *Europa* mit flatterndem Schleier sitzt; zwei Jungfrauen eilen erschreckt davon. Daneben aber erscheinen noch sechs Männer, welche den Stier mit Steinwürfen angreifen. Bull. 1860 p. 7.

[5]) *a)* Elite céramogr. I, 28. Cat. Durand 4.

b) Millin peint. de vas. II, 6.

über einem faltenreichen, bis auf die Füsse reichenden Ärmelchiton ist der Mantel, unter dem rechten Arm durchgezogen, über die linke Schulter geworfen; mit der ausgestreckten Linken hält sie das Horn fest, während sie die ausgespreizte Rechte auf den Rücken des Stiers stützt, der in lebhafter Bewegung forteilt, ohne dass das Wasser angedeutet wäre. *Europa* wendet den Kopf zurück, eine an sich natürliche und bezeichnende Bewegung, um die Vorstellung der Entführung schärfer hervorzuheben, die aber dadurch noch bestimmter erklärt wird, dass auf der Rückseite entweder eine Gespielin der Europa erschreckt entflieht *(a)* oder erstaunt zuschaut *(b)*, oder ein bärtiger Mann im Mantel, auf seinen Stab gestützt, Zeuge der Entführung wird *(c)*.

Sorgfältiger ausgeführt und reicher ist die Darstellung einer unteritalischen Amphora [1]). *Europa*, in einem durchsichtigen, gestickten Chiton, einen schmalen Überwurf um beide Arme geschlungen, fasst mit der Rechten das Horn des mächtigen Stiers und legt die Rechte auf seinen Rücken; hinter ihr fliegt *Eros*, in beiden ausgebreiteten Händen eine Binde. Das Meer ist durch mancherlei Fische angedeutet, unter denen die Sepia nicht fehlt; von einem Delphin ist nur noch der Schwanz erhalten, da das Gefäss hier verletzt ist [2]). Unten ist die Küste durch zackige Klippen, auf welchen Seesterne liegen, bezeichnet. Zur Seite steht ein bärtiger, bekränzter Mann, den Unterkörper in ein gesticktes Himation gehüllt, welches auch den in die Seite gestemmten Arm bedeckt, mit der Rechten einen hohen Stab aufstützend, in würdiger Haltung als ruhiger Zuschauer da. Millingen, welchem Höck beistimmt, denkt an *Poseidon*, der doch wohl durch den Dreizack charakterisirt wäre, de Witte an *Agenor* oder *Phoinix*, was der diesen Vasenbildern gewöhnlichen Vorstellungsweise entspricht; man könnte auch die Benennung *Kadmos* vorschlagen [3]).

Bei weitem am häufigsten sind die Vorstellungen der *Europa* auf dem Stier ohne anderweitige Zuthaten, Monumente aus allen Zweigen der Kunst geben uns eine Vorstellung von den mannigfachen Umbildungen, welche ein einfaches Motiv unter den verschiedenen Auffassungen verschiedener Zeiten erfuhr. Vor allem betheiligt sich nun auch die Sculptur an dieser Aufgabe. Der Erzgiesser Pythagoras von Rhegion, dessen Blüthezeit in die siebziger Olympiaden fällt, gehört zu den interessanten Künstlern, welche mit selbstständiger Kraft die noch befangene Kunst der Freiheit entgegenführten. In der Wiedergabe der Verhältnisse wie der Formen des Körpers war er bestrebt an der Stelle der schulmässigen Über-

c) Berlins Ant. Bildw. 801. Taf. I, 4.

d) Amphora der Sammlung des Prinzen v. Wittgenstein, welche in Neapel zusammengebracht, einige Jahre in Wiesbaden aufgestellt war. Die Figur der Rückseite habe ich versäumt mir anzumerken.

[1]) Millingen peint. de vas. 25 p. 44. Höck, Kreta I Taf. 3 p. 97 f. Elite céramogr. I, 27.

[2]) Die apulischen Vasenmaler gefallen sich, wie sie auch die Zusammenstellungen von wilden Thieren und phantastischen Missgestalten, natürlich ihrer Auffassung gemäss gestaltet, wieder aufnehmen, in der Darstellung von Fischen und Seethieren, deren auffallende Formen sie karikiren. Eine zoologische Bestimmung der Seethiere apulischer Vasen hat Costa versucht bei Minervini mem. acad. p. 61 ff.

[3]) Braun beschreibt eine im Institut vorgezeigte Ruveser Amphora folgendermassen (Bull. 1844 p. 94). *La vaga donzella sta seduta sul fremente toro il quale corre per l'immensità dell' oceano. Il mare è accennato da delfini, seppie ed altri pesci, che guizzano quà e là. Un Amore che con grazioso volo cerca raggiungere la formata sposa di Giove tiene larga benda di cui è per coronare le di lei tempie. A mano destra del riguardante sta barbato uomo coronato d'alloro, il quale ha lungo bastone in mano e un manto copre la nobile sua figura dalle anche in giù. Fu giudicato possa egli rappresentare il genitore d' Europa, Fenice o Agenore che voglia chiamarsi. Tutti fanno lode della graziosa e ben armonica composizione. Sul lato opposito vedonsi quattro atleti che aggruppati simmetricamente senza far sorgere particolarità rilevante, formano il solito contrapposto della vita palestrica colle amorose tendenze del bel vaso.* Die Übereinstimmung der Hauptvorstellung mit der von Millingen publicirten, welche dieser bei Pacileo in Neapel zeichnen liess, ist so gross, dass man annehmen muss, es sei dieselbe Vase, welche im Kunsthandel später in Brauns Hände kam.

lieferung die selbständige Auffassung der Natur walten zu lassen, und bewährte die Hingabe an die lebendige Natur auch durch sorgfältige Ausführung des Details, welches eine lebensvolle Charakteristik bedingt[1]). Neben einer Reihe von Siegerstatuen, welche durch verschiedenartige Haltung und Stellung die mannigfachsten Aufgaben für die Durchbildung der Körperformen boten, suchte er in mythologischen Darstellungen den Forderungen der Bewegung, des Ausdrucks, der Composition zu genügen. Seinen *Perseus* haben wir uns in gewaltsamer Bewegung und wahrscheinlich in einer durch dieselbe veranlassten kühnen Stellung zu denken[2]); sein *Philoktetes* liess den Beschauer den Schmerz, den er beim Auftreten empfand, mitfühlen[3]). Die Gruppe des *Eteokles* und *Polyneikes*[4]), deren Hauptmotive durch die Situation gegeben waren, bot neben einer künstlichen Verschränkung ein pathetisches Interesse dar, die Gruppe des den *Python* mit seinen Pfeilen erlegenden *Apollon* zeigte ausser lebhafter Bewegung ein Ungethüm von Schlange, furchtbar genug um ebenbürtig dem Gott gegenüber gestellt zu werden[5]). So wird in der vielbewunderten Gruppe in *Tarent*, welche *Europa* auf dem Stier vorstellte[6]), der Gegensatz des mächtigen, in kraftvoller Bewegung dahineilenden Stiers zu der zarten Jungfrau ein Hauptreiz gewesen sein. Leider erfahren wir über Anordnung und Ausdruck der Gruppe nichts näheres. Dass *Europa* vollständig und züchtig bekleidet war, ist mit Sicherheit anzunehmen; auch wird man eine zarte, vielleicht etwas herbe Jungfräulichkeit als wesentlichen Charakter voraussetzen dürfen; wie weit der Künstler reife Schönheit und pathetischen Ausdruck angestrebt und erreicht habe, muss dahin gestellt bleiben.

Die Musterung der noch erhaltenen Sculpturen beginnen wir mit einer problematischen kleinen Marmorgruppe im Vatican in der sala degli animali (Taf. III, *a*)[7]). Auf einem durch die an der Plinthe angedeuteten Wellen schwimmenden Stier kniet eine Frau, welche über ihren Chiton ein Obergewand oberhalb der Hüften geschürzt hat, so dass die Beine dadurch bedeckt

---

[1]) Diog. Laert. VIII, 47 οἱ δὲ καὶ ἄλλον ἀνδριαντοποιὸν Ῥηγῖνον γεγονέναι φασὶ Πυθαγόραν, πρῶτον δοκοῦντα ῥυθμοῦ καὶ συμμετρίας ἐστοχάσθαι. Plin. XXXIV, 59 *Pythagoras Rheginus — primus nervos et venas expressit capillumque diligentius.*

[2]) Dio Chrys. 37, 10 vgl. O. Jahn Philol. XXVII p. 7 f.

[3]) Plin. XXXIV, 59 *fecit — Syracusis claudicantem, cuius ulceris dolorem sentire etiam spectantes videntur*, worin von Gronov und Lessing *Philoktetes* erkannt ist. Vielleicht geht auf diese Statue das Epigramm (anth. Plan. IV, 112 t. II p. 656 Iac.), in dem es heisst ὁ πλάστης

καὶ ἐν χαλκῷ τὸν πόνον εἰργάσατο.

Reminiscenzen gewähren noch Gemmen, Michaelis ann. XXIX p. 263 ff.

[4]) Tatian. adv. Gr. 54 πῶς γὰρ οὐ χαλεπὸν ἀδελφοκτονίαν παρ' ὑμῖν τετιμῆσθαι, οἳ Πολυνείκους καὶ Ἐτεοκλέους ὁρῶντες τὰ σχήματα [καὶ] μὴ σὺν τῷ ποιήσαντι Πυθαγόρᾳ κατακρημνίσαντες (l. καταβαραθρώσαντες) ἐναφίετε τῆς κακίας τὰ ὑπομνήματα.

[5]) Plin. XXXIV, 59 *fecit — Apollinem serpentemque eius sagittis configi.* Man hat auf Münzen von Kroton (mus. Borb. VI, 32, 6. Carelli num. 183, 21 ff. Wieseler Denkm. a. K. II, 13, 145) mit Wahrscheinlichkeit diese Gruppe erkannt (R. Rochette mém. de num. p. 133). Auf den Münzen steht zwischen dem seinen Pfeil entsendenden *Apollon* und der sich hoch aufringelnden Schlange ein grosser Dreifuss. Vielleicht giebt das die wirkliche Aufstellung wieder, die beliebt war, um den Bogenschützen und sein Ziel nicht unmittelbar neben einander zu stellen.

[6]) Varro l. L. V, 31 *Europa ab Europa Agenoris, quam ex Phoenice Mallius scribit taurum exportasse, quorum egregiam imaginem ex aere Pythagoras Tarenti fecit.* Tatian. adv. Graec. 53 ἐγὼ καὶ Πυθαγόρου κατέγνων τὴν Εὐρώπην ἐπὶ τοῦ ταύρου καθιδρύσαντος καὶ ὑμῶν, ὅτι τοῦ Διὸς τὴν κατήγορον διὰ τὴν ἐκείνου τέχνην τετιμήκατε. Cic. Verr. IV, 60, 135 *quid arbitramini — Tarentinos (merere velle), ut Europam in tauro amittant?*

[7]) Pistolesi Vaticano descr. V, 8. Clarac mus. de sc. 416, 605. Beschr. Roms III. 2 p. 161, 21. Die Ergänzungen giebt mir Matz nach genauer Untersuchung folgendermassen an. Vom Stier sind neu die vier Beine, der linke Vorderfuss von etwas über dem Knie an, der rechte ganz; der linke Hinterfuss von etwas über dem Knie an, der rechte ganz; ferner die Hörner Ohren und die Wampen nebst einem zwischen Kopf und Nacken eingesetzten Stück. Von der weiblichen Figur ist neu der Oberleib vom Gürtel an, mit den Armen; der Kopf ist bis auf Nase, Kinn und Haarflechten alt und scheint zugehörig. Ausser einigen weniger wichtigen Restaurationen am Gewand ist der linke Fuss und ein Theil des zugehörigen Gewandes neu. Von der Plinthe ist nur so viel alt, als durch die antiken Theile des Stiers bedingt wird.

werden. Die Haltung der Arme ist, da diese mit dem Oberleib verloren gegangen sind, nicht sicher zu erkennen; dass sie mit der einen Hand den Kopf des Stieres gefasst habe, ist wohl mit Sicherheit anzunehmen. Am Unterkiefer des Stiers ist ein Bronzestift eingelassen, durch den also etwas befestigt war, das wohl mit der weiblichen Figur in Verbindung stand. Die Bedeutung dieser Gruppirung ist der Hauptsache nach klar; es kann nur die Bändigung des Stiers durch die Jungfrau dargestellt sein. In gleicher Weise werden sowohl *Herakles*[1]) wie *Artemis*[2]) dargestellt, wie sie die flüchtige Hindin ereilt haben, und, indem sie das Knie auf deren Rücken stemmen, auch wohl den anderen Fuss auf das ausgestreckte Hinterbein setzen, sie festhalten und bändigen. Allein eben diese Vorstellung des Ereilens und Bändigens passt nicht wohl für *Europa*. Das charakteristische ihrer Situation ist, dass sie durch die Schönheit und anscheinende Zahmheit des Stiers sich verlocken lässt mit ihm zu tändeln und sich auf seinen Rücken zu setzen; ein eigentliches Bezwingen findet nicht statt und am wenigsten eignet sich diese Haltung der Siegerin für die durch die Fluthen entführte *Europa*. Allein die vaticanische Gruppe erinnert nicht bloss, sondern stimmt auffallend überein mit einer in Rundbildern und Reliefs oft wiederholten Gruppe einer stieropfernden *Nike*[3]), welche auf ein Original des syrakusanischen Bildhauers **Mikon** zurückzuführen ist[4]) und später das Vorbild für die Gruppe des stieropfernden *Mithras* wurde[5]). Ganz in derselben Haltung knieet *Nike* auf dem Rücken des niedergeworfenen Stiers und erfasst seinen Kopf um ihm den tödtlichen Streich zu versetzen, und unter dieser Voraussetzung ist die Gruppirung so sprechend wie schön. Man hat daher angenommen, die vaticanische Gruppe sei nur durch das Missverständniss des Restaurators zu einer *Europa* gemacht, und habe ursprünglich eine *Nike* dargestellt[6]). Indessen hat das seine Bedenken. Von weniger Bedeutung ist, dass *Nike* zwar mit einem in gleicher Weise um die Hüften geschürzten Gewand bekleidet ist, aber nie einen Chiton trägt, sondern stets den Oberleib nackt zeigt; es kommen ähnliche Variationen der Bekleidung auch sonst bei einer Wiederholung derselben Typen vor[7]). Wichtiger ist eine andere Abweichung. *Nike* biegt den Kopf des Stieres, dessen Horn sie gepackt hat, gewaltsam zurück, und diese Manipulation ist bedeutsam für den Act des Opferns, um mit Sicherheit das Opfermesser zu führen. Bei der vaticanischen Gruppe aber kann der Kopf des Stieres nicht zurückgebogen gewesen sein; wiewohl er aufgesetzt ist, so zeigt doch die Richtung, in welcher die Hautfalten an den erhaltenen Theilen laufen, dass er nach vorn etwas gesenkt war. Hier begegnen wir also einer absichtlichen Änderung eines charakteristischen Motivs, die nicht wohl

---

[1]) O. Jahn arch. Beitr. p. 224 ff. Welcker alte Denkm. I p. 320 f. Keil ann. XVI p. 178 ff.

[2]) Auf Münzen von Ephesos (Wieseler Denkm. a. K. II, 16, 170), Daldis (mus. Hunter. 25, 1), Stratonicea (Lajard culte de Vénus 19, 10), Chersonesos (cab. d' Allier 2, 5. mém. de la soc. arch. de Pétersb. II, 10, 3. 4; 11, 21).

[3]) Zoega bass. II, 60. Lajard culte de Vénus 8—14 p. 169 ff. Clarac mus. de sc. 637, 1448. 634, 1448 A.

[4]) Tatian. adv. Gr. 54 γελῶ καὶ τὸν Μίκωνος ἐκτετύπωκε καὶ ἐκεῖνος μόσχον, ἐπεὶ δὲ αὐτῷ Νίκην, ὅτι τὸν Ἀγήνορος ἁρπάσας θυγατέρα μοιχείας καὶ ἀσωτίας βραβεῖον ἀπενήνεκται. Bursian hat nachgewiesen (Griech. Kunst p. 435), dass die Vulgata Μύρωνος, wodurch ich wie andere getäuscht wurde (arch. Ztg. VIII p. 207 f.), keine Gewähr hat, in dem handschriftlichen Μύρωνος vielmehr Μίκωνος steckt, und dass der Bildhauer **Mikon** zu verstehen ist, welcher Bildsäulen Hierons II für dessen Kinder arbeitete (Paus. VI, 12, 2). Er hat auch auf die Bestätigung hingewiesen, welche sich daraus ergiebt, dass Münzen von Syrakus diesen Typus der stieropfernden Nike zeigen (Lajard a. a. O. 11, 10), dort also die Gruppe aufgestellt war, deren eleganter Charakter vortrefflich für diese Zeit passt.

[5]) Vgl. Lajard culte de Mithra 75 ff. Zoega bass. II p. 26.

[6]) Zoega bass. II p. 42. Welcker zu Müller Arch. 351, 4. Lajard berichtet von einer *Mithrasgruppe* in einer englischen Sammlung, welche zu einer *Europa* restaurirt worden sei (nouv. rech. p. 9. culte de Mithra p. 666).

[7]) O. Jahn Ber. d. sächs. Ges. d. Wiss. 1861 p. 125 f.

ohne besondere Intention hat vorgenommen werden können. Dazu kommt endlich, dass auf dem alten Stücke der Plinthe Wellen angegeben sind, welche mit der *Nike* nichts zu thun haben. Es bleibt also nur die Annahme übrig, dass ein Künstler versucht habe, den überlieferten Typus der stieropfernden *Nike* zu einer vom Stier getragenen *Europa* umzubilden, was freilich nicht völlig gelungen ist[1]).

Ein besonderes Interesse gewährt eine zweite Marmorgruppe von unzweifelhafter Deutung schon durch ihren Fundort (Taf. IV, *a*). Sie ist nämlich in **Gortyn** in **Kreta** in den Ruinen des in römischer Zeit gebauten Theaters gefunden[2]). Dort sahen Spratt im Jahre 1851[3]) und Thenon im Jahre 1857[4]) die Bruchstücke, wie sie ausgegraben waren; später wurden sie nach **England** gebracht und wieder zusammengesetzt. Die Gruppe steht jetzt im **britischen Museum**[5]).

Der gerade ausschreitende Stier wendet den Kopf etwas nach links, so dass das linke Auge mit dem charakteristischen Blick des Stieres die Jungfrau auf seinem Rücken wahr-

---

1) Flaminio Vacca erzählt (Fea misc. I. p. LXII. f.): *Mi ricordo da puerizia aver visto una base, come una voragine, sopra la piazza di Campidoglio; ed alcuni, che vi entravano, nell' uscire dicevano esservi una femmina a cavallo a un toro: e un tempo dopo ragionando con maestro Vincenzo de' Rossi mio maestro, mi disse esservi stato, e aver visto la favola di Giove e Europa di marmo di basso rilievo sopra il toro, murata da uno de' lati della strada, che partiva dall' Arco di Settimio Severo, e saliva il Monte Tarpejo, e riusciva al piano di Roma, dove oggi cominciano le scale d' Araceli.* Schon Montfaucon (diar. Ital. p. 170) vermuthete eine Verwechslung mit einem Mithrasrelief. Zwar widersprach ihm Ficoroni (osserv. p. 36. f.), allein da an dieser Stelle im capitolinischen Speläon das berühmte Mithrasrelief mit der Inschrift Nama Sebesio gefunden ist, wo Smetius und Pighius es noch sahen, so ist die Verwechslung ganz glaubhaft (Lajard nouv. observ. p. 7. ff. culte de Mithra p. 663. ff.). Noch leichter zu erklären wäre sie, wenn sich dort auch das Relief einer stieropfernden Nike befunden hätte; aber davon ist nichts überliefert.

2) Den von O. Belli entworfenen Plan des Theaters theilt Falkener mit (a description of theatres and other remains in Crete p. 20 f.), über die jetzigen Ruinen s. Spratt travels and researches in Crete II p. 27.

3) Spratt (a. a. O. II. p. 30): *There were found (a few years ago), three fragments of a sculptured bull, nearly the life-size of a Cretan bull, and most spiritually designed, and with them the torso of a sitting female figure. The animal is apparently in the attitude of running, and has a part of a human hand still upon its shoulder, which led to the opinion by better judges than myself (an opinion which, since the fragments have been set up, has proved correct) that it was a group representing Europa upon the bull, which characterises some of the coins of Gortyna. I have pleasure in being able to state that this interesting relic, illustrative of a local fable of very early times, is now in the British Museum. Although it is by some supposed to have never been finished by the original sculptor but afterwards partly destroyed, the unfinished parts being an attempted or intended restoration of a later time, when it was set up by the Romans within their theatre; for the finished parts of the group are well executed, and are very spirited and life-like, although the style of art is characteristic: moreover the bull is a close representation of the peculiar form seen upon the coins of Gortyna representing the same subject.*

4) Ch. Thenon rev. arch. 1868 N. S. IX, 2 p. 130 ff. *Il reste plusieurs morceaux du taureau et une grande partie du corps de la jeune fille. Les dimensions sont plus grandes que nature. Le fragment le plus considérable du taureau comprend la tête, le cou et le poitrail. Les cornes et les oreilles manquent. Par une légère flexion du cou l'animal se tourne vers la gauche. La tête a de l'expression et de la vie, et les naseaux respirent. Les poils qui couvrent le front sont frisés avec une certaine recherche, le contour plissé des yeux est dessiné avec soin. Le froncement de la peau entre le cou et les épaules rend avec vérité le mouvement de ces parties. Derrière la tête est gravé un nom difficile à lire, sans doute celui de l'artiste:*

IIIMIA;

sur le cou s'appuie la main droite d'Europe, qui a de la finesse et de la grâce; les extrémités seules en sont mutilées. Du corps de la jeune fille il reste la partie supérieure, depuis le cou jusqu'aux genoux. La tête a été cassée, comme dans presque toutes les statues de l'antiquité; mais on peut juger par le mouvement du corps, qu'elle était vue de face, comme la tête du taureau, et inclinée un peu vers la droite. L'épaule droite forme un fragment séparé; on voit l'agrafe qui attache la tunique et d'où partent les premiers plis de ce vêtement. Le bras droit et l'épaule gauche manquent; le sein gauche est très-bien conservé et laisse deviner qu'Europe n'avait pas encore passé les premières années de la jeunesse. La tunique couvre toute la poitrine; les plis en sont un peu négligemment traités, mais se relèvent avec grâce au-dessus de la ceinture. Plusieurs trous montrent qu'une ceinture de métal, fixée par des clous, entourait la taille. Au-dessous la tunique descend en se collant au corps. On se figure l'attitude donnée à Europe dans ce groupe. Assise, Europe se penche doucement vers Jupiter, appuie sur lui une main confiante et répond avec amour à son regard. Perrot thut der Bruchstücke kurz Erwähnung mit den Worten (l'île de la Crète p. 97): *le travail en paraissait médiocre.*

5) Birch arch. Anz. 1862 p. 311, welcher die Gruppe, trotz der groben Ausführung, vor die Zeit der römischen Herrschaft setzt. Die Zeichnung dieser Gruppe verdanke ich der gütigen Vermittlung Herrn Newtons. Ausserdem war mir eine sorgfältige Beschreibung, welche E. Schulze angesichts des Originals für mich gemacht hat, sehr erspriesslich.

nehmen kann. Kopf und Brust des Stieres mit den Wampen, deren Ränder etwas abgestossen sind, sind kräftig und lebendig und der am besten ausgearbeitete Theil der Gruppe. Die Ohren und Hörner sind abgebrochen, die letzteren waren angesetzt, wie das am Ansatz des linken Hornes eingemeisselte Loch zeigt, über dem noch ein kleineres mit Blei gefülltes Loch sichtbar ist. Beide Vorderbeine sind abgebrochen; auch sie waren, wie die tief eingemeisselten viereckigen Löcher in der Bruchfläche zeigen, angesetzt. Die horizontale Richtung der erhaltenen Oberschenkel zeigt, dass die Füsse beide von der Erde erhoben waren; die dadurch nöthig gewordene Stütze, welche den Oberleib trägt, ist auf beiden Seiten mit einem aufrecht stehenden Delphin verziert, um anzudeuten, dass der Stier das Wasser durchschreitet. Das Hintertheil des Stieres ist mit geringer Sorgfalt ausgeführt; das linke Hinterbein ist zwar über dem Knie gebrochen, aber bis auf den Huf erhalten, von dem rechten fehlt das Kniestück und der Huf. Der Schwanz war abgebrochen, auch der eigentliche Rumpf fehlte, der Bruch beginnt dicht an den Vorder- und Hinterbeinen.

Von der auf dem Rücken des Stieres mit beiden nach links herabhängenden Beinen sitzenden *Europa* war der Unterkörper losgebrochen. Man sieht durch das Gewand beide Beine deutlich, aber hier gerade ist die Arbeit sehr nachlässig, der Faltenwurf schlecht behandelt; zwischen den Oberschenkeln bilden sich vier, wie Treppenstufen symmetrisch aufsteigende steife Faltenlagen, und die Falten zwischen den Unterschenkeln machen keinen lebendigeren Eindruck. Über den linken Oberschenkel läuft von links her ein Wulst des Gewandes nach dem Unterleibe zu; das Stück, welches hier eingesetzt werden musste, um die beiden Stücke der Europa zu verbinden, lässt denselben nicht weiter verfolgen; es scheint, dass das Gewand durch einen von links kommenden Wind bewegt gedacht ist. Ein unten sichtbares viereckiges Loch weist darauf hin, dass auch der Fuss der Europa angesetzt war. Der Oberleib derselben war ebenfalls von dem Bauche des Stieres losgebrochen; ein etwa handbreites Stück, das sich nach dem Halse des Stieres zu etwas erbreitet, ist verloren gegangen. Der Kopf fehlt, ebenso die rechte Schulter — dieses Stück, welches Thenon an Ort und Stelle sah, ist also nicht mit nach London gebracht —; der Busen, die rechte Seite hat theilweise gelitten. Aber erhalten ist die rechte Hand, auf der Zeichnung nicht sichtbar, weil sie an die hintere Seite vom Halse des Stieres mit etwas ausgespreizten Fingern angelegt ist; die Finger sind etwas beschädigt, scheinen aber nicht sorgfältig ausgearbeitet gewesen zu sein; vom Arm ist nichts erhalten. Auch der linke Arm fehlt ganz; aber von der Stelle an, wo der Oberarm einsetzte, unter der Achselhöhle bis auf den Rücken des Stieres hinab, geht eine etwa vier Zoll breite Einsenkung des Gewandes, innerhalb welcher nur flüchtig einige rohe Falten angedeutet sind. Offenbar war dieser Theil durch den gesenkten linken Arm verdeckt, und man kann daraus entnehmen, dass Europa die linke Hand auf das Hintertheil des Stiers stützte, und auf dem jetzt verlornen Stücke desselben war für die Hand hinreichend Platz. Der Faltenwurf des Gewandes über dem Leib und der Brust ist gefälliger und sorgfältiger behandelt; an der Stelle des Gürtels sind vier tief eingebohrte Löcher, er war also von Metall angesetzt.

Die Gruppe war für eine Aufstellung bestimmt, dass sie nur von vorn gesehen würde. Die ganze Rückseite ist flüchtig gearbeitet, am besten noch der Stier. Der Faltenwurf des Chiton ist oberwärts nur schwach angedeutet, und am Rückgrat der Europa entlang läuft ein zwei Zoll breiter vertiefter Streifen, der vielleicht von der Befestigung der Gruppe herrührt. Der unterste Theil des Gewandes zeigt auf der Rückseite links kantige gerade Flächen, rechts ist er ganz roh halbrund gearbeitet. Auch der Delphin auf dieser Seite ist vernachlässigt. Man wird diese Ungleichheit der Arbeit schwerlich, wie Spratt meint, dem Umstande zuschreiben, dass die Gruppe schon im Alterthume zerbrochen und ungeschickt restaurirt worden sei, sondern es sind die Kennzeichen einer Decorationssculptur aus der römischen Kaiserzeit, die für den Effect, den sie an einem bestimmten Platz hervorbringen sollte, gearbeitet ist. Denn gewiss greift Thenon zu weit zurück, wenn er die Gruppe für ein Werk der Ptolemäerzeit hält; enthielten die Reste einer, wie es ihm schien, römischen Inschrift, welche er am Nacken des Stieres gefunden hat, wirklich den Namen des Künstlers, so wäre dadurch der urkundliche Beweis des römischen Ursprunges gegeben. Allein die noch sichtbaren Züge, welche nach Newtons Angabe den Charakter eines Graffito zeigen, ergeben vielmehr, wie mir auch zwei von Newton mitgetheilte Papierabdrücke zeigen, die Lesung

ΕΠΙ--ΙΜΙΑ

mit der ich nichts anzufangen weiss.

Eine andere Frage ist es, ob die Gruppe auf ein älteres Vorbild zurückzuführen ist. *Europa* ist in der Stellung, welche schon auf Vasenbildern als eine typische beobachtet wurde und uns noch ferner begegnen wird, dass sie mit der einen Hand den Kopf des Stiers festhält, mit der anderen sich auf den Rücken desselben stützt[1]). Ein so einfaches und naheliegendes Motiv konnte zwar immer wieder erfunden werden, doch ist im Gange der griechischen Kunst das Festhalten eines einmal ausgesprochenen Motivs und das theilweise Umbilden desselben durch nachfolgende Künstler die gewöhnliche Erscheinung. Auch der Umstand, dass in einem Werke späterer Zeit *Europa* vollständig bekleidet erscheint, kann für die Nachbildung eines früheren Originals sprechen, als welches die Gruppe des Pythagoras sich schon desshalb darbietet, weil wir von keiner anderen berühmten wissen. Bestimmte stilistische Hinweisungen finden sich freilich nicht; Niemand wird in dem ungeschickten Faltenwurf die Spuren einer archaischen Strenge finden, wie sie bei Pythagoras noch vorauszusetzen ist. Allein eine dem Gepräge wie den Schriftzügen nach alterthümliche Münze von Gortyn (Taf. IV *b*)[2]) zeigt auf dem Revers *Europa* im Chiton auf dem Stier in derselben Stellung wie in unserer Gruppe; unten ist durch Wellen und einen Delphin das Meer angedeutet. Hier haben wir offenbar die Nachbildung eines Kunstwerkes älterer Zeit vor uns, das wir vielleicht als das Original der späteren Marmorgruppe in Anspruch nehmen dürfen.

---

[1]) Ovid. met. II, 874 *dextra cornum tenet, altera dorso*
imposita est, tremulae sinuantur flamine vestes,
am. I. 3, 23 *quaeque super pontum simulato vecta iuvenco*
virginea tenuit cornua vara manu.
Das Festhalten am Horn hebt auch Nonnos hervor I, 66 [illegible]
[illegible]
[illegible]
XI, 153 παρθένος Εὐρώπη βοίων ἐπεβήσατο νώτων,
χειρὶ κέρας κρατέουσα καὶ οὐ χατέουσα χαλινοῦ.
vgl. XVI, 53 ff.

[2]) Millingen syll. 3, 34. Nouv. gal. myth. pl. 9, 11. Der Typus der Vorderseite, das Löwenkopffell mit den Tatzen von vorne gesehen mit der Unterschrift ΓΟΡΤΥΝΙΟΝ, veranlasste, da er der gewöhnliche der samischen Münzen ist, Millingen (a. a. O. p. 61 f.) zu der Vermuthung, dass die Samier, als sie Kydonia zur Zeit des Polykrates besetzt hielten (Herod. III, 59), auch Gortyn eroberten und dort die Münze prägten. Der Duc de Luynes (ann. XIII p. 141) beruft sich auf Cousinérys Zeugniss, dass diese Münzen häufig in Athen gefunden würden, und erinnert an andere Münzen, welche in Kreta nach atheniensischem Muster geschlagen worden seien. Allein Cousinéry (voy. dans la Macéd. II p. 128 f.) spricht nicht von dieser Münze, sondern von anderen mit einem Stierkopf und Polypen; wiewohl er den Typus des Löwenkopffelles mit Tatzen auch auf altattischen Münzen nachweist (Beulé monn. d'Athèn. p. 25). Die kretischen Münzen mit attischen Typen gehören übrigens einer späteren Zeit an (Beulé monn. d'Athèn. p. 89 f.).

Den Grundtypus können wir nun mit mancherlei Umbildungen in Einzelheiten noch in einer Anzahl von Kunstwerken verfolgen.

Anziehend ist das Bruchstück eines Thonreliefs, in **Kreta** gefunden, jetzt in der Sammlung Komnos in **Athen** (Taf. III *b*)[1]. *Europa* sitzt wie gewöhnlich auf dem Stier, hält sich mit der Linken am Horn fest und stützt die Rechte auf den Rücken desselben. Der Einfluss einer späteren Zeit zeigt sich darin, dass sie unter dem Mantel, welcher von den Hüften abwärts die Beine bedeckt, und dessen über den Rücken gezogener Theil den linken Arm verhüllt, einen feinen Chiton trägt, der die rechte Brust und den Arm vollständig entblösst lässt. Der etwas gesenkte Kopf mit einem Kranz im langen Haar — unverkennbar aus freier Hand retouchirt, während das übrige in der Form gepresst ist — ist angesetzt und gehörte vielleicht nicht ursprünglich dazu.

Dasselbe Gewandmotiv zeigt ein in **Aquileia** gefundenes Bronzerelief im Museum **Cassis** (Taf. III *c*)[2], das auf der Rückseite hohl ist, und wie die beiden runden Löcher zeigen, als Ornament mit Stiften an einem anderen Gegenstande befestigt war. *Europa* ist mit einem langen Chiton bekleidet, der auf der linken Schulter gelöst Busen und Arm entblösst; sie fasst mit der rechten Hand das Horn an, in die linke hat ihr ein bizarrer Einfall des Künstlers den gewundenen Schweif des Stieres als Stütze gegeben. Das Relief gehört der späten römischen Kunst an; der Kopf des Stieres ist voll Leben und Kraft, die Figur der *Europa* unbedeutend.

Eine andere Modificirung trat dadurch ein, dass man *Europa* die eine Hand nicht auf den Rücken des Stieres stemmen, sondern mit derselben das Gewand aufassen liess. Auf zwei in der Hauptsache übereinstimmenden Gemmen[3] hält sie mit der erhobenen Linken den Zipfel des Gewandes in die Höhe, ein Motiv, das die alten Künstler so ungemein häufig in verschiedenen Nuancirungen angewendet haben. Der eben beobachtete Unterschied zeigt sich auch hier, indem Europa einmal (*a*) mit dem gegürteten dorischen Chiton, das anderemal (*b*) mit einem feinen weiten Gewand bekleidet ist, welches den linken Busen und Arm ganz frei lässt.

Ungleich häufiger findet sich aber das Gewandmotiv angewendet, welches Moschos beschreibt[4])

κολπώθη δ' ἀνέμοισι πέπλος βαθὺς Εὐρωπείης,
ἱστίον οἷά τε νηός, ἐλαφρίζεσκε δὲ κούρην

---

[1]) Kekulé Bull. 1868 p. 57, 30. Ich verdanke die Zeichnung in der Grösse des Originals der freundlichen Mittheilung Richard Schöne's.

[2]) Eine skizzirte Zeichnung, zwei Drittel der Originalgrösse, hat mir Herr v. Steinbüchel mitgetheilt.

[3]) *a)* Berliner Museum, Smaragd-Plasma. Winckelmann descr. p. 57, 155. Tölken Verz. p. 101, 111, 114. Schlichtegroll Ausw. vorz. Gemm. 29. Millin gal. myth. 99, 398 (sehr vergrössert und ungenau). Wieseler Denkm. a. K. II, 3, 40 nach einem Abguss (Taf. IV, *c*).

b) Impr. d. inst. V, 64 'giada nella collezione del sign. Ragazzini' (Taf. IV, *d*).

[4]) Mosch. II, 129. Luc. dial. mar. 15, 2 ἡ δὲ πάνυ ἐκπλαγεῖσα τῷ πράγματι τῇ λαιᾷ μὲν εἴχετο τοῦ κέρατος, ὡς μὴ ἀπολισθάνοι, τῇ ἑτέρᾳ δὲ ἐπηνεμωμένον τὸν πέπλον συνεῖχεν. Vgl. Nonn. I, 69 καὶ δολιχῆς Βορέης γαμίης ἐπεκυρτώσεν αὔρῃ
φᾶρος ὅλον κόλπωσε δυσίμερος, ἀμφοτέρῳ δὲ
ζῆλον ὑποκλέπτων ἐπεσύριεν ἔργματι μαζῷ.

Anth. Lat. I, 14 (575), 29 *tunc laeva taurum cornu tenet inscia culpae*
obliquatque sinus in ventum aurumque patentes.

Ovid. fast. V, 607 *illa iubam dextra, laeva retinebat amictus,*
et timor ipse novi causa decoris erat,
aura sinus implet, flavos movet aura capillos.
Sidoni, sic fueras aspicienda Iovi.

und das wir schon in Gemälden beobachtet haben. Wie es vorzugsweise bei Luft- und Seegottheiten angewendet wird, so lag es auch in diesem Falle nahe und erklärt sich selbst. Sehr oft begegnet diese Darstellung der *Europa* mit dem über dem Kopf bogenförmig sich bauschenden Gewande auf Münzen[1]) von Gortyn (Taf. IV *e*)[2]), Knossos[3]), Sidon (Taf. IV *f*)[4]), Sinope[5]), Byzantion[6]), Amphipolis[7]), Carthago nova[8]) und ist auch auf den römischen Münzen der *gens Valeria*[9]) und *Volteia*[10]) aufgenommen. Kleine Verschiedenheiten in der Art das Gewand zu halten, wie sich dergleichen bei verschiedenen Münztypen in der Regel finden, geben kein Hinderniss ab, ein gemeinsames Original anzunehmen, auf welches man um so mehr hingewiesen wird, da sich dasselbe Motiv nicht nur auf Gemmen[11]), sondern auch auf Reliefs wieder findet. Ein Marmorrelief der Art aus spätrömischer Zeit ist im Museum des Lateran[12]), auf welchem *Europa* im ärmellosen Chiton, das Obergewand um die Beine geschlagen, vom Stier durch die Wellen getragen wird. In der hergebrachten Weise fasst sie mit der Rechten das Horn desselben und stützt die Linke auf seinen Rücken; der sich über ihrem Haupt wölbende Schleier ist um ihren linken Arm geschlagen, den anderen Zipfel hat die Rechte mitgefasst. Ähnlich waren die Reliefs, welche einst Aldroandi in Rom 'in casa di M. Giulio Porcaro presso a la Minerva'[13]) und Pighius in Lorch an der Kathedrale eingemauert sah[14]).

---

1) Eine reichliche Zusammenstellung der Münztypen giebt Stephani compte rendu 1866 p. 112 ff.

2) Silbermünzen von Gortyn, auf der Vorderseite mit dem lorbeerbekränzten, bärtigen *Zeus*-Kopf, neben *Europa* die Inschrift ΓΟΡΤΥΝΙΩΝ.

α. Im britischen Museum vett. num. 8, 12. Falkener descr. of theatr. in Crete p. 20.

β. In Paris nouv. gal. myth. pl. 9, 10.

3) γ. Bronzemünze von Knossos, mit dem Labyrinth und der Umschrift ΚΝΩΣΙΩΝ auf der Rückseite mus. Hunter. 18, 20.

4) [Lucian] dea Syr. 4 τὸ νόμισμα τῷ Σιδόνιοι χρέονται τὴν Εὐρώπην ἐφεζομένην ἔχει τῷ ταύρῳ τῷ Διί.

δ. Autonome Bronzemünze in Paris. Lajard culte de Vénus pl. 3 B, 7. Vgl. Eckhel num. an. 15, 11. mus. Hunter 19, 11. 15.

ε. Bronzemünze aus des Königs Demetrios II Regierung, im britischen Museum, mit dem Kopf des Königs ΒΑΣΙΛΕΩΣ Δ auf der anderen Seite, und der Inschrift ΣΙΔΩΝΙΩΝ neben einer phönikischen. Vett. num. 12, 6. Wieseler Denkm. a. K. II, 3, 10 a. Nouv. gal. myth. pl. 9, 12.

ζ. Bronzemünzen der Kaiserzeit, Morell num. imp. Aug. 40, 26. 27. 28. Claud. 7, 21. Nero 13, 18.

5) η. Bronzemünze des Augustus. A. de Longpérier descr. des méd. du cab. Magnoncour p. 37, 398.

6) Haverkamp num. reg. Christ. tab. 30.

7) Eckhel D. N. II p. 67 f. Morell num. imp. Aug. 39, 3. 4. Tib. 11, 21. 23. Calig. 5, 21. Allerdings hat man vielfach die in Amphipolis verehrte *Artemis Tauropolos* (Diod. XVIII, 4. anth. Pal. VII, 705. Liv. XLIV, 44. XLV, 30) in diesem Typus erkannt (Welcker Griech. Götterl. I p. 592. Preller griech. Myth. I p. 241 f.), welche wohl in der vollbekleideten, mit zwei Fackeln auf einem sprengenden Stier sitzenden Frau auf einer Silbermünze von Makedonien (Millingen syll. 3, 23) sicher nachgewiesen ist. Stephani compte rendu 1866 p. 102 f.

8) Florez med. de Esp. tab. 58, 1. Diesen Typus hat Cavedoni (Bull. Nap. N. S. III p. 67) durch die Worte des Rhetors Florus (p. XLIII) erläutert, der von einer von ihm nicht namentlich genannten Stadt Spaniens sagt: *hic ille coliter corruptor praedo, qui Tyriam virginem portans dum per tota maria lascivit, hic amisit et adnavit, et eius quam ferebat oblitus cubat nostrum litus adamavit.*

9) Cohen méd. cons. 40, 7. 8. Vgl. Cavedoni ann. XI p. 320 f. Bull. 1845 p. 188. 191. Ch. Lenormant nouv. ann. II p. 151 ff.

10) Cohen méd. cons. 42, 6.

11) Eine Gemme der Art, wo unterhalb des Stieres zwei Delphine das Meer bezeichnen, wie auf γ, hat Lajard aus der Sammlung Mertens-Schaaffhausen bekannt gemacht (culte de Vénus pl. 14 C, 1).

12) Schöne und Benndorf ant. Bildw. d. later. Mus. S. 374, 531. Taf. 12, 2. Daneben sind die Reste einer Inschrift *Quirina (fili)a eius* erhalten.

13) Aldroandi Statue antiche che in Roma — si veggono (hinter Mauro le antichità della città di Roma. Ven. 1562) p. 243 *un' altra tavola marmorea, ne la quale si vede isculpito Giove in forma di Toro portarne seco Europa. — Mentre ch' Europa si vedeva l'onde presso a piedi, temendo gridava e si volgeva a le compagne attenendosi con una mano al corno del toro e ritirando le gambe e la veste in su.*

14) Pighius Hercules Prodicius (Antw. 1587) p. 211 *Inter alia videbatur etiam in saxo quadrato Europa tauro natanti insidens, cuius cornu alterum sinistra tenet stolata ad pedes usque, dextra prehendit velum, quod capiti eius lunae corniculatae forma circumvolitat.* Dass das Relief nicht mehr vorhanden ist, bezeugt Gaisberger Lauriacum (Beitr. z. Landesk. f. Oesterreich ob d. Enns 1846) p. 67.

Auch auf Vasenbildern lässt sich in einer langen Reihe von Vorstellungen verfolgen, wie das einfache, durch die Situation selbst dargebotene Grundmotiv zwar im Wesentlichen beibehalten, aber mannigfach aus- und durchgebildet erscheint.

Auf einer vulcentischen Amphora mit schwarzen Figuren[1]) ist auf beiden Seiten gleichmässig wiederholt eine Frau im langen gestickten Chiton mit Überwurf, eine Binde im Haar, das in langen Locken herabfällt, auf dem Rücken eines Stieres sitzend; sie sieht sich um; die erhobene Linke, während die Rechte gesenkt ist, drückt Staunen aus. Die Deutung ist durch die Beischriften sicher gestellt, auf der einen Seite wohl erhalten: ΕΥΡΟΡΕΙΑ. ΤΑΥΡΟΣ, auf der anderen beschädigt, aber danach zu ergänzen ΕΥΡΟΠ..Α. ..ΡΟΣ; daneben die Namen, einmal ΦΟΡΒΑΣ, auf der anderen Seite ΑΝΙΑΔΕΣ[2]). Demgemäss kann man auf ähnliche Gestalten, welche auf Amphoren mit schwarzen Figuren nicht selten sind[3]), dieselbe Bezeichnung anzuwenden geneigt sein, und diese findet eher eine Bestätigung, wenn auf einem Vasenbilde der Art *Hermes* voranschreitet[4]). Allein, wenn man auch dem Umstande keine Bedeutsamkeit beilegen wollte, dass diese Frauen nicht allein von Rebzweigen umgeben sind (*DH*), sondern auch dergleichen in den Händen halten (*AB*), weil diese auf alten Vasen sehr oft nur ornamental verwendet werden, so ist es doch nicht möglich an *Europa* zu denken, wo zwei vom Stier getragene Frauen neben einander erscheinen (*FK*), oder wo sie unverkennbare bakchische Attribute, wie Krotalen (*CKN*), oder poseidonische, wie einen Delphin (*E*), in Händen haben. Hier hat man also weibliche Gestalten aus dem dionysischen und poseidonischen Kreise zu erkennen, die in solcher Weise dargestellt zu finden um so weniger befremden kann, da wir auf einer vulcentischen Amphora mit schwarzen Figuren[5]) auf der einen Seite *Poseidon* mit dem Delphin, auf der anderen *Dionysos* mit dem Kantharos auf einem Stier sitzen sehen[6]). Gottheiten auf

[1]) Campanari Vasi Feoli 8. Gerhard Auserl. Vas. 90.

[2]) Die Ergänzung ist von Panofka vorgeschlagen (Bull. 1848 p. 150 f.), der auch den Namen Ἀνιάδας auf einer Münze von Anus (Mionnet descr. pl. 49, 3) nachgewiesen hat. Vorher wurde ΕΥΡΩΠΑ und ΠΟΣΑΝΙΑΔΕΣ gelesen.

[3]) *A.* Gerhard Auserl. Vas. 149, 1. 2.
B. Gerhard Auserl. Vas. 149, 3. 4.
C. Gerhard Auserl. Vas. 149, 5—8.
D. Mus. Greg. II, 49, 1.
E. Mus. Greg. II, 41, 1. 2. Panofka Poseidon und Dionysos Taf. 2, 1. 2.
F. Laborde vas. Lamb. I, 77. Wiener Ant. Kab. II, 3, 87.
G. In Petersburg (88) Schale. Stephani compte rendu 1866 p. 148.
H. Campanari Vasi Feoli 4. Taf. 1. e nach einer Zeichnung bei Gerhard.
I. de Witte Cat. Durand 191.
K. de Witte Cat. Durand 192. cat. Magnoncour 28.
L. Sammlung Blacas, jetzt im britischen Museum. Élite céram. I p. 64.
M. Sammlung Rollin. El. cér. I p. 64.
N. Oinochoe. Inghirami Mon. etr. V, 2.
O. Amphora. de Witte vas. Castellani 6.

[4]) Bull. 1840 p. 126.

[5]) Gerhard Auserl. Vas. 47, 1. El. céram. III, 4. Panofka Poseidon und Dionysos Taf. I, 1. 2.

[6]) Auf einem unteritalischen Krater (Millin vas. II, 12. gal. myth. 54, 255. Guigniaut rel. de l'ant. 111, 467) ist eine Frau im dorischen Chiton, welche mit erhobener Linken das Obergewand ausbreitet, auf einem schreitenden Stiere sitzend dargestellt, der durch die von beiden Hörnern herabhängenden Binden als Opferthier charakterisirt ist. Hinter demselben steht ein Jüngling mit Chlamys, spitzem Hut und Lanze, und erhebt in der Rechten einen Lorbeerkranz. Vor dem Stiere sitzt ein oberwärts nackter Jüngling, in der Rechten einen Kranz, in der Linken einen Stab; neben ihm steht ein zweiter mit Chlamys und Lanze. Beide Jünglinge, wie die Frau, tragen ausgezackte Kopfbinden. Wegen der deutlichen Bezeichnung des Stieres als Opferthier kann man nicht mit Welcker (Kret. Kol. p. 4 f.), der Millins Deutung (vas. II p. 21 ff.) auf eine Scene vorgeblicher kabirischer Mysterien mit Recht eine gelehrte taube Nuss nennt, *Europa* mit den *Dioskuren* erkennen. Das Bild macht den Eindruck, als sei ein bestimmter Festgebrauch vorgestellt. Auf eine ähnliche Scene hat Stephani (compte rendu 1866 p. 150 ff.) die Darstellung eines unteritalischen Vasenbildes in Petersburg (884) bezogen (eb. Taf. 5, 4). Ein Mädchen im dorischen

dem Thier, welches ihnen als Attribut beigegeben wurde, reitend darzustellen[1]), scheint im Orient üblich gewesen zu sein. *Kybele* auf einem Löwen reitend[2]), wie die *Caelestis* in Kar-

---

Chiton wird von einem rasch dahin eilenden Stiere fortgetragen, ihr voran und unterhalb des Stieres fliegt ein *Eros*. Voran schreitet ein Jüngling in der Chlamys und sieht sich mit der Rechten winkend um; auf jeder Seite wird die Darstellung durch einen auf seiner Chlamys sitzenden Jüngling abgeschlossen, der aufmerksam zuschaut. Auch die von Welcker (Müller Archäol. 351, 4) erwähnte kleine Amphora bei Braun „*Europa* auf dem Stier, *Eros* kränzt sie, ein Hündchen springt vor ihr, ein Jüngling mit einem Kranz, einer mit einer Lanze und je ein Satyr zu beiden Seiten" gehört wohl eher in diesen Kreis. Die Kraftübung wilde Stiere zu bändigen, welche in den Sagen von *Herakles* und *Theseus* mythische Vorbilder fand, war zwar besonders bei den Thessalern ausgebildet worden, welche diese Bändigung zu Pferde auszuführen pflegten, aber die Taurokathapsia finden sich als Agon bei grossen Festlichkeiten (Böttiger kl. Schr. III p. 325 ff. Böckh Schol. Pind. p. 319. Lobeck Aglaoph. p. 206 f.) auch anderswo, in Smyrna (marm. Oxon. II, 58. C. I. Gr. 3212), in Pergamus (Aristid. or. 26. I p. 324 J.), in Attika bei den Herakleen nach Theophrast (char. 27), wo der ὀψιμαθής, ὁδὸ καὶ αὐλῇ εἰς Ἡρακλεῖον, δέῃσε τὸ ἱμάτιον τὸν βοῦν αἴρεσθαι, ἵνα τραχηλίσῃ, in Ephesos und Eleusis nach Artemidoros (I, 8) ταύροις κατὰ προαίρεσιν ἐν Ἰωνίᾳ παῖδες Ἐφεσίων ἀγωνίζονται καὶ ἐν Ἀττικῇ παρὰ ταῖς θεαῖς Ἐλευσῖνι

κοῦροι Ἀθηναίων περιτελλομένων ἐνιαυτῶν

καὶ ἐν Λαρίσῃ πόλει τῆς Θεσσαλίας οἱ τῶν ἐπιχωρίων εὐγενέστατοι. Es war natürlich, diese Stierbändigung mit dem Opfer in Verbindung zu setzen, und das so gebändigte Thier zum Altare zu bringen. Darauf ist auch wohl die Stelle der Ilias (Y, 403) zu beziehen

ὡς ὅτε ταῦρος
ἤρυγεν ἑλκόμενος Ἑλικώνιον ἀμφὶ ἄνακτα
κούρων ἑλκόντων· γάνυται δέ τε τοῖς ἐνοσίχθων.

Übrigens finden sich die κοῦροι ἕλκοντες mit dem Stiere beschäftigt ganz so auf einem Vasenbilde (Tischbein II, 3. Inghirami Vasi fitt. 24). Auf jene Stierkämpfe in Eleusis haben E. Curtius (Gött. Nachr. 1860 p. 336) und Dittenberger (de epheb. att. p. 62) die Angabe der Ephebendecrete bezogen, dass die Epheben ἤραντο τοὺς βοῦς ἐν Ἐλευσῖνι τῇ θυσίᾳ, während A. Mommsen (Heortologie p. 258 f.) an das Hinaufheben der Opferthiere auf die hohen Tempelstufen dachte, da doch das Brandopfer vor dem Tempel gebracht wurde. Es ist wohl an den auch sonst bezeugten Brauch zu denken, dass der rüstige Stierbändiger das Thier zum Opfer selbst herbeitrug, wie die Kynaitheenser nach Pausanias (VIII, 19, 2) dem *Dionysos* im Winter ein Fest feierten, ἐν ᾗ λίπα ἀληλιμμένοι ἄνδρες ἐξ ἀγέλης βοῶν ταῦρον — ἀράμενοι κομίζουσι πρὸς τὸ ἱερόν. In Argos war nach Pausanias (II, 19, 5) die Ehrenstatue des *Biton* aufgestellt, ἀνὴρ ἐπὶ τῶν ὤμων φέρων ταῦρον· ὡς δὲ Λυκέας ἐποίησεν, ἐς Νεμέαν Ἀργείων ἀγόντων θυσίαν τῷ Διὶ ὁ Βίτων ὑπὸ ῥώμης τε καὶ ἰσχύος ταῦρον ἀράμενος ἤνεγκεν. Daher sagt Euripides an den von Dittenberger (de ephebis p. 77) angeführten Stellen, wie von einer bekannten Sitte (Hel. 1562)

οὐκ εἶ' ἀναρπάσαντες Ἑλλήνων νόμῳ
νεανίαι ταύρειον ὤμοισιν δέμας
εἰς πρῷραν ἐμβαλεῖτε;

und (El. 811)

αἴρουσ', ἐπ' ὤμων μόσχον ὡς ἦραν χεροῖν
δμῶες.

Auch für dieses Kraftstück gab *Herakles* das mythische Vorbild, der zur Hochzeit des *Peleus* und der *Thetis* den gebändigten Opferstier auf der Schulter herbeiträgt (Stark arch. Ztg. IX p. 289 ff.), wie in der dionysischen Pompa ein Satyr den Stier auf der Schulter schleppt (arch. Ztg. XXII Taf. 185. 186. Ber. d. sächs. Ges. d. W. 1868 p. 211, 153). Galt das Bändigen und Herbeibringen des Opferstieres als ein agonistisches Kampfspiel, so ist es um so leichter erklärlich, wenn auf Vasenbildern *Nike* den Stier geleitet, umgeben von fackeltragenden Jünglingen (d'Hancarville III, 36. Inghirami vasi fitt. 363), oder von einer zum Opfern bereiten *Nike* an einem Dreifuss, in der Umgebung von Sterblichen erwartet (d'Hancarville II, 37. Inghirami Vasi fitt. 361. Panofka Bild. ant. Leb. 4, 10. Wieseler Denkm. a. K. II, 50, 625), oder auch den neben dem Dreifuss ruhig stehenden Stier tränkt (Gerhard Auserl. Vas. 81. Inghirami Vasi fitt. 359). Wie hier neben der geflügelten *Nike* eine Frau im Chiton mit einer Binde erscheint, so sind auf einem anderen Vasenbilde Frauen mit den Opferrindern beschäftigt (Gerhard Auserl. Vas. 243), wie auf dem Relief der Nike-Balustrade die Siegesgöttinnen, auf den Nachbildungen Frauen das Opferrind herbeiführen (Kekulé Balustr. d. Athena-Nike p. 31 ff.). Mag diese Theilnahme der Frauen auf Eigenthümlichkeiten bestimmter Cultusgebräuche zurückzuführen sein, oder hat man allegorische Figuren dabei im Sinne gehabt, so dienen sie doch als eine Analogie für die Vorstellung der Vasenbilder, auf welchen ein Opferstier so gebändigt erscheint, dass er die Frau als Reiterin duldet.

[1]) Eine genaue Untersuchung der Art, wie die bildende Kunst die den Göttern zugeeigneten Thiere mit ihnen in Verbindung gebracht und daraus künstlerische Motive gezogen hat, mit durchgreifender Berücksichtigung der localen und historischen Einflüsse, würde sehr erwünschte Aufschlüsse geben. Hier können nicht einmal die reitenden Gottheiten einer vollständigen Analyse unterzogen werden.

[2]) Plin. XXXV, 109 *Nicomachus — pinxit — deumque matrem in leone sedentem*. Ein solches Bild war auf der Spina des Circus Maximus aufgestellt (Zoega bass. I p. 90), und findet sich auch sonst dargestellt Zoega a. a. O. p. 97; gal. di Fir. V, 46, 2. Wieseler Denkm. a. K. II, 63, 808. Lenormant cat. de Behr pl. 2, 1. Waddington voy. en Asie min. pl. 8, 2. Nouv. gal. myth. 3, 10. 11. 14. Cohen méd. imp. II, pl. 14. 129.

thago[1]), *Atys* auf dem Widder[2]), der Mond- und Sonnengott zu Pferde[3]) sind bekannte Beispiele dieser Auffassung. In Griechenland haben alte Bildungen der Art schwerlich gefehlt, allein sie scheinen frühzeitig zurückgetreten und nur auf besondere Veranlassung nach- und umgebildet zu sein; die spätere Kunst fand dann auch wieder an dem Besonderen Gefallen. Die viel besprochene *Aphrodite Pandemos* des Skopas auf dem Bock[4]) war gewiss keine Laune des Künstlers, sondern Nachbildung eines alten Typus[5]), wofür schon die Erwähnung der theseischen *Aphrodite Epitragia* Zeugniss ablegt[6]). Wenn Phidias am Fussgestell des *Zeus* in Olympia *Selene* auf einem Pferde reitend darstellte[7]), so mochten auch darauf die alten Traditionen von Einfluss gewesen sein, die gerade bei dieser Gottheit noch deutlich zu erkennen sind[8]). Allerdings sind dabei verschiedene Umstände zu beachten. Gottheiten eines Elementes, wie Luft und Wasser, deren Natur die Bewegung in demselben mit sich bringt, erscheinen ganz naturgemäss von einem diesem Element angehörigen Thier getragen, z. B. Seegötter auf Seethieren[9]), Luftgöttinnen auf einem Schwan[10]). Gibt eine in bestimmter Absicht unternommene Reise ein bestimmtes Motiv ab, so erscheint es gerechtfertigt, wenn der trunkene *Hephaistos* auf dem Maulthier reitend in den Olymp zurückgeführt wird[11]), wenn *Aphrodite* auf dem Schwan[12]), wenn *Apollon* auf dem Schwan[13]) oder Greif[14]), so gut wie auf dem geflügelten Dreifuss[15]) durch die Luft über die Fluth dahinzieht. Etwas anderes ist es, wenn eine Gottheit auf einem Thiere, das ihr in einem bestimmten Sinne geheiligt und das man sonst neben ihr zu sehen gewohnt ist, reitet, wie um anzudeuten, dass sie dasselbe ganz gebändigt und sich unterthan gemacht hat[16]). In dieser Weise sehen wir auf den ange-

---

[1]) Apul. met. VI, 4 *(Iuno) sive celsae Carthaginis, quae te virginem vectura leonis caelo commeantem percolit, beatas sedes frequentas.* Zoega bass. I p. 91. Münter Rel. d. Karth. p. 70, Taf. I, 12. 13. Wieseler Denkm. a. K. II, 5, 65. Gerhard ges. Abh. Taf. 43, 24.

[2]) Buonarroti medagl. p. 375. Pistolesi Vat. descr. III, 106. Wieseler Denkm. a. K. II, 63, *12.

[3]) Streber num. gr. p. 169 ff. Gerhard arch. Ztg. XII p. 259 ff. Lajard culte du cyprès pl. 3, 3. 4; 4, 2, 3; 7, 6.

[4]) Paus. VI, 25, 2 ἄγαλμα Ἀφροδίτης χαλκοῦν ἐπὶ τράγῳ καθέζεται χαλκῷ· Σκόπα τοῦτο ἔργον, Ἀφροδίτην δὲ Πάνδημον ὀνομάζουσι.

[5]) Vgl. Urlichs Skopas p. 5 ff. 259. Arch. Ztg. IX Taf. 34, 2. Stephani ant. Bosph. 71, 4. Compte rendu 1859 p. 130, pl. 4, 1.

[6]) Plut. Thes. 18 θύοντι δὲ πρὸς θαλάσσῃ τὴν αἶγα θήλειαν οὖσαν αὐτομάτως τράγον γενέσθαι, διὸ καὶ καλεῖσθαι τὴν θεὸν (Ἀφροδίτην) Ἐπιτραγίαν.

[7]) Paus. V, 11, 8 Σελήνη τε ἵππον ἐμοὶ δοκεῖν ἐλαύνουσα. τοῖς δέ ἐστιν εἰρημένα ἐφ' ἡμιόνου τὴν θεὸν ὀχεῖσθαι καὶ οὐχ ἵππου, καὶ λόγον γέ τινα ἐπὶ τῷ ἡμιόνῳ λέγουσιν εὐήθη.

[8]) Stephani compte rendu 1860 p. 43 f.

[9]) Vgl. z. B. die Vasenbilder mit schwarzen Figuren, Gerhard Auserl. Vas. 8. El. cér. III, 1. 1A; mit rothen, El. cér. III, 2.

[10]) O. Jahn, arch. Ztg. XVI p. 240 ff. XXII p. 164 f.

[11]) El. céram. I, 46—49 A.

[12]) O. Jahn arch. Ztg. XVI p. 236 ff.

[13]) O. Jahn arch. Ztg. XVI p. 240.

[14]) Berlin 900. Politi Illustraz. di un vaso rappr. Nemesi Pal. 1826. El. céram. II, 44. Nach Maggiore mon. sic. I ist das Gefäss nach Berlin gekommen, das im Verzeichniss als in S. Agata gefunden angegeben ist.

[15]) Micali stor. 94. Mon. ined. d. inst. I, 46. Mus. Greg. II, 15. El. cér. II, 6. Gerhard ges. Abh. Taf. 5, 3.

[16]) R. Rochette Herc. assyr. p. 164. Als Beispiele führe ich an die weibliche auf einem Panther (?) stehende Göttin auf dem Relief von Pterion (Texier Asie min. I, 76. Lajard culte de Vén. 2); den *Herakles-Sandan* auf dem gehörnten Löwen auf Münzen von Tarsos und einigen anderen asiatischen Städten, wie auf Cylindern (R. Rochette Herc. assyr. pl. 4. p. 176 ff. Gerhard ges. Abh. Taf. 43, 3. 59, 15. Lajard culte de Vén. 4, 8—12; 5, 4; 5 B, 2; 14 II, 7. vgl. Mithras 16, 1. 3; 28, 9; 30, 1. 7; 35, 9; 37, 1. 5; 49, 9; 51, 9; 54 A, 7. 8. 10. Seidl Dolichenuscult p. 15 f.); den *Juppiter Dolichenus* auf dem Stier (Seidl Dolichenuscult p. 21), sowie die entsprechende, verschieden charakterisirte Göttin auf dem Hirsch auf den Bronzeplatten von Heddernheim und Komlód (Seidl Dolichenuscult Taf. 3). Auf einer ganz späten Gemme (Millin pierr. gr. 57. Wieseler Denkm. a. K. II, 29, 242 f. Lajard culte de Vén. 19, 8) ist *Athene*, als signum pantheum ausgestattet, auf einen Hund gestellt, wie auf einem Abraxasstein (Lajard culte de Vén. 17, 8. *Helios* auf einen Löwen. Auf einer

führten alten Vasenbildern *Dionysos* und *Poseidon*, wie die ihnen entsprechenden Frauengestalten auf einem Stier; *Hermes* auf einem Bock, als Gegenstück eine Frau auf einem Stiere[1]); einen Satyr[2]), und eine Frau mit einer Leier auf einem Bock[3]), wie *Dionysos* selbst von einem Bock getragen, dem auf einem Widder gelagerten *Hermes* entsprechend, auf einem Vasenbilde mit rothen Figuren strengen Stils erscheint[4]). Vorstellungen dieser Art sind auf Vasenbildern, auf welche ich mich hier beschränke[5]), nicht häufig. Vasen freien Stils zeigen *Apollon* auf dem Schwan[6]) oder Greif[7]), *Artemis* auf dem Hirsch[8]), und *Eros*, den die spätere Kunst als Thierbändiger darzustellen liebte, auf einem Ross[9]), einem Hirsch[10]), einem Schwan[11]). Dass mehr und mehr das Auffallende wirken sollte, zeigt ein spätes Vasenbild[12]), wo ein Maulthier eine Kline auf dem Rücken trägt, auf welcher *Dionysos* mit seiner Geliebten gelagert ist. Der Umstand, dass der vom Stiere getragenen *Europa* Darstellungen entsprechen, wo die Frau nicht als eine Gestalt der heroischen Sage erscheint, sondern als eine Personification derselben elementaren Kraft, welche der Stier bezeichnet, legt den Gedanken nahe, ob hier nicht ein Typus von allgemeiner Bedeutung anzuerkennen sei, älter als die Heroine *Europa*, aber dem Grundwesen ihrer mythischen Bedeutung entsprechend[13]). *Demeter*, welche in Lebadea im Haine des *Trophonios* mit dem Beinamen Εὐρώπη verehrt wurde[14]), ist auf einer Gemme verschleiert auf einem Stier reitend, Fackel und Ähren in den Händen, dargestellt[15]). Die Ableitung des Namens der Stadt Bucheta in Epirus von der Erscheinung der *Themis* auf einem Stiere[16]) ist zwar ein schlechter etymologischer Versuch; aber wir dürfen daraus wohl auf ein Götterbild schliessen, welches dazu Veranlassung gab.

Münze von Tarsos (Lajard culte de Vén. 5, 1) ist ein nackter strahlenbekränzter *Apollon* in der Haltung archaischer Götterbilder, in jeder gesenkten Hand ein Thier haltend, auf den Omphalos gestellt, neben dem auf jeder Seite ein Kind liegt. Dieser orientalisirende Typus lässt mich zweifeln, ob die in Athen aufgefundene Statue des auf dem Omphalos stehenden Apollon ein Werk alter Kunst sei, wie Conze (Beitr. z. Gesch. d. griech. Plastik p. 18, Taf. 5) annimmt, oder vielmehr der archaisirenden und orientalisirenden Zeit angehört. Der auf dem Omphalos sitzende Apollon war dagegen ein echt griechischer Typus (Plato rep. IV p. 427 C ὁ θεὸς — πάτριος ἐξηγητής — ἐπὶ τοῦ ὀμφαλοῦ καθήμενος ἐξηγεῖται).

1) Berlin 2165, arch. Ztg. XXVI Taf. 9.

2) Gerhard Auserl. Vasenb. 55.

3) Arch. Ztg. XII, 71. Gegen Lajard (eb. p. 263 ff.) und Gerhard (a. a. O. p. 273 ff.), welche an *Aphrodite Epitragia* dachten, hat Stephani (compte rendu 1859 p. 139) die Deutung auf eine *Mainade* ausgesprochen.

4) Mon. ined. d. inst. VI. VII, 67. Vgl. arch. Ztg. IV p. 286, 22.

5) Als Terracottafiguren finden sich sehr häufig Männer und Frauen, besonders aber Kinder, auf den verschiedensten Thieren sitzend oder liegend. Dies hängt wohl mit ihrer Bestimmung zu Votiven zusammen, für welche dieser Typus recipirt gewesen zu sein scheint.

6) Gerhard Auserl. Vas. 320.

7) Laborde II, 26. El. céram. II, 5. Wien II, 105.

8) Laborde II, 26. El. céram. II, 8. Wien II, 109; Cat. Durand 151. Gargiulo racc. II, 51. El. céram. II, 43.

9) Millin vas. II, 59. El. céram. IV, 55; Petersb. 1919. Stephani compte rendu 1861 p. 18.

10) Tischbein IV, 6. El. céram. IV, 52; Stackelberg Gräb. d. Hell. 28. El. céram. IV, 53.

11) Laborde II suppl. 6. El. céram. IV, 54. Wien II, 95.

12) Stephani compte rendu 1863 pl. 5 p. 228 ff.

13) Die *Artemis* ταυροπόλος ist offenbar erst später mit der asiatischen Göttin, welche auch als taurische *Artemis* zu grossem Ansehen kam, identificirt worden (Welcker griech. Götterl. I p. 582 ff. Preller griech. Myth. I p. 241 f.), und wenn auf den Münzen von Amphipolis die Tauropolos vorgestellt ist (Anm. 67), so hat man auf diese den Typus der Europa übertragen.

14) Paus. IX, 39, 4. ἔστι δὲ καὶ Δήμητρος ἱερὸν καλουμένης Εὐρώπης.

15) Wieseler Denkm. a. K. II, 8, 95.

16) Harpocr. Βούχετα· Δημοσθένης ἐν Φιλιππικῶν ζ (de Halonn. 32). πόλις ἐστὶ τῆς Ἠπείρου — ὁ δὲ Φιλοστέφανος ἐν τοῖς Ἠπειρωτικοῖς ὠνομάσθαι φησὶ διὰ τὸ τὴν Θέμιν ἐπὶ βοὸς ὀχουμένην ἐκεῖσε ἐλθεῖν κατὰ τὸν Δευκαλίωνος κατακλυσμόν. Suidas und das etym. m. p. 210, 34 nennen Philochorus statt Philostephanos, und das etym. m. hat διὰ τὸ τὴν [illegible] Θέμιν.

Somit scheinen alte Bilder einer auf einem Stiere reitenden Göttin in Griechenland vorgekommen zu sein, denen man in späterer Zeit verschiedene Deutungen gab.

Auf einer kleinen, sehr rohen, im alten Capua gefundenen Amphora mit schwarzen Figuren[1]) ist eine in einen langen Chiton gekleidete Frau dargestellt, welche, auf dem Rücken eines sprengenden Stiers hingestreckt, die Hände verwundert an die Brust legt und den Kopf erhebt. Da kein Merkmal vorhanden ist, welches eine andere Deutung wahrscheinlich machte, wird man mit Minervini[2]) an *Europa*, als das nächstliegende, zu denken haben.

Unzweifelhafter Deutung ist das Bild einer in Cumae gefundenen Lekythos mit schwarzen Figuren[3]) durch das Beiwerk, das trotz der rohen und ungeschickten Ausführung die Scene genauer als gewöhnlich bezeichnet. *Europa*, im Chiton und Überwurf, im Haar eine Binde, sitzt, die linke Hand erhoben, die Rechte gesenkt, auf dem Rücken des Stieres, der rasch durch die Fluthen eilt, welche durch fünf darin schwimmende Delphine bezeichnet sind und sich hinter und vor dem Stiere hoch erheben, wie Minervini richtig bemerkt[4]), um das Homerische γηθοσύνῃ δὲ θάλασσα διΐστατο[5]) so gut es gehen wollte auszudrücken. Hinter *Europa* sind die beliebten Zweige mit Blättern und Früchten, hier offenbar nur als ein Ornament, um den Raum zu füllen, angebracht.

Europa, vom Stiere übers Meer getragen, findet sich auf zwei jener eigenthümlichen Vasen dargestellt, welche in neuerer Zeit in Caere gefunden sich als etruskische Nachahmungen griechischer Vasen alten Stils kund thun.

Auf einer Amphora[6]) ist ausser der kalydonischen Eberjagd *Europa* dargestellt in einem getüpfelten Chiton, mit fliegendem Haar, auf dem bunt gefleckten Stier sitzend, indem sie in der erhobenen Rechten eine Blume oder Frucht vor dem Gesicht hält. Ein vor dem Stiere niedertauchender Delphin zeigt an, dass der Stier noch im Meere schwimmt, vor ihm ist das nahe Land durch einen mit drei Bäumen besetzten Hügel angedeutet, an welchem ein Hase hinaufläuft.

Denselben Charakter zeigt die zweite in Caere gefundene Amphora, ehemals im Besitze Castellanis (Taf. V, *a*)[7]). Auf dem ausschreitenden schwarzen Stier sitzt *Europa* mit gelöstem

---

[1]) Bull. Nap. N. S. II tav. 7, 1—3.

[2]) Minervini Bull. Nap. N. S. II p. 116.

[3]) Fiorelli not. dei vasi dip. rinv. a Cuma 9, 1. Bull. Nap. N. S. V tav. 10, 13.

[4]) Minervini Bull. Nap. N. S. V p. 19. An Klippen, die einander gegenüberstehen, wie sie auf einem pompejanischen Mosaikbild von *Phrixos* und *Helle* (ann. XXXIX tav. A) passend den *Hellespont* andeuten, ist hier nicht zu denken, wo immer die Fahrt über die weite See hervorgehoben wird. Mosch. II, 128

φαίνετο δ' οὔτ' ἀκτή τις ἁλίρροθος οὔτ' ὄρος αἰπύ,
ἀλλ' ἀὴρ μὲν ὕπερθεν, ἔνερθε δὲ πόντος ἀπείρων.

Hor. c. III, 27, 31

nocte sublustri nihil astra praeter
vidit et undas.

[5]) Hom. Il. N. 19.

[6]) Mon. ined. d. Inst. VI. VII, 77.

[7]) Brunn Bull. 1865 p. 142. Abgebildet Stephani compte rendu 1866 p. 79. Benndorf, welchem ich eine Zeichnung verdanke, theilt noch Folgendes mit: „Die Vase ist ungefähr 0,40 hoch. Auf dem hellrothen gelblichen Thon sind die Figuren mit einem sehr glänzenden und festen, aber unschönen schwarzen Firniss aufgemalt. Das Dunkelroth ist eine schlechte, vom Roth griechischer Vasen durchaus verschiedene Lasurfarbe; ebenso unschön ist das Weiss. Alle Innenlinien und fast alle Contouren der Figuren sind mit dem Grabstichel eingekratzt, überaus sicher und energisch. Die Technik dieser Graffitzeichnung ist dieselbe, wie bei den etruskischen Spiegeln, was namentlich an der Bildung der Hände, Füsse und Ohren erkannt werden kann. Ich halte die Vase für eine sichere Provinzialimitation, aber für eine archaische, nicht archaistische. Ausserordentlich fein ist die Form der Vase. Der erhöhete Streifen, welcher oben und unten die Eiform des Bauches abschliesst, wirkt besonders günstig. Über und unter der Vorstellung zieht sich ringsum je ein doppelter Kranz von Epheublättern, welcher genau dem ähnlichen Ornamente auf etruskischen Spiegeln entspricht. Auf der Rückseite sind zwei ledige Pferde, welche nach rechts und links ausgreifen“.

Haar, bekleidet mit einer Art von knappem Mieder, an welches sich ein rother Rock anschliesst; Gesicht, Arme und Füsse sind weiss. Sie legt die rechte Hand auf den Nacken des Stiers und stützt die Linke[1]) auf seinen Rücken — Reminiscenzen des bekannten Typus. Das Meer ist angedeutet durch zwei Delphine vor und hinter dem Stier und zwei andere Fische unter demselben. Ihm voran fliegt ein grosser Vogel, dessen charakteristische Formen aber so ornamental behandelt sind, dass er schwerlich genau zu bestimmen sein wird, und wohl nur als ein Mittel gelten kann, die Vorstellung von der Fahrt über die See zu beleben. Nicht zu bezweifeln ist dagegen die Bedeutung einer geflügelten weiblichen Gestalt, welche mit weitem Luftschritt *Europa* nacheilt, in beiden vorgestreckten Händen einen Kranz haltend; offenbar soll es *Nike* sein, die das gelungene Abenteuer mit ihren Kränzen lohnt.

Der erste Eindruck, welchen diese Vasenbilder machen, dass sich in ihnen nicht die naive Befangenheit und Unbehilflichkeit einer in den ersten Entwicklungsstadien begriffenen Kunstübung ausspricht, sondern ein Behagen an einer übertreibenden Wiedergabe von Einzelheiten, welche für die ältere Kunstweise charakteristisch erscheinen, wird durch ein genaueres Eingehen nur bestätigt. Technik und Formbehandlung wie Motive zeigen Verschiedenheiten von der streng geschlossenen Weise der alten Kunst, welche unverkennbar die Nachahmung beweisen, und manche Abweichungen stimmen mit Eigenthümlichkeiten der etruskischen Sitte und Kunst so wohl überein, dass man an einer in Etrurien, wahrscheinlich in Cäre, versuchten nachahmenden Fabrikation nicht zu zweifeln hat. Das erklärt denn auch das Wohlgefallen an dem Übertriebenen und Hässlichen, welches in diesen Vasen so auffallend hervortritt, dass es natürlich ist, wenn man dabei wie bei ähnlichen Erscheinungen an bewusste Parodie dachte[2]).

Einen schönen Gegensatz gegen diese fratzenhaften Darstellungen macht das Bild einer Amphora mit rothen Figuren strengen Stils, welche aus der Sammlung Campana in die Eremitage in Petersburg gekommen ist (Taf. V, *b*)[3]). Über die durch verschiedenartige Fische charakterisirten leicht bewegten Wellen schreitet der mächtige Stier hin, auf dessen Rücken *Europa* sitzt. Sie ist mit einem gestirkten Ärmelchiton bekleidet, dessen feines Gewebe die Körperformen, wie es bei dieser Stilgattung üblich ist, deutlich durchscheinen lässt. Darüber trägt sie einen Mantel von schwerem Stoff, dessen einer Zipfel über die rechte Schulter geworfen tief herabfällt, der andere Theil ist unter dem linken Arm durch nach dem Rücken hingezogen, so dass ein Stück des reichen Gewandes nach vorn über den Leib fällt. Die symmetrisch gelegten Falten, welche diese vorne herabfallenden Gewandpartien des Mantels bilden, zeigen noch den Charakter der älteren, strengeren Kunst, welcher auch

---

[1]) *Europa* steckt, worauf auch Benndorf mich aufmerksam macht, den Daumen der linken Hand zwischen den Zeige- und Mittelfinger, macht also die Unheil abwehrende Geberde der Fica, ganz bezeichnend für ihre kritische Lage. Aber so oft sich auch die Fica gebildet findet um als Amulet getragen zu werden (Ber. d. sächs. Ges. d. W. 1855 p. 80 f.), so pflegt sich die bildende Kunst doch dieser, wie ähnlicher populärer Gesten zu enthalten.

[2]) Brunn (Bull. 1865 p. 140 ff.) und Helbig (ann. XXXV p. 210 ff.) haben diese eigenartige cäretanische Lokalfabrik constatirt; Helbig hat freilich, wie mir scheint, aus Beobachtungen, die nur sehr beschränkt sein konnten, zu rasch normirende Resultate ziehen wollen. Den beiden Europavasen entsprechen die Vasen mit dem *Kentaurenkampf* (Ann. XXXV tav. E. F), mit der Entführung des *Kerberos* (mon. ined. d. inst. VI, 36), mit *Busiris* (mon ined. d. inst. VIII, 16. 17) und nach Brunns Angabe (Bull. 1865 p. 142) eine Vase mit *bakchischen* Vorstellungen. Nicht auf gleicher Linie stehen die Vasen des *Eurytion* (mon. ined. d. inst. VI, 33. Welcker alte Denkm. V, 15) und mit *Tydeus* und *Ismene* (mon. ined. d. inst. VI, 14. Welcker alte Denkm. V, 14), schon wegen der Inschriften, welche Schwierigkeiten bieten, an denen Helbig, wie an anderen, vorbeigegangen ist.

[3]) Petersb. 1637. Catal. Campana IV, 427. Abgebildet Stephani compte rendu 1866 pl. 5, 1—3. Mir lag auch eine sorgfältige Durchzeichnung vor.

in den scharfen Umrisslinien des Körpers und des feinen Gesichtes nicht zu verkennen ist. Im Haar trägt sie eine Binde, sonst ist sie ohne allen Schmuck. Auf der linken Hand oder, wie es wohl nur des beschränkten Raumes wegen den Anschein hat, auf dem Arm[1]) trägt sie einen grossen, zierlich geflochtenen Korb, auf den sie aufmerksam hinblickt; auch die Geberde der geballten linken Hand drückt die gespannte Achtsamkeit aus. Offenbar ist *Europa* hier nicht darauf bedacht für sich selbst einen sicheren Halt zu suchen, sondern vielmehr besorgt, wie sie den Korb wohlbehalten fortbringe. Auf der Rückseite ist ein bärtiger Mann mit der Chlamys über den Schultern und dem Scepter in der Linken dargestellt, welcher in eiliger Bewegung mit ausgestreckter Rechten ihr entgegentritt; man wird ihn deshalb wohl am richtigsten mit Stephani auch hier für *Zeus* nehmen.

Dass *Europa* beim Blumenpflücken entführt wurde, ist die gewöhnliche Überlieferung[2]). Moschos erwähnt dabei ausdrücklich auch der Körbe, und der alexandrinische Dichter lässt sich die Gelegenheit nicht entgehen, den kunstreich gearbeiteten Korb der *Europa*, ein Werk des Hephaistos, ausführlich zu beschreiben, auf welchem er in greifbarer Anspielung Scenen aus der Sage der *Io* dargestellt sein lässt[3]). Dies kann nun zwar ein gewöhnliches poetisches Motiv sein, allein die feierliche Art, mit welcher *Europa* auf der Vase so auffällig den Korb trägt, legt den Gedanken nahe, dass er hier vielmehr ein Attribut von tieferer Bedeutung sei. Mit dem Korbe finden wir *Europa* auch auf einer merkwürdigen Münze von *Tyros* (Taf. IX, *d*)[4]) in der fürstlich Waldeckschen Sammlung in Arolsen[5]). *Europa*, durch die Beischrift ΕΥΡΩΠΗ bezeichnet[6]), im langen Chiton und wie es scheint mit einem Schleier, steht ruhig

---

[1]) Die Beispiele, wo der Adler auf dem Arm des *Zeus* (cab. d'Allier 6, 18), eine kleine Figur auf dem Arm einer grösseren steht, wie auf den Münzen von Kaulonia (arch. Ztg. V p. 120 ff. Minervini oss. num. p. 132 ff.), einem unteritalischen Terracottarelief (ann. XXXIX tav. *I*), sind anderer Art.

[2]) Schol. Hom. Il. M, 292 Εὐρώπην τὴν Φοίνικος Ζεὺς θεασάμενος ἔν τινι λειμῶνι μετὰ νυμφῶν ἄνθη ἀναλέγουσαν ἠράσθη καὶ κατελθὼν ἤλλαξεν ἑαυτὸν εἰς ταῦρον καὶ ἀπὸ τοῦ στόματος κρόκον ἔπνει. οὕτως τε τὴν Εὐρώπην ἀπατήσας ἐβάστασε καὶ διαπορθμεύσας εἰς Κρήτην ἐμίγη αὐτῇ. — ἡ ἱστορία παρ' Ἡσιόδῳ καὶ Βακχυλίδῃ. Bei Horatius (c. III, 27, 29) heisst *Europa*

nuper in pratis studiosa florum et
debitae nymphis opifex coronae.

[3]) Mosch. II, 34 von den Gespielinnen der *Europa*

ταὶ δέ οἱ [illegible], ἔχεν δ' ἐν χερσὶν ἑκάστη
ἀνθοδόκον τάλαρον.

Bei der Beschreibung des Korbes der *Europa* (37 ff.) werden drei Scenen angegeben: *Hermes* neben dem von ihm getödteten *Argos*, ihm zur Seite der Pfau; *Io* in eine Kuh verwandelt schwimmt durchs Meer, an der Küste schauen zwei Männer verwundert zu (wie solche Figuren ja auch bei *Europa* nicht fehlen); *Zeus* berührt am Nil die Kuh, um ihr die menschliche Gestalt wiederzugeben. Auch die Vielfarbigkeit der Metallarbeit deutet Moschos an:

44 ἐν μὲν ἔην χρυσοῖο τετυγμένη Ἰναχὶς Ἰώ.
47 — — κυάνου δ' ἐτέτυκτο θάλασσα.
53 ἀργύρεος μὲν ἔην Νείλου ῥόος, ἡ δ' ἄρα πόρτις
χαλκείη, χρυσοῦ δὲ τετυγμένος αὐτὸς ἔην Ζεύς.

[4]) Bronzemünze des Gallienus, nach dem Waldeckschen Exemplar beschrieben von Eckhel (D. N. III p. 390). Die Zeichnung verdanke ich der freundlichen Vermittelung von Jul. Friedländer, der mir auch mittheilt, dass eine Bronzemünze des Valerianus mit demselben Typus, der aber in der gedruckten Beschreibung verkannt war, in Berlin im Jahre 1845 in einer Auction vorgekommen sei.

[5]) J. Friedländer Berl. Blätter f. Münzkunde I p. 129 ff.

[6]) Ähnliche erklärende Beischriften sind nicht selten auf Münzen, so auf tyrischen ΘΗΒΕ (Lajard culte de Vén. 3 B, 6), ΔΕΙΔΩΝ (Eckhel D. N. III p. 388), ΩΚΕΑΝΟϹ (Eckhel syll. 6, 5. D. N. III p. 390), ΑΜΒΡΟϹΙΕ ΠΕΤΡΕ (Anm. 129), auf Münzen von Damaskos ΗΘΙΑΙ (Lajard culte de Vénus 15, 6), von Sardes ΤΥΛΟΣ, ΓΗ (Wieseler Denkm. a. K. II, 10, 114), von Smyrna ΟΜΗΡΟϹ, ΖΕΥϹ ΑΚΡΑΙΟϹ, ΜΕΛΗϹ (num. Brit. 9, 8. Mus. Hunter 50, 6. 7; 51, 6) von Nikaia ΙΠΠΑΡΧΟϹ (Müller ant. Mynt. I Thorvaldsens Mus. Taf. 3, 153), von Ephesos ΖΕΥϹ ΟΛΥΜΠΙΟϹ (cab. d'Allier, 14, 20), ΘΕΩΝ (Lajard culte du cypr. 4, 4. 5. Wieseler Denkm. a. K. II, 2, 14), von Ilion ΠΡΙΑΜΟϹ, ϹΚΑΜΑΝΔΡΟϹ, ΕΚΤΩΡ (cab. d'Allier 13, 9. 10. Waddington voy. en Asie min. pl. 8, 9), von Samos ΠΥΘΑΓΟΡΗϹ (cab. d'Allier 16, 16), von Thessalonike ΚΑΒΙΡΟϹ (Wieseler Denkm. a. K. II, 63, 818—820), von Halikarnassos ΗΡΟΔΟΤΟϹ (Waddington voy. en Asie min. pl. 7, 6).

da und hält den Korb auf der Linken, in der Rechten hält sie eine Blume, um sie hineinzulegen oder herauszunehmen. Zu ihrer Rechten springt der Stier gegen sie an[1]). In Tyros, wo man ein *Agenorion* und andere an die Sage von *Europa* erinnernde Monumente zeigte[2]), gaben vielleicht Cultusgebräuche Veranlassung diesen Zug hervorzuheben[3]). Dass in Gortyn *Europa* im Cultus eine höhere Stelle einnahm, als die einer Heroine, welche Stammmutter des Fürstengeschlechtes geworden war, lässt sich aus manchen Spuren und Analogien entnehmen. Sie führte den Beinamen Ἑλλωτίς oder Ἑλλωτία[4]), der in früherer Zeit ebenfalls der Name der Stadt Gortyn war[5]), und auch das ihr zu Ehren gefeierte Fest hiess Ἑλλώτια[6]). An diesem

[1]) Über dem Stier sind in kleineren Dimensionen zwei kegelförmige Steine und in ihrer Mitte ein Baum dargestellt. Dieses Wahrzeichen von Tyros, das auf den Münzen der Stadt häufig ist (Eckhel D. N. III p. 389 ff.), wird auf einigen Münzen, deren Haupttypus es bildet, durch die Beischrift ΑΜΒΡΟϹΙΕ ΠΕΤΡΕ bezeichnet (R. Rochette Herc. ass. 3, 2. Gerhard ges. Abh. Taf. 60, 9. Ackermann numism. journ. II p. 223 f.) und ist von Tristan (comm. I p. 582) durch die Verse aufgeklärt welche Nonnos den *Herakles* zu den zur Gründung von Tyros bestimmten Menschen sprechen lässt (XL, 467)

εἰσὶ χῶρον ἰκετὰ πεφυρμένον, ὁππόθι δοιαὶ
ἀσταθέες πλώουσιν ἁλίπλανες εἰν ἁλὶ πέτραι,
ἃς φύσις Ἀμβροσίας ἐπεφήμισεν, αἷς ἐνὶ θάλλει
ἥλικος αὐτόρριζον ὁμόζυγον ἔρνος ἐλαίης,
πέτρης ὀμφαλόεσσα μεσόμφαλον.

Hierauf, wie auf die dann weiter berichteten Wundererscheinungen, nimmt auch das Orakel bei Achilles Tatius (II, 14) Bezug

[2]) Arrian. II, 24, 2 ἀθροισθέντες κατὰ τὸ Ἀγηνόριον καλούμενον. Nonnus berichtet von *Dionysos*, der nach Tyros kommt (XI, 356)

καὶ προχέων δάκρυ πολὺ, Ἀγήνορος ἔδρακεν αὐλὴν
καὶ θάλαμον Κάδμοιο, καὶ ὀρχηστῆρας ἀνὰ χώρους
Εὐρώπης ἀγάλματα ἐθέσατο παρθενίοιο.

[3]) Jos. Malalas (chron. II p. 36, 3) berichtet von einem Feste in Tyros κακὴ ὀψινή, das zum Andenken an die von ihm euhemeristisch travestirte Entführung der *Europa* gefeiert wurde. Dass in Tyros in späterer Zeit der Reflex der griechischen Sage, nicht ursprünglich phönikische Überlieferung zu erkennen sei, bemerkt Movers (Phöniz. I p. 81 f.).

[4]) Etym. m. p. 332 Ἑλλωτία ἡ Εὐρώπη τὸ παλαιὸν ἐκαλεῖτο, ἢ ὅτι Φοίνικες τὴν παρθένον ἑλλωτίαν καλοῦσιν, ἢ παρὰ τὸ ἑλεῖν, ὅτι ὑπὸ ταύρου ἑάλω κατὰ τὸν μῦθον. Gildemeister, über die phönikische Etymologie befragt, hat mir darüber Folgendes mitgetheilt. „In keiner semitischen Sprache gibt es ein Wort der Bedeutung Jungfrau oder auch nur Mädchen, das eine befriedigende Zusammenstellung mit Ἑλλωτία erlaubte, wie denn auch Gesenius (script. phoen. mon. 383) meint *vocem ex copiis nobis cognitis vix vindices*. Man kann die Angabe daher unbedenklich zu der nicht geringen Zahl angeblich phönikischer Glossen rechnen, die als aus Missverständniss, aus Verwechslung oder auch aus freier Erfindung entstanden, einfach aufzugeben sind. Würde unter der Voraussetzung, dass doch irgend etwas zu Grunde liegen könne, die Aufgabe gestellt, einen Anklang ausfindig zu machen, so könnte Jemand versucht sein, an hebräisches *jaldah Mädchen* (von einer zu verheirathenden gebraucht gen. 34, 4) von der Wurzel *jalad gignere* zu erinnern, und es giebt selbst eine Form mit intransitivem Vocal, hebraisch *jillod* (und syrisch ähnlich), deren Feminin im Phönikischen *jillodat* gelautet haben würde. Aber im Ernst kann man darin eine Lösung nicht finden; letzteres Wort behält doch immer die Bedeutung *Geborner* oder *Kind*, und die Übereinstimmung geht im Grunde nicht über den einen Consonanten *l* hinaus. Von vorn herein hat auch Ἑλλωτία schon deshalb kein phönikisches Aussehen, weil die Endung ια, wenn nicht etwa im Griechischen zugesetzt, nur eine denominative, adjectivische und für jenen concreten Begriff nicht anwendbare sein konnte. Von einer anderen Seite her hat Movers (Phön. II, 2. p. 80) die Angabe des phönikischen Ursprunges zu rechtfertigen gesucht, aber, wie mir scheint, mit geringem Glücke. Er muss, dem sonstigen reichlich bestätigten Sprachgebrauch der Glossen zuwider, den willkührlichen Satz aufstellen, wegen des Artikels sei παρθένος nicht in seiner appelativen Bedeutung, sondern als Proprium und Name der Astarte zu fassen, und muss das Vorhandensein eines solchen dem Scholiasten geläufigen Namens aus dem Umstande folgern, dass Astarte an einigen Stellen als jungfräulich beschrieben wird. Ἑλλωτίς soll dann zu erklären sein aus *ellôti*, wie die Phöniker für ein *Ilati meine Göttin* gesprochen hätten. Zur weiteren Beurtheilung dieser Erklärung kommt in Betracht, dass das bei einigen Worten der Bedeutung *Herr* angefügte und gleichsam fest gewordene Suffix der ersten Person (*Adonis*, *Adonai*, *Baaltis*) nicht wohl beliebig auf jede Gottesbezeichnung übertragen werden kann, dass die Verdoppelung des λ nicht motivirt wäre, und dass die allerdings im phönikischen Dialekt vorkommende Umlautung eines langen *â* in *ô*, in diesem Falle, bei einem nach aller Analogie in den semitischen Sprachen unzweifelhaft kurzem *a*, um so weniger angenommen werden kann, als alle sonstigen Beispiele der Endung griechisch ωθ geschrieben werden und das *ô* der Vocal der Pluralform ist. Indessen scheint M. Schmidt (Hesych. II, p. 69) Movers zu folgen."

[5]) Steph. Byz. Γόρτυν — πρότερον γὰρ ἐκαλεῖτο Ἑλλωτίς, οὕτω γὰρ παρὰ Κρησὶν ἡ Εὐρώπη.

[6]) Hesych. Ἑλλώτια· ἑορτὴ Εὐρώπης ἐν Κρήτῃ. Athen XV p. 678 A. Σέλευκος δὲ ἐν ταῖς γλώσσαις ἑλλωτίδα καλεῖσθαί φησι τὸν ἐκ μυρσίνης πλεκόμενον στέφανον, ὄντα τὴν περίμετρον πηχῶν εἴκοσι, πομπεύειν τε ἐν τῇ τῶν Ἑλλωτίων ἑορτῇ. φασὶ δ' ἐν

wurde im Festzuge ein ungeheurer Myrtenkranz, ebenfalls ἑλλωτίς genannt, einhergetragen, woraus man gewiss mit Recht geschlossen hat, dass die *Hellotien* ein bräutliches Frühlingsfest waren[1]). Das Umhertragen des Kranzes weist auf das Blumenpflücken zurück, beides war wie im Leben so im Cultus und in der Legende mit einander verbunden[2]), die Blumen pflückende Jungfrau *Europa* ist keine andere Gestalt als die Göttin, welcher im Frühjahre der Kranz dargebracht wird. Besonders in der Sage von *Persephone* ist das Blumenpflücken als ein bedeutsamer Act vor der Entführung und Vermählung hervorgehoben und ausgebildet worden, daher auch im Cultus derselben das Fest des Blumenpflückens und Kränzewindens nicht fehlt[3]).

Auch von der Vermählung der *Europa* mit *Zeus* in Gortyn finden wir in Berichten und auf Münzen einzelne Züge überliefert, welche darauf hinweisen, dass es sich auch hier um den ἱερὸς γάμος handelt, in welchem der zeugungskräftige Gott des Himmels im Frühling die bräutliche Erde umfängt. Die meisten Züge dieser alten Naturpoesie haben sich an verschiedenen Orten im Cultus der *Here* erhalten[4]), wie auch zu Knossos ein solches Fest des *Zeus* und der *Here* gefeiert wurde[5]), und in Gortyn würde man der *Europa* keine andere Stelle anweisen, wenn auch nicht *Europia* als Beiname der *Here* überliefert wäre[6]). Man zeigte dort die viel gefeierte Platane, unter welcher *Zeus* der *Europa* genahet war, welche seitdem die Blätter nicht abwarf[7]); die Wirkung, welche die Vermählung des Himmels und der Erde im

---

αὐτῷ τὰ τῆς Εὐρώπης ὀστᾶ περιφέρεσθαι, ἣν καλοῦσιν Ἑλλωτίδα. ἄγεσθαι δὲ καὶ ἐν Κορίνθῳ τὰ Ἑλλώτια. Hesych. Ἑλλωτίς· Εὐρώπης στέφανος πλεκόμενος, πηχῶν εἴκοσι. In Korinth wurde das Fest *Hellotia* der *Athene*, welche ebenfalls den Beinamen Ἑλλωτίς führte, mit Fackelläufen als eine Sühnungsfeier begangen (Schol. Pind. Ol. XIII, 56. etym. m. p. 332 Ἑλλωτίς). Eine Legende, welche das Fest als eine Stiftung der dorischen Eroberer darstellte, führt den Namen auf eine einheimische Jungfrau *Hellotis* zurück; eine andere leitet den Namen ebenfalls von ἕλος ab und bringt ihn mit der Bändigung des *Pegasus*, welche *Bellerophon* durch *Athenes* Beistand gelang, in Verbindung. Eine dritte Ableitung war ἀπὸ τοῦ ἐν Μαραθῶνι ἕλους· ἔστι γὰρ καὶ ἐκεῖ ἄγαλμα Ἀθηνᾶς Ἑλλωτίας. Hierüber ist sonst nichts Näheres bekannt, indessen wurde auch der Heros eponymos *Marathon* in verschiedener Weise mit Korinth in Verbindung gebracht (Paus. II, 1, 1). Eine Reminiscenz der phönikischen Ableitung von Ἑλλωτίς kann man darin finden, dass die Scholien die Worte Lykophrons (658) αἴθωνα Φοίνικος θεᾶς, womit *Odysseus* als Räuber des Palladion bezeichnet wird, durch die Notiz erklären Φοινίκη δὲ ἡ Ἀθηνᾶ ἐν Κορίνθῳ, wohl nur ein Rest gelehrter Auseinandersetzung.

[1]) Welcker kret. Kol. p. 4. Schwenck rhein. Mus. VI p. 282 f. Ich glaube nicht, dass die Worte τὰ ὀστᾶ richtig seien; das Einhertragen von Heroengebeinen in einer Procession ist meines Wissens im Cultus des Alterthums unerhört. Wenn auch der Myrtenkranz wegen seiner Beziehung auf Tod und Grab dabei an seinem Platze wäre (Bötticher Baumcultus p. 454), so ist doch die Myrte als bräutliche Frühlingspflanze nicht weniger bekannt. Was man zu Ehren der *Europa* einhergetragen habe, wird schwerlich zu errathen sein. Der argivischen *Here* wurden Kränze aus dem Kraut *Asterion* gewunden, welches an den Ufern des Flusses Asterion wuchs, der neben dem Heraion in einer Felsschlucht verschwand (Paus. II, 17, 2).

[2]) Strabo VI p. 256 διὰ δὲ τὸ εὐλείμωνα εἶναι τὰ περικείμενα χωρία καὶ ἀνθηρὰ τὴν Κόρην ἐκ Σικελίας πιστεύουσιν ἀφικνεῖσθαι δεῦρο ἀνθολογήσουσαν· ἐκ δὲ τούτου ταῖς γυναιξὶν ἐν ἔθει γέγονεν ἀνθολογεῖν τε καὶ στεφανοπλοκεῖν, ὥστε ταῖς ἑορταῖς αἰσχρὸν εἶναι στεφάνους ὠνητοὺς φορεῖν.

[3]) Preller Demet. und Pers. p. 80 ff. 120 f. Ebert Σικελ. p. 16 ff. Wenn es heisst, dass *Europa* mit den *Nymphen* Blumen pflückt, dass der Stier sie berückt durch seinen Krokosduft, wie *Persephone* durch den Narkissos berückt wird, so darf man darin wohl Reminiscenzen der alten Naturpoesie vermuthen.

[4]) Durch Welckers schöne Auseinandersetzung Anhg. zu Schwencks etym. myth. And. p. 267 ff. (kl. Schr. V p. 12 ff.) Griech. Götterl. I p. 364 ff. ist alles ins Klare gesetzt.

[5]) Diod. V, 72 λέγουσι δὲ καὶ τοὺς γάμους τοῦ τε Διὸς καὶ τῆς Ἥρας ἐν τῇ Κνωσίων χώρᾳ γενέσθαι κατά τινα τόπον πλησίον τοῦ Θήρηνος ποταμοῦ, καθ' ὃν νῦν ἱερόν ἐστιν, ἐν ᾧ νῦν θυσίας κατ' ἐνιαυτὸν ἁγίους ὑπὸ τῶν ἐγχωρίων συντελεῖσθαι καὶ τοὺς γάμους ἀπομιμεῖσθαι, καθάπερ ἐξ ἀρχῆς γενέσθαι παρεδέχθησαν. Die Münzen von Knossos tragen den bekränzten Kopf des *Zeus* und den der *Here* mit einer palmettengeschmückten Stephane, wie in Argos und sonst, vgl. nouv. gal. myth. II, 3, 4. 15.

[6]) Hesych. Εὐρωπία· ἡ Ἥρα. Ungers Vorschlag (parad. Theb. p. 428) Ἥβη hat keine Wahrscheinlichkeit.

[7]) Theophr. hist. pl. I, 15 (9) ἐν Κρήτῃ δὲ λέγεται πλάτανόν τινα εἶναι ἐν τῇ Γορτυναίᾳ πρὸς πηγῇ τινι ἣ οὐ φυλλοβολεῖ· μυθολογοῦσι δὲ ὡς ὑπὸ (Hemsterhuis zu Lucian I p. 326, ἐπὶ codd.) ταύτῃ ἐμίγη τῇ Εὐρώπῃ ὁ Ζεύς· τὰς δὲ πλησίον πάσας φυλλοβολεῖν. Plin. XII, 11 *est Gortynae in insula Creta iuxta fontem platanus una insignis utriusque linguae monumentis numquam folia dimittens, statimque ei Graeciae fabulositas superfuit, Iovem sub ea cum Europa concubuisse.* Varro r. r. I, 7, 6 *Cretae ad Gortyniam dicitur platanus esse, quae folia hieme non amittat.*

Frühlingsregen ausübt, dass alles sprosst und grünt, erschien an dieser heiligen Stätte verewigt. Neben der Platane war der Quell, in welchem *Europa* das Bad nach der Vermählung nahm[1]), wie *Here* im Kanathos in Argolis[2]), der ihr die Jungfräulichkeit wiedergab. Wer ihn durchschritt oder sich darüber setzte während es regnete, so erzählte man, wurde nicht nass. Erinnert man sich, dass die heilige Ehe durch den strömenden Regen vollzogen wurde[3]), so begreift man den Volkshumor, welcher die Quelle, welche die Spuren dieser Vereinigung hinwegnahm, nicht vom Regen getroffen werden liess.

Europa auf der Platane sitzend zeigen uns Münzen von Gortyn, welche sämmtlich auf der Rückseite einen Stier mit seitwärts gewendetem Kopfe als Gepräge haben, mit mancherlei merkwürdigen Modificationen im Einzelnen, die leider nicht völlig aufzuklären sind[4]). Allen gemeinsam ist der mächtige Tronk eines alten Baumstammes, der wie zu einem Sitze für *Europa* hergerichtet erscheint, neben welchem belaubte Zweige sich rings umher wie zu einer schirmenden Laube erheben.

A (Taf. IX, *e*). Auf dem Stamme der Platane sitzt *Europa* mit einem feinen ärmellosen Chiton bekleidet, ein Überwurf bedeckt von den Hüften abwärts die Beine; die rechte Hand stemmt sie auf die Platane, der linke Elnbogen ruht auf dem Schenkel und mit der erhobenen Linken unterstützt sie das sorgenvoll geneigte Haupt[5]). Auf einigen Exemplaren (Taf. IX, *f*) wird unten neben dem Baum ein unverhältnissmässig grosser Kopf eines Adlers sichtbar[6]).

B (Taf. IX, *g*). *Europa* in gleicher Haltung auf der Platane, nur dass sie ohne Chiton, mithin der Oberleib ganz nackt ist[7]).

C (Taf. IX, *h*). *Europa* auf dem Platanenstamme, auf welchen sie die Rechte stützt; mit der ausgestreckten Linken breitet sie ihren Schleier aus, so dass der Oberleib völlig entblösst ist, um die Beine ist von den Hüften an ein Gewand geschlungen. Zu ihrer Rechten sitzt auf einem Aste ein Vogel, der wohl für einen Adler gelten kann und sich nach ihr umsieht[8]).

D (Taf. IX, *i*). *Europa* mit nacktem Oberleib, die Beine von den Hüften ab verhüllt, sitzt auf der Platane. In dem in langen Locken zu beiden Seiten herabhängenden Haare trägt sie eine hohe Stephane, mit der erhobenen Linken stützt sie ein Scepter auf, auf dessen Spitze ein Vogel sitzt, mit der gesenkten Rechten hält sie einen neben ihr sitzenden Vogel, doch wohl einen Adler, gefasst[9]).

---

1) Antig. Car. mir. 163 (179) καὶ περὶ τοῦ κατὰ τὴν Κρήτην ὕδατος, οὗ οἱ ἐμβαπτισθέντες, ὅταν ὑετὸς ᾖ, διατελοῦσιν ἄβροχοι, παραδέδοται δὲ τοῖς Κρησίν, ἐφ' ἐκείνου λελοῦσθαι τὴν Εὐρώπην καὶ τῆς τοῦ Διὸς μίξεως. Sotion flum. 4 ἐν Κρήτῃ κρήνης ὕδατί ἐστιν, ὃν οἱ διαβαίνοντες ὕοντος τοῦ Διὸς ἄβροχοι διαβαίνουσιν ἐφ' ὅσον ἐν τῷ ὑγρῷ εἰσιν. Vgl. Solin. 11, 9 *Gortynam amnis Lenaeus praeterfluit, quo Europam tauri dorso Gortynii ferunt vectitatam*, wo Salmasius nach Strabo (X p. 478. διαρρεῖ δ' αὐτὴν ὁ Λήθαιος ποταμός) *Lethaeum* las.

2) Paus. II, 38, 2 πηγὴ Κάναθος καλουμένη· ἐνταῦθα τὴν Ἥραν φασὶν Ἀργεῖοι κατὰ ἔτος λουμένην παρθένον γίνεσθαι. οὗτος μὲν δή σφισιν ἐκ τελετῆς, ἣν ἄγουσι τῇ Ἥρᾳ, λόγος τῶν ἀπορρήτων ἐστίν.

3) Im Hain des *Trophonios* in Lebadeia waren ein Heiligthum Δήμητρος ἐπίκλησιν Εὐρώπης καὶ Ζεὺς Ὑέτιος ἐν ὑπαίθρῳ (Paus. IX, 39, 4).

4) Die neuen Zeichnungen, nach welchen die Münzen hier mitgetheilt sind, verdanke ich der Güte Jul. Friedländers.

5) Silbermünze der Berliner Sammlung; im Britischen Museum Falkener theatr. in Crete p. 20, in Paris nouv. gal. myth. 3, 14.

6) Silbermünze im Britischen Museum, vett. num. 8, 11. Wieseler Denkm. a. K. I, 11, 186.

7) Vett. num. mus. Brit. 8, 10. mus. Hunter. 28, 21 (wo neben dem Stier der Rückseite ΓΟΡΤΥΝΙΟΝ steht). Da Streber (num. gr. 2, 6, 7 p. 163 ff.) auf einem der Münchner Exemplare die Inschrift ΥΜ fand, verwies er die Münze nach Myrina, welches den Stempel von Gortyn angenommen haben muss.

8) Silbermünze in Paris.

9) Silbermünze in Paris. mus. Hunter. 28, 22. Millin gal. myth. III, 399.

E (Taf. IX, *k*). *Europa* mit nacktem Oberleib, die Beine mit einem Gewand verhüllt, sitzt auf der Platane und zieht mit der erhobenen Rechten ihren Schleier in die Höhe. In ihren Schoss schmiegt sich ein Adler mit ausgebreiteten Flügeln, auf dessen Rücken sie die Hand legt, so dass sie ihn fest an sich drückt. Neben ihrem rechten Schenkel kommt, als ob er ihr zur Unterstützung diente, der Kopf eines Stieres zum Vorschein[1]).

Die auf *AB* in trauerndes Nachsinnen versunkene *Europa* kann wohl den Eindruck machen, dass sie die Situation der nach der wunderbaren Fahrt in der Einsamkeit verlassenen Jungfrau, welche unter der schirmenden Platane Zuflucht suchte, vergegenwärtigen solle, wie Horatius sie darstellt[2])

vilis Europe, pater urguet absens:
quid mori cessas? potes hac ab orno
pendulum zona bene te secuta e-
lidere collum,

und wie sie auch anderen späteren Dichtern ein willkommener Stoff gewesen sein mag[3]). Der Stil würde einer solchen Auffassung nicht gerade widersprechen[4]), allein die folgenden Münztypen, welche mit diesem sicher im Zusammenhange aufzufassen sind, weisen auf eine etwas andere Bedeutung hin. Man darf daran erinnern, dass die ältesten Götterbilder nicht bloss unter und neben Bäumen, sondern in den Bäumen aufgestellt wurden. So gab es einen *Zeus* und einen *Dionysos* ἔνδενδρος[5]), eine *Artemis Kedreatis*[6]), und auf Kunstwerken begegnen uns solche im Baume aufgestellte Götterbilder[7]). Namentlich ist auch der Brauch im Cultus der samischen *Here* zu vergleichen, dass man jährlich das alte Schnitzbild, das einst geraubt und unter den Zweigen eines Lygosbusches am Strande verborgen wiedergefunden war, eben dorthin ans Meeresufer brachte, entsühnte, und wieder in den Tempel zurückführte[8]). Dieser

---

[1]) Silbermünze in Paris, Mionnet descr. suppl. IV pl. 10, 1. Wieseler Denkm. a. K. II, 3, 41. nouv. gal. myth. 9, 15. In einigen Exemplaren ist der Stierkopf entweder nicht erkennbar oder gar nicht vorhanden, mus. Hunter. 29, 1. 2.

[2]) Hor. c. III, 27, 57.

[3]) Ovid sagt (am. I, 3, 21)

Carmine nomen habent exterrita cornibus Io,
et quam fluminea lusit adulter ave,
quaeque super pontum simulato vecta iuvenco
virginea tenuit cornua vara manu.

[4]) Doern hat die Vermuthung ausgesprochen (Kunstbl. 1823 N. 4 f. p. 13 ff.), dass die früher unter dem Namen *Agrippina* berühmte, jetzt als *Ariadne* anerkannte Statue in Dresden (386), deren mehrfache Wiederholungen auf ein berühmtes Original hinweisen (O. Jahn arch. Beitr. p. 281 ff.), wegen ihrer — die richtige Ergänzung des Kopfes vorausgesetzt — unverkennbaren Aehnlichkeit mit der *Europa* der Münzen von Gortyn für *Europa* zu halten sei. Doch ist die Deutung auf *Ariadne* vorzuziehen.

[5]) Hesych. ἔνδενδρος· παρὰ Ῥοδίοις Ζεὺς καὶ ὁ Διόνυσος ἐν Βοιωτίᾳ. Bekannt sind Hesiodos Verse von *Dodona* (Schol. Soph. Trach. 1174)

τὴν δὲ Ζεὺς ἐφίλησε, καὶ ὃν χρηστήριον εἶναι
τίμιον ἀνθρώποις, ναῖεν δ' ἐν πυθμένι φηγοῦ.

Auch der *Dionysos Dendrites* gehört vielleicht dahin (Plut. qu. symp. V, 3, 1. p. 675 F).

[6]) Paus. VIII, 13, 2 πρὸς δὲ τῇ πόλει ξόανόν ἐστιν Ἀρτέμιδος· ἵδρυται δ' ἐν κέδρῳ μεγάλῃ, καὶ τὴν θεὸν ὀνομάζουσιν ἀπὸ τῆς κέδρου Κεδρεᾶτιν.

[7]) Den von Bötticher (Baumcultus 20. 45. 48) mit der Europa zusammengestellten Beispielen einer *Artemis* im Baum auf einem Relief von Aigina (ann. I tav. C. Kekulé ant. Bildw. d. Theseion p. 115, 294), und zweier ländlicher Götter auf dem chigischen Krater (O. Jahn arch. Beitr. p. 149 ff.) und dem Aktaionsarkophag (Clarac mus. de sc. 113, 315) kann man eine Münze von Myra hinzufügen (rev. numism. 1849 pl. 13, 1. de Witte cat. G(reppo) pl. 3, 1083. Gerhard ges. Abh. Taf. 60, 8), wo ein alterthümliches Götterbild zwischen den Zweigen eines Baumes steht, auf den von jeder Seite ein Mann mit einer Axt zuschlägt; unter dem Baum steigen Schlangen empor.

[8]) Menodotos (Athen. XV p. 672 A), der eine verkehrt historisirende Legende dazu erzählt. Der Lygos, welchen Pausanias im Heraion zu Samos sah, unter welchem *Here* geboren war (VII, 4, 4), galt für den ältesten (VIII, 23, 5).

durchgehende Zug im alten Cultus, dass das Götterbild auf eine bestimmte Zeit sein Heiligthum verlässt und erst wenn es gereinigt und gesühnt ist, wieder in dasselbe zurückkehrt — wodurch eine zeitweilige Wirkungslosigkeit des göttlichen Numen angedeutet wird — wurde auf die verschiedenste Weise durch die Legende und den entsprechenden Ritus motivirt und dargestellt[1]). Wo aber ein ἱερὸς γάμος gefeiert wird, tritt auch der Moment ein, wo die Göttin aus Zorn, Eifersucht oder sonst einem Motiv sich dem Gotte entzieht, verschwindet, sich versteckt, dann gesucht und gefunden wird: auch das sühnende Bad fehlt dabei nie. Demgemäss wird die auf der Platane trauernde *Europa* als die dort, wie *Here* im Lygos, versteckte, zurückgezogene Geliebte des *Zeus* zu denken sein.

Auf *CDE* finden wir nun *Europa* nicht trauernd und sinnend; auf *D* wird sie durch die Stephane und das Scepter, wie sonst *Here*, als Herrin und Königin charakterisirt, und der Schleier, welchen sie auf *CE* so absichtsvoll lüftet, ist ohne Zweifel der bräutliche Schleier. Die samische *Here*, welche *nubentis habitu* dargestellt wurde, finden wir zwar ganz in den Schleier eingehüllt[2]); allein, wenn hier der Schleier zu einem Motiv der Enthüllung körperlicher Reize gebraucht ist, so gehört ja diese ganze Reihe von Vorstellungen einer Zeit an, welche in der Kunst auf sinnlich anmuthige Wirkung ausging und die Traditionen des naiven Volksglaubens wie der Volkspoesie als ein Reizmittel einer verfeinerten Bildung behandelte. In dieser Umbildung der alten Cultusüberlieferungen durch Ausstattung mit dem Schmuck einer reichen, bis zur Üppigkeit entwickelten Kunst darf man gewiss alexandrinischen Einfluss erkennen[3]), allein die Züge der alten Sage bleiben doch noch erkennbar. Die auffallende Erscheinung ist nun der Adler neben *Europa*. Wie der Kopf desselben auf *A* nur wie eine symbolische Andeutung der Nähe des *Zeus* erscheint, so lässt er sich auf *C* als der von *Zeus* gesandte Hüter und Begleiter der Geliebten auffassen; allein schon die Art, wie *Europa* den neben ihr sitzenden Vogel auf *D* gefasst hält, beweist, dass er ihr näher angehört, und die Darstellung auf *E* lässt über dies Verhältniss keinen Zweifel. Die auffallende Übereinstimmung mit Darstellungen der *Leda*[4]) macht es augenscheinlich, dass das τέλος des ἱερὸς γάμος gemeint sei, wie es auch durch die Sagen von *Zeus* und *Here* seine Erläuterung findet. Als *Zeus* die *Here* einsam im Gebirge sitzen sah, erregte er einen heftigen Regen und Sturm, und setzte sich in einen Kukuk verwandelt der *Here* auf den Schooss, welche mitleidig ihn mit ihrem Gewand verhüllte, worauf *Zeus* die widerstrebende durch das Versprechen der Ehe sich zu Willen machte[5]). Daher trug auch in Argos *Here* den Kukuk auf dem

[1]) Vgl. Bötticher Tektonik B. IV, 9, 10 p. 163 ff.

[2]) Varro (Lact. i. d. I, 17): *insulam Samum scribit Varro prius Partheniam nominatam, quod ibi Iuno adoleverit ibique etiam Iovi nupserit. itaque nobilissimum et antiquissimum templum eius est Sami et simulacrum in habitu nubentis figuratum et sacra eius anniversaria nuptiarum ritu celebrantur.* Auf Münzen ist dies Bild dargestellt, ähnlich anderen ältesten Götterbildern. Böttiger Kunstmyth. II p. 231 ff. Wieseler Denkm. a. K. I, 2, 8. Nouv. gal. myth. 12, 4—9.

[3]) Ptolemaios Philopator begann die Ummauerung von Gortyn ohne sie zu vollenden (Strabo X p. 478).

[4]) In einer Reihe von *Leda*-Statuen ist sowohl das Ansichdrücken des Schwans als das Ausbreiten des Peplos ganz ähnlich wiederkehrend. O. Jahn arch. Beitr. p. 2 ff.

[5]) Schol. Theocr. XV, 64 Ἀριστοκλῆς ἐν τῷ περὶ τῆς Ἑρμιόνης ἱερῶν ἰδιωτέρως ἱστορεῖ περὶ τοῦ Διὸς καὶ Ἥρας γάμου. τὸν γὰρ Δία μυθολογεῖται ἐπιβουλεῦσαι τῇ Ἥρᾳ μιχθῆναι, ὅτε αὐτὴν ἴδοι χωρισθεῖσαν ἀπὸ τῶν ἄλλων θεῶν. βουλόμενος δὲ ἄφαντος γενέσθαι καὶ μὴ ὀφθῆναι ὑπ' αὐτῆς τὴν ὄψιν μεταβάλλει εἰς κόκκυγα καὶ καθέζεται εἰς ὄρος, ὃ πρῶτον μὲν Θόρναξ ἐκαλεῖτο, νῦν δὲ Κόκκυξ. τὸν Δία χειμῶνα δεινὸν ποιῆσαι τῇ ἡμέρᾳ ἐκείνῃ· τὴν δὲ Ἥραν πορευομένην μόνην ἀφικέσθαι πρὸς τὸ ὄρος καὶ καθέζεσθαι εἰς αὐτό, ὅπου νῦν ἐστιν ἱερὸν Ἥρας τελείας. τὸν δὲ κόκκυγα ἰδόντα καταπετασθῆναι καὶ καθεσθῆναι ἐπὶ τὰ γόνατα αὐτῆς πεφρικότα καὶ ῥιγῶντα ὑπὸ τοῦ χειμῶνος. τὴν δὲ Ἥραν ἰδοῦσαν αὐτὸν οἰκτεῖραι καὶ περιβαλεῖν τῇ ἀμπεχόνῃ. τὸν δὲ Δία εὐθέως μεταβαλεῖν τὴν ὄψιν καὶ ἐπιλαβέσθαι τῆς Ἥρας. τῆς δὲ τὴν μῖξιν παραιτουμένης διὰ τὴν μητέρα αὐτὸν ὑποσχέσθαι γυναῖκα αὐτὴν ποιήσασθαι.

Scepter[1]), so dass man auch das Scepter der *Europa* auf *D* für ein Kukukscepter nehmen kann. Der Kukuk aber verkündet durch sein Erscheinen den Frühlingsregen, in welchem der Himmel die Erde befruchtet[2]). Dass der Adler an die Stelle des Kukuks tritt, hätte nichts auffallendes, aber nicht wohl ist die Verwandlung des *Zeus* in einen Adler mit der feststehenden Überlieferung der Entführung durch ihn als Stier zu vereinigen, auf welche die Münzen ausdrücklich nicht nur durch den Stier auf dem Revers, sondern namentlich durch den Stierkopf neben der vom Adler umworbenen *Europa* auf *D* hindeuten. Die ἱεροὶ λόγοι der τελεταί in ihrer ältesten Form wie in späterer Umbildung, nehmen auf Schicklichkeit so wenig Rücksicht wie auf Wahrscheinlichkeit. Undenkbar ist es nicht, dass die älteste Sage die Vermählung der *Europa* mit dem Frühlingsstier in der nackten Brutalität fasste, von der die Sage von *Pasiphae* die Spuren aufweist[3]) und welche andere Sagen unverhüllt zeigen[4]), und dass man in späterer Zeit für diesen Act den Adler als weniger anstössig einschob. Aber eine Beglaubigung durch Zeugnisse giebt es dafür nicht, und wir sind nur auf die nicht ganz deutlich sich aussprechenden Münztypen angewiesen.

Bei Lucian[5]) führt *Zeus* die in Kreta gelandete *Europa* in die diktäische Grotte zum bräutlichen Lager. Das kann eine willkührliche Ausschmückung sein; die diktäische Grotte war ein berühmtes kretisches Local, und Grotten waren eine beliebte Zuflucht für verliebte Abenteuer[6]). Allein es kann auch ein Zug alter Sage sein. Antimachos hatte im ersten Buch der Thebais berichtet, dass *Zeus* im Berge Teumessos der *Europa* eine Grotte hergerichtet habe zum heimlichen Versteck vor Göttern und Menschen[7]). Ob hier alte Cultusüberlieferung

---

1) Schol. Theocr. XV, 64 καὶ παρ᾽ Ἀργείοις οἱ μέγιστα (l. τὰ μέγιστα) τῶν Ἑλλήνων τιμῶσι τὴν θεόν, τὸ [δὲ] ἄγαλμα τῆς Ἥρας ἐν τῷ ναῷ καθήμενον ἐν θρόνῳ τῇ χειρὶ ἔχει σκῆπτρον καὶ ἐπ᾽ αὐτῷ [τῷ σκήπτρῳ] κόκκυξ. Paus. II, 17, 4 κόκκυγα δὲ ἐπὶ τῷ σκήπτρῳ καθέζεσθαί φασι, λέγοντες τὸν Δία, ὅτε ἤρα παρθένου τῆς Ἥρας, ἐς τοῦτον τὸν ὄρνιθα ἀλλαγῆναι, τὴν δὲ ἅτε παίγνιον θηρᾶσαι.

2) Hesiod. opp. 486

ἦμος κόκκυξ κοκκύζει δρυὸς ἐν πετάλοισι
τοπρῶτον τέρπει τε βροτοὺς ἐπ᾽ ἀπείρονα γαῖαν,
τῆμος Ζεὺς ὕοι τρίτῳ ἤματι μηδ᾽ ἀπολήγοι.

3) So sagt allerdings Clemens (hom. V, 13 p. 163 Dr.) Ζεὺς — Εὐρώπῃ τῇ Φοίνικος διὰ ταύρου συνῆλθεν, worauf aber gewiss nichts zu geben ist. Auch *Pasiphae* wird bei spätern Schriftstellern als Geliebte des in einen Stier verwandelten *Zeus* genannt (Unger parad. Theb. p. 425 f.) und Wieseler (Denkm. a. K. II p. 14) ist nicht abgeneigt, hier an eine *Europa-Pasiphae* oder *Pasiphae* zu denken.

4) Die Darstellungen des *Ganymedes* und der *Leda* blieben gewiss nicht ohne Einfluss. Wie verschieden übrigens das Gefühl für das Schickliche sich ausbildet, kann ja schon Horatius Vergleichung zeigen (c. II, 5, 1)

nondum subacta ferre iugum valet
cervice, nondum munia comparis
aequare nec tauri ruentis
in venerem tolerare pondus,

welche, für uns unleidlich, gebildeten Männern der augusteischen Zeit keinen Anstoss gab; wie ἀπαύρωσις von der Jungfrau und ähnliches der edlen Sprache ankam.

5) Lucian. dial. mar. 15, 4 ἐπιλαβόμενος δὲ τῆς χειρὸς ὁ Ζεὺς ἀπῆγε τὴν Εὐρώπην ἐς τὸ Δικταῖον ἄντρον ἐρυθριῶσαν καὶ κάτω ὁρῶσαν· ἠπίστατο γὰρ ἤδη ἐφ᾽ ὅτῳ ἄγοιτο.

6) Iuven. VI, 58

quis tamen adfirmat, nil actum in montibus aut in
speluncis? adeo senuerunt Iuppiter et Mars?

7) Steph. Byz. Τευμησσός· ὄρος Βοιωτίας. — εἴρηται δὲ οὕτως, ὡς Ἀντίμαχος πρώτῃ Θηβαΐδος (3 Stoll)

ἔνθα οἱ Κρονίδης, ὅς (ὅτε Schellenberg) μέγα πάντων (πᾶσιν Holstenius) ἀνάσσει,
ἄντρον ἐνὶ σκοπιῇ (ἐν ἐσχατιῇ Hermann) τευμήσατο, τίηνε δὲ τὴν
Φοίνικος κούρης κειμήλιον (κειμηλίης Hermann), ὄφρα ἑ μήτις (ὄφρα ἑ μή τις Hermann)
μηδὲ θεῶν ἄλλος γε κιχὼν φρασσαίατο αὐτοῦ.

etym. m. p. 755 (vgl. Miller mélang. p. 290) τευμήσατο· κατεσκεύασεν·
Κρονίδης τευμήσατ᾽ ἐπίσκοπος Εὐρώπῃ

zu Grunde lag, worauf die boiotische *Demeter Europa* hinweisen kann, oder ob der thebische *Kadmos* die *Europa* nach sich zog, wird schwer zu ermitteln sein[1]). Nach boiotischer Sage hatte *Zeus* die jungfräuliche *Here* von **Euboia** entführt und in einer Grotte des **Kithairon** versteckt. Während er dort heimlich mit ihr der Liebe pflog, wurde sie für *Leto* μυχία (oder νυχία) ausgegeben, nachher aber als τελεία und γαμήλιος verehrt[2]). Der Aufenthalt in der Höhle ist bekanntlich ein Zug, der besonders die Lichtgöttinnen charakterisirt, wie denn auch *Europa* vielfach als Mondgöttin *Zeus* als Sonnengott gegenüber aufgefasst wird. Darauf scheint auch eine eigenthümliche Gestalt der Gortynischen Sage zu deuten. *Atymnos (Adymnos)*, Sohn des *Zeus* und der *Kassiepeia*, Gemahlin des *Agenor*[3]), also nach einigen Genealogen Bruder der *Europa*, brachte Unfrieden unter die Söhne derselben, die in Liebe zu dem schönen Knaben entbrannten[4]). Er hatte in **Gortyn** einen Cultus, und es ging die Sage, dass er Abends, wenn es dunkelte, sich in übermenschlicher Schönheit zeigte[5]). Er steht in der Reihe jener jünglingshaften dämonischen Wesen, welche im Cultus einer Göttin zur Seite stehen,

---

Τευμησσὸς δὲ ἔστιν οὗτος ἐπικαλούμενος, ἔρημον. εἴρηται ἀπὸ τοῦ τὸν Τευμησσὸν τὸ ὄρος ὑπὸ τοῦ Διὸς κατακεκρυφθῆναι εἰς ὑποδοχὴν τῆς Εὐρώπης, ἀπὸ τούτου κληθῆναι Τευμησσόν. Paus. IX, 19, 1 ἐπὶ ταύτῃ τῇ λεωφόρῳ χωρίον ἐστὶ Τευμησσός. Εὐρώπην δὲ ὑπὸ Διὸς κρυφθῆναι φασιν ἐνταῦθα. Auch die Europia des Eumelos, welche Pausanias (IX, 5, 8) als τὰ ἔπη τὰ ἐς Εὐρώπην anführt, beschäftigten sich mit boiotischen Sagen.

[1]) Nach H. D. Müller (Myth. I p. 255) ist *Europa* Heroine der *Demeter* und gehört mit *Kadmos* dem Volksstamme der **Kadmeer** an.

[2]) Plut. de daed. Plat. 3 V p. 756 (Euseb. pr. ev. III, 1). Nachher als *Here* dem *Zeus* grollt, verbirgt sie sich vor ihm, offenbar in derselben Grotte, denn sie eilt, da er sie eifersüchtig macht, vom **Kithairon** herab (eb. 6 p. 759). So versteckt sich *Demeter*, nachdem *Poseidon* sie überwältigt hat, zürnend in der Höhle bei **Phigalia** (Paus. VIII, 42, 2). Ungemein charakteristisch ist der derbe Humor, mit welchem die Boioter Sage und Ritus des Cultus ausgebildet haben.

[3]) Schol. Apoll. Rh. II, 178 ἐκ δὲ Κασσιεπείας τῆς Ἀράβου Φοίνικι γίνεται Κίλιξ καὶ Φινεὺς καὶ Δόρυκλος, καὶ ἐπίκλησιν Ἄτυμνος· γίνεται δὲ ἐκ Διὸς Ἄτυμνος. Clem. hom. V, 13 p. 143 Dr. Rufin. rec. X, 22 (Bursian Firm. p. 54) *Cassiopeam (Iuppiter vitiavit) mutatus in virum eius Phoenicem, ex qua nascitur Atymnius.*

[4]) Apoll. IV, 1, 2. Nachdem er erzählt, dass *Minos* und *Sarpedon* um den schönen *Miletos* in Kampf gerathen und *Sarpedon* mit *Miletos* geflohen sei, fügt er hinzu ἔνιοι δὲ αὐτὸν ἐρασθῆναι λέγουσιν Ἀτυμνίου τοῦ Διὸς καὶ Κασσιεπείας καὶ διὰ τοῦτον στασιάσαι. Hier ist der Einfluss der späteren kretischen Päderastie unverkennbar. Auf einen nicht näher bekannten Mythos deutet Nonnos hin (XI, 130)

καλλείψει Φαέθοντα καθήμενος ὄψιν ἐόρτων
ὑψιφανὴς [illegible] Ἀτύμνιος εἶχε τέρωαν,

während er an anderen Stellen *Apollon* um den Tod des *Atymnios* wehklagen lässt (XIX, 181)

τὸ πάθος οἷον ἔπαθον
ὃν παρὰ Κρήτεσσιν ἄναξ ὀλόφυρεν Ἀπόλλων
ἀμαρυγὴν ἐρατεινὸν Ἀτύμνιον.

vgl. XII, 217 οὐ θάνες, ὡς τέθνηκεν Ἀτύμνιος.
XI, 258 [illegible] Φοῖβος Ἀτύμνιον· ἐχθρὸν γὰρ [illegible] τοῦτο.

Wieseler (adn. crit. ad Clem. hom. p. 272) vermuthete daher, auch *Apollon* sei *Atymnios* Liebhaber gewesen, wie Welcker (kret. Kol. p. 93) an *Hyakinthos* erinnerte, und stellt in dem Verzeichniss der von *Apollon* geliebten Knaben bei Clemens (hom. 5, 15 p. 145 Dr.) Ἀτυμνίου für Τυμνίου her. In **Gortyn** war Apollocultus. Steph. Byz. [illegible] τὸ πάλαι [illegible] τῆς ἐν Κρήτῃ Γόρτυνος, — ἐν ᾧ Ἀπόλλωνος ἱερόν ἐστι. Anton. Lib. 25 [illegible] ἀνέστησαν παρὰ τὸν Ἀπόλλωνα τὸν Γορτύνιον.

[5]) Solin. 11, 9 *iidem Gortynii et Adymnum colunt Europae fratrem: ita enim memorant. videtur hic et oriri, sed die iam emperato angustiore se faciis visendum offerens.* Die Ilias nennt einen **Lykier** *Atymnios*, Sohn des *Amisodaros* (II, 317 ff.) und einen **Paphlagonier** *Atymniades* (Ε, 581); bei Quintus (III, 300) erscheint ein *Atymnios*

ὃν ποτε νύμφη
Πηγασὶς ἠπιόφρων τέκεν Ἠμαθίωνι
Γρηνίκου ποταμοῖο παρὰ ῥόον.

Movers (Phön. II, 2 p. 80 f.) sprach dem *Atymnios* karisch-lykischen, H. D. Müller (Myth. I p. 309 ff.) karischen Ursprung zu. Auf meine Anfrage, ob der Name semitischen Ursprung verrathe, antwortete mir Gildemeister, auf der Hand liege keine semitische Etymologie und das Wort sehe nicht semitisch aus, müsse dann jedenfalls Umänderung erfahren haben; ohne sachliche Anhaltspunkte seien nicht einmal Vermuthungen aufzustellen. Dasselbe gelte von der Glosse (etym. m. p. 315) Ἑδὰς ὄνομα τοῦ Ἑρμοῦ παρὰ Γορτυνίοις τῆς Κρήτης.

wie *Phaethon* der *Aphrodite*[1]), und man hat ihn für den Abendstern erklärt[2]), was allerdings nahe liegt[3]). Indessen ist nicht ausser Acht zu lassen, dass, wie die göttliche Kraft, welche in der Natur befruchtend und zeugend schafft und sich besonders im Frühling offenbart, ebensowohl als Sonnengott wie als Gewittergott aufgefasst wurde, so die empfangende weibliche Gottheit nicht nur als Erd- sondern auch als Mondgöttin angeschaut wurde, wie die Vorstellung von der nahen Verwandtschaft der Erde und des Mondes auch in der Naturphilosophie der Alten stets eine Rolle spielt. In manchen Zügen der Sage tritt die eine oder die andere Seite dieser Potenzen deutlich ausgesprochen hervor, sehr häufig aber sind beide so in einander verschmolzen, dass ein Scheidungsprocess nicht mehr ausführbar erscheint.

Hier glaube ich das Bruchstück eines Marmorreliefs (Taf. IX, *c*) anführen zu dürfen, welches leider so verstümmelt ist, dass es mehr Räthsel aufgiebt als Aufklärung bietet. Es ist im Vorhof des römischen Instituts eingemauert und wird also wohl in Rom oder der Umgegend gefunden sein[4]). Links wird über einem Stier, von dem ausser Kopf und Nacken nicht viel erhalten ist, der linke Arm einer Figur sichtbar, von der sonst nur noch ein Flügel erhalten ist, welche mit der Hand das abgebrochne Horn gepackt hielt. Vor dem Stier stehen die nackten Chariten in der bekannten Gruppirung. Die erste, von vorn gesehen, hält mit der gesenkten Rechten Ähren vor das Maul des Stiers, wie zum Futter, den linken Arm legt sie auf die Schulter der neben ihr stehenden, vom Rücken gesehenen, welche das Gesicht zu ihr wendet und den linken Arm auf ihre linke Schulter legte, während sie mit dem rechten abgebrochenen die jetzt fehlende dritte umfasste. Wenn Arm und Flügel, wie es doch am wahrscheinlichsten ist, *Eros* angehören, so weiss ich keinen Stier anzugeben, als dessen Lenker er dargestellt werden konnte, als den der *Europa*[5]). Wie kommen aber die *Chariten* zu *Europa* auf dem Stier?

---

[1]) Hesiod. theog. 986 von Eos

αὐτάρ τοι Κεφάλῳ φιτύσατο φαίδιμον υἱόν,
ἴφθιμον Φαέθοντα, θεοῖς ἐπιείκελον ἄνδρα.
τόν ῥα νέον τέρεν ἄνθος ἔχοντ' ἐρικυδέος ἥβης
παῖδ' ἀταλὰ φρονέοντα φιλομμειδὴς Ἀφροδίτη
ὦρτ' ἀνερειψαμένη, καί μιν ζαθέοις ἐνὶ νηοῖς
νηοπόλον μύχιον ποιήσατο, δαίμονα δῖον.

Schol. *μύχιον*, τουτέστιν ἀφανῆ, λαθραῖον. Ἀρίσταρχος δὲ γράφει *νύχιον*, οἷον ἐν τῷ μυχῷ, τῷ ἀδύτῳ προφαίνοντα τῇ Κύπριδι. Vgl. Paus. I, 3, 1. Hygin. astr. II, 42 *nonnulli autem hunc Aurorae et Cephali filium esse dixerunt, pulchritudine multos praestantem, ex quo re etiam cum Venere dicitur certasse, ut etiam Eratosthenes dicit, eum hac de causa Veneris appellari*. Die schöne Terrakottagruppe von Skyros, welche Thiersch (vett. artif. opp. tab. 5 p. 25 ff.) *Aphrodite* und *Adonis* benennt, möchte ich eher als *Aphrodite* und *Phaethon* bezeichnen.

[2]) Welcker kret. Kol. p. 8. Preller griech. Myth. II p. 133.

[3]) Die Deutung eines in Gortyn gefundenen Reliefs (mon. ined. d. inst. IV, 22 A. Lebas voy. 124. Clarac mus. de sc. 224 *A*, 36 *A*. arch. Ztg. X, 38, 1) auf *Zeus*, *Europa* und *Atymnos*, welche Lebas vorschlug (ann. XV p. 236 ff.) ist mit Recht zurückgewiesen. Kekulé Hebe p. 46. Ob Gewicht darauf zu legen sei, dass der im Mythus der *Prokris* bedeutsame Hund von *Zeus* der *Europa* geschenkt (Poll. V 38), oder zum Wächter gesetzt worden sein soll (Erat. cat. 33. Hygin. astr. II, 35. Schol. Germ. p. 94. 167 Br.), lasse ich dahin gestellt.

[4]) Braun, der das Relief erwähnte und eine Besprechung in Aussicht stellte (ann. IX p. 182), hatte mir dieselbe übertragen und das Relief für mich zeichnen lassen.

[5]) Nonn. I, 79

πεπτηυῖα δὲ ταύρου
βουκόλος αὐχένα δοῦλον Ἔρως ἐπεμάστιε κεστῷ,
καὶ ποιμὴν ἅτε ῥάβδον ἑῷ ἐπὶ τόξον ἀείρων
ποιμνίδος ἤλαυνε παλιναγρέτου νυμφίον Ἥρης
ἐς νόμον ὑγρὸν ἄγων κατεδείσεν.

IV, 302 vom Stier der Europa

αὐχένα ῥαίνων Ἔρωτι καὶ οὐ δέκετο κέντρα τεταινεν.

Charis bezeichnet, wie *Moira*, *Nemesis*, *Hora*, die allwaltende göttliche Macht in der Natur wie in allem was das physische und geistige Leben des Menschen bedingt, der alles was ist diese Existenz, insofern sie an gewisse Voraussetzungen geknüpft ist, verdankt, von einer bestimmten Seite her aufgefasst, und zwar von derjenigen, welche dem Menschen die wohlthuendste und erfreulichste ist, dass alles was die Gottheit ihm gewährt, ihre Gabe und ihr Geschenk, der Ausfluss ihrer Gunst ist. Sie steht daher den verwandten, nur anders gewendeten Ausdrücken für die Äusserung des Numen wie ihren Personificationen nahe, wird mit ihnen, wie zu ihrer Ergänzung, verbunden. Der *Hora*, die jegliches zu ihrer Zeit bringt, den *Nymphen*, welche das in der ganzen Natur sich offenbarende Leben als ein von den Göttern stammendes versinnlichen, aber auch der strengen *Nemesis*[1]), welche nach gerechtem Maass jegliches zutheilt und über dem Maasshalten wacht, tritt die *Charis* zur Seite; ja selbst neben den *Eumeniden* werden die *Chariten* verehrt[2]), um die Wandlung der *Erinnyen* in *Eumeniden* als den Ausdruck huldvollen Gewährens zu bezeichnen[3]). Wie alle abstracten Vorstellungen, die nicht durch Individualisirung zu bestimmten Persönlichkeiten durchgebildet werden, bringt auch die *Charis* es nicht zu einer vollen Selbstständigkeit; nie erscheint sie handelnd und thätig eingreifend, sie schliesst sich dienend an andere göttliche Personen an, und nur durch diesen Anschluss haben die *Chariten* in der Dichtung und bildenden Kunst Gestalt gewonnen. Damit hängt es zusammen, dass sie meist in der Mehrzahl auftreten; das Abstracte der allgemeinen Vorstellung von einer wirksamen Kraft wird dadurch gebrochen, und da sie nicht in einer bestimmten Individualität charakterisirt werden soll, so kommt wenigstens die Vorstellung einer in einzelnen Wirkungen immer von Neuem sich offenbarenden Huld zur Geltung[4]). Die Ilias kennt bekanntlich eine *Charis* als Gemahlin des *Hephaistos*[5]) und daneben mehrere, ältere und jüngere, im Gefolge der *Here*[6]). Die Theogonie nennt drei mit den Namen *Aglaia*, *Thalia* und *Euphrosyne*[7]), wie sie mit wenigen Ausnahmen[8]) das gesammte Alterthum kennt.

---

[1]) Paus. IX, 35, 6 Σμυρναίοις μὲν ἐν τῷ ἱερῷ τῶν Νεμέσεων ὑπὲρ τῶν ἀγαλμάτων χρυσοῦ Χάριτες ἀνάκεινται, τέχνη Βουπάλου.

[2]) Paus. VIII, 34, 3 ταύτας τὰς θεάς (τὰς Εὐμενίδας), ἡνίκα τὸν Ὀρέστην ἔμελλον ἐμμανῆ ποιήσειν, φασὶν αὐτῷ φανῆναι μελαίνας· ὡς δὲ ἀπέφαγε τὸν δάκτυλον, τὰς δὲ αὖθις δοκεῖν οἱ λευκὰς εἶναι καὶ αὐτὸν σωφρονῆσαί τε ἐπὶ τῇ ὄψει, καὶ οὕτως ταῖς μὲν ἐναγίσαι ἀποτρέπων τὸ μήνιμα αὐτῶν, ταῖς δὲ *θῦσαι* ταῖς λευκαῖς· ὁμοῦ δὲ αὐταῖς καὶ Χάρισι θύειν νομίζουσι.

[3]) Das allegorische Gemälde der *Tyche* und *Charis*, welches Köhler (ges. Schr. V p. 74) dem Apelles zuschreibt und auslegt, beruht auf einer missverstandenen Stelle des Libanius (IV p. 1069), von der Reiske sagt *reliqua peringere hand ineat, quae non intelligo*; sie ist aber heil und verständlich. Libanius hat ein Mädchen von unbeschreiblicher Schönheit τὶς ἐκμαρτυροῦσα τοῖς χρώμασι; ruft er aus: καλός Ἀπελλῆς καὶ λόγος τούτου πολύς, ἀλλὰ μέχρι ταύτης καλός· καὶ τὴν ἐπιγραφὴν τῇ τύχῃ καὶ χάριτος, ὅτι πρὸ ταύτης ἐγένετο καὶ τῆς ζωγραφικῆς ἐδείκνυτο τὸ ἔντεχνον καὶ καλῶς οὐκ εἶχεν ἐφ' ὧν ὑπεριδεῖν γραφῆς ἔντεχνον μίμημα. „Apelles war ein tüchtiger und berühmter Maler, aber an diese Schönheit reichte seine Kunst nicht, und er mag dem Glück danken, dass er Ruhm durch seine Arbeiten erwerben konnte, ehe eine solche unlösbare Aufgabe sich ihm darbot."

[4]) Welcker Zeitschr. p. 223. Kiesel de hymno in Apoll. p. 88.

[5]) Hom. Il. Σ, 382.

[6]) Hom. Il. Ξ, 267. 275 (Lehrs Aristarch. p. 180 ff.). Paus. IX, 35, 4 Πάμφως μὲν δὴ πρῶτος ὧν ἴσμεν ᾖσεν εἰς Χάριτας, εἶπε δὲ οὔτε ἀριθμοῦ πέρι οὔτε ἐς τὰ ὀνόματα ἔστιν οὐδὲν αὐτῷ πεποιημένον.

[7]) Hes. theog. 907.

[8]) Paus. IX, 35, 1 Λακεδαιμόνιοί γε εἶναι Χάριτας δύο καὶ Λακεδαίμονα ἱδρύσασθαι τὸν Ταϋγέτης φασὶ καὶ ὀνόματα θέσθαι Κλήταν καὶ Φαένναν. (III, 18, 6 Χαρίτων ἐστὶν ἱερόν, Φαέννας καὶ Κλήτας, καθὰ δὴ καὶ Ἀλκμὰν ἐποίησεν.) ἐοικότα μὲν δὴ Χάρισιν ὀνόματα καὶ ταῦτα, ἐοικότα δὲ καὶ παρ' Ἀθηναίοις· τιμῶσι γὰρ ἐκ παλαιοῦ καὶ Ἀθηναῖοι Χάριτας Αὐξὼ καὶ Ἡγεμόνην.

Zunächst offenbart sich die *Charis* (oder die *Chariten*) im Leben der Natur als die eigentlich segenspendende Macht[1]) und berührt sich hier besonders mit *Horen*[2]) und *Nymphen*; wo sich alter Cultus der *Chariten* findet[3]), ist diese Seite ihres Wesens erkennbar oder mit Wahrscheinlichkeit vorauszusetzen. Ganz analog ist ihre Wirksamkeit im geschlechtlichen Leben der Menschen, das ja überhaupt, physisch wie sittlich betrachtet, nach den Anschauungen des Alterthums, auf welchen Cultus und Mythus beruhen, das Abbild oder Vorbild des Lebens der Natur ist. Die *Chariten* sind die Begleiterinnen der Ehegöttin[4]), und auch hier sind sie der Ausdruck der gewährenden Huld des Weibes, der man später in der *Peitho* eine Personification des gewinnenden, die Hingebung hervorrufenden Liebesreizes gegenüberstellte[5]). In dieser Eigenschaft gesellte man sie auch der *Aphrodite*[6]), und ihre Nähe scheint besonders Einfluss darauf gehabt zu haben, dass man die *Chariten* in der Weise auffasste, welche in Dichtung und bildender Kunst wie in der allgemeinen Vorstellung massgebend blieb. Es lag im Grundwesen derselben, dass man ganz vorzugsweise das als ihre Gabe erkannte, was erfreulich, anmuthend, reizend war. Je mehr *Aphrodite* zu der Göttin wurde, in welcher die gewinnende Schönheit, der bezaubernde und fesselnde Reiz der weiblichen Natur ihren vollendeten Ausdruck fand, desto mehr mussten auch die *Chariten* Anmuth, Liebreiz, Feinheit, alle die Züge, welche für die Sinne, wie für Geist und Gemüth, der Schönheit ihre wahre Macht geben, als ihrem eigentlichen Wesen entsprechend, darstellen. Sehr deutlich spricht sich diese Wandlung in den Darstellungen der bildenden Kunst aus. Die ältere Kunst kannte natürlich nur bekleidete *Chariten*[7]), und von den Dreivereinen bekleideter eng verbundener

---

1) Welcker zu Schwencks etym. myth. And. p. 288 ff. kl. Schr. V p. 25 ff. Gr. Götterl. I p. 372 ff. 696 f.

2) Je drei *Chariten* und *Horen* waren über dem Haupte des olympischen *Zeus* angebracht (Paus. V, 11, 7); je zwei einander entsprechend am Throne des amykläischen *Apollon* (Paus. III, 18, 10); *Chariten* und *Horen* standen vor dem Tempel der *Athene Polias* in *Erythrai* (Paus. VII, 5, 9). Die *Horen* und *Chariten* weben der *Aphrodite* die Gewänder (Athen. XV p. 682 E).

3) In *Orchomenos* sollte *Eteokles*, der ein Sohn des *Kephissos* heisst (Schol. Pind. Ol. XIV, 1. Schol. Theocr. XVI, 104) zuerst den *Chariten* einen Cultus gestiftet haben, welche Pindaros anredet (Ol. XIV, 1) Καφισίων ὑδάτων λαχοῖσαι αἵτε ναίετε καλλίπωλον ἕδραν — Χάριτες Ἐρχομενοῦ. Paus. IX, 35, 1 τὸν δὲ Ἐτεοκλέα λέγουσιν οἱ Βοιωτοὶ Χάρισιν ἀνθρώπων θῦσαι πρῶτον. καὶ ὅτι μὲν τρεῖς εἶναι Χάριτας κατεστήσατο ἴσασιν, ὀνόματα δὲ οἷα ἔθετο αὐταῖς οὐ μνημονεύουσιν. 38, 1 Ὀρχομενίοις — τὸ δὲ ἀρχαιότατον Χαρίτων ἐστὶν ἱερόν. τὰς μὲν δὴ πέτρας σέβουσί τε μάλιστα καὶ τῷ Ἐτεοκλεῖ αὐτὰς πεσεῖν ἐκ τοῦ οὐρανοῦ φασι· τὰ δὲ ἀγάλματα σὺν κόσμῳ πεποιημένα ἀνετέθη μὲν ἐπ' ἐμοῦ, λίθου δέ ἐστι καὶ ταῦτα. Leider erfahren wir gar nichts näheres, als dass Ephoros berichtete, die Bewohner der fruchtbaren Ebene von Orchomenos hätten den *Chariten* die Erstlinge dargebracht (Schol. Hom. Il. I, 381). Die Inschriften der bis in späte Zeit gefeierten *Charitesien* (Hermann gottesd. Alt. 63, 6) lehren uns darüber nichts, da sie Agonen nach gewöhnlichem Zuschnitt betreffen. In Paros wurde ein ungewöhnliches Ritual durch eine Sage von *Minos* gerechtfertigt: Apollod. III, 15, 7 Μίνως δέ, ἀγγελθέντος αὐτῷ τοῦ θανάτου, θύων ἐν Πάρῳ ταῖς Χάρισι τὸν μὲν στέφανον ἀπὸ τῆς κεφαλῆς ἔρριψε καὶ τὸν αὐλὸν κατέσχε καὶ τὴν θυσίαν οὐδὲν ἧττον ἐπετέλεσεν· ὅθεν ἔτι καὶ δεῦρο χωρὶς αὐλῶν καὶ στεφάνων ἐν Πάρῳ θύουσι ταῖς Χάρισι. Auf einem in Thasos gefundenen Altar steht unter dem Relief, welches *Hermes* einer *Charis* voranschreitend vorstellt — mehr ist nicht erhalten — die Vorschrift Χάρισιν αἶγα οὐ θέμις οὐδὲ χοῖρον (rev. arch. 1865 pl. 24 f. arch. Ztg. XXV Taf. 217). Dagegen wird in einer alten eleusinischen Inschrift (Fr. Lenormant rech. à Eleus. p. 70 ff. A. Mommsen Heortol. p. 257 f.) geboten Ἑρμῇ ἐναγωνίῳ Χάρισιν αἶγα.

4) Böttiger Kunstmyth. II p. 257 f. An dem Stephanos der *Hera* des Polykleitos in Argos waren die *Chariten* und *Horen* gebildet (Paus. II, 17, 4). Die *Chariten* heissen auch Töchter der *Hera* (Cornut. 15. myth. Vat. I, 132).

5) O. Jahn Peitho p. 10 ff.

6) Plut. praec. coni. p. 131 C οἱ παλαιοὶ τῇ Ἀφροδίτῃ τὸν Ἑρμῆν συγκαθίδρυσαν — τήν τε Πειθὼ καὶ τὰς Χάριτας, ἵνα πείθοντες διαπράττωνται παρ' ἀλλήλων ἃ βούλονται. Cornut. 24.

7) Paus. IX, 35, 6 τὰ γε ἀρχαιότερα ἐχούσας (τὰς Χάριτας) ἐσθῆτα οἵ τε πλάσται καὶ κατὰ ταὐτὰ ἐποίουν οἱ ζωγράφοι. Als Beispiele führt er an statuarische Werke des Bupalos in Smyrna und Pergamos, des Sokrates in Athen (I, 22, 8. Diog. L. II, 19. sch. Arist. nubb. 773. Plin. XXXVI, 32), Gemälde des Apelles in Smyrna, des Pythagoras in Pergamos. Dann fährt er fort καὶ ταῦτα μέν ἐστιν ὁμοίως ἐν ἐσθῆτι· οἱ δὲ ὕστερον, οὐκ οἶδ' ἐφ' ὅτῳ, μεταβεβλήκασι τὸ σχῆμα αὐταῖς· Χάριτας γοῦν οἱ κατ' ἐμὲ πλάσσουσί τε καὶ γράφουσι γυμνάς. Die *Chariten* des Sokrates haben Visconti (mus.

Göttinnen alten Stils, welche auf uns gekommen sind, lassen manche sich mit mehr oder weniger Wahrscheinlichkeit auf die *Chariten* beziehen[1]). Die spätere Kunst begnügte sich nicht die schweren Kleider mit ihren steifen Falten gegen feine Gewänder zu vertauschen, deren reicher und zierlicher Faltenwurf die Formen des leicht bewegten Körpers durchschimmern liess[2]). Seitdem man es gewagt hatte *Aphrodite* in völliger Nacktheit darzustellen, entkleidete man auch ihre Begleiterinnen, und ein unbekannter Künstler[3]) erfand die Gruppe der drei nackten *Chariten*, welche durch die leichte Verschlingung der Arme, die eine auf die Schulter der anderen legt[4]), und durch die Haltung der dem Beschauer mit dem Rücken zugewendeten mittleren Gestalt, eine gefällig abgerundete Composition von anmuthigem Reiz bildet. Sie muss im Alterthum eine ganz ungewöhnliche Popularität gewonnen haben, wie uns die noch erhaltenen zahlreichen Nachbildungen in Statuengruppen[5]),

---

Pio Cl. IV, 14 p. 93), R. Rochette mém. de num. p. 115 f., Beulé (monn. d'Athènes p. 289) auf attischen Münzen erkannt. R. Rochette (a. a. O.) glaubte eine Gruppe bekleideter *Chariten* auf Münzen von Germe (Millin gal. myth. 33, 282) und Aphrodisias auf Pythagoras zurückführen zu können. Bekleidet war die Gruppe des Endoios in Erythrai (Paus. VII, 5, 9), die ἀγάλματα ἀρχαῖα im Pronaos des argivischen Heratempels (Paus. II, 17, 3), die chrysolithen Bilder in Elis mit Rosen, Myrtenzweig und Astragal (Paus. VI, 24, 6).

1) So hat man auf der borghesischen Ara (Clarac mus. de sc. 173, 174, 378. Müller Denkm. a. K. I, 12. 13, 43—45) die Göttinnen, welche sich die Hand reichen, ἀλλήλων ἐπὶ καρπῷ χεῖρας ἔχουσαι (Hom. h. Ap. Del. 18 [196]), für die *Chariten* erklärt. Braun erkannte (ann. IX, 2 p. 180) die *Chariten* in dem merkwürdigen alterthümlichen Relief des Museo Chiaramonti (Cavaceppi racc. III, 13. Pistolesi Vatic. IV, 43. Beschrbg. Roms II, 2 p. 62), das in einem Relief, früher im Palazzo Giustiniani (II, 64), jetzt, wie es scheint, bei Tabacchi in Rom (Bull. 1869 p. 78), wo aber nur zwei Figuren erhalten sind, wiederholt ist und mit welchem auch die Bruchstücke eines in Athen gefundenen Reliefs übereinstimmen (Schöll Mitth. p. 26, 12). Auch ein alterthümliches Relief in Verona (mus. Ver. 38) liesse sich auf dieselben beziehen. Michaelis hat (ann. XXXV p. 328 ff.) nach Osanns Vorgang (rhein. Mus. I [1833] p. 422) auf dem bekannten parischen Felsenrelief (Wieseler Denkm. a. K. II, 63, 814) die *Chariten* neben Pan erkannt. Merkwürdig und nicht aufgeklärt ist die Vorstellung eines Marmorreliefs in Neapel (mus. Borb. V, 39. Gerhard Neap. ant. Bildw. p. 82, 275. C. I. Gr. 6854 c vgl. Osann zu Corn. p. 272). Zwischen zwei Pfeilern, welche nach der Weise griechischer Votivreliefs ein verziertes Gebälk tragen, stehen sieben Frauengestalten, das Gesicht theils nach vorn, theils seitwärts gerichtet, in ruhiger Haltung neben einander, indem jede die vorhergehende bei der Handwurzel gefasst hält. Die drei ersten, welche über einem dorischen Chiton ein über die linke Schulter geworfenes Obergewand tragen, sind als ΕΥΦΡΟΣΥΝΗ, ΑΓΛΑΙΗ, ΘΑΛΙΗ bezeichnet; die drei folgenden, welche einen Ärmelchiton mit Überfall tragen, sind ΙΣΜΗΝΗ, ΚΥΚΑΙΣ, ΕΡΑΝΝΩ benannt; die letzte ist kleiner, wie ein Kind gebildet — was sich auch in der Art, wie sie ihre Nachbarin anfasst und dabei zu ihr hinaufsieht, ausdrückt — und heisst ΤΕΛΩΝΝΗΣΟΣ. Dass es sich um ein *ex voto* handelt, ist wohl nicht zu bezweifeln, aber die Bedeutung der Frauen und ihr Verhältniss zu den *Chariten* ist nicht klar.

2) Seneca de benef. I, 3 erklärt in seiner allegorischen Deutung der Charitengruppe auf die Dankbarkeit, die doch wohl auf Chrysippos zurückgeht, *quare tres Gratiae sint*, — *et quare manibus implexae* — *solutaeque ac perlucida veste;* nämlich *in quibus nihil esse adligati decet nec adstricti: solutis itaque tunicis utuntur; perlucidis autem, quia beneficia conspici volunt.* Horat. c. I, 30, 6 *solutis Gratiae zonis.*

3) Paus. IX, 35, 6 ὅστις δὲ ἦν ἀνθρώπων ὁ γυμνὰς πρῶτος Χάριτας ἤτοι πλάσας ἢ γραφῇ μιμησάμενος, οὐχ οἷός τε ἐγενόμην πυθέσθαι. Das älteste Zeugniss scheint das des Euphorion zu sein (66 M.) Ὀρχομενὸς Χαρίτεσσιν ἀφάρεσιν ἐγχλιόεντα.

4) Hor. c. III, 21, 22 *segnes nodum solvere Gratiae.* Claud. l. Ser. 88 *ternaque te nudis innectens Gratia membris Afflavit* Epithal. Pall. 8 *implexaeque vicissim Nexa sub ingenti requiescit Gratia quercu*

5) *A.* im Vatican (aus Anstandsrücksichten in den Magazinen), ehemals im Palazzo Ruspoli. Abg. Guattani mon. ined. V p. 113. Clarac mus. de sc. 632, 1427. Vgl. Winckelmann K. G. V, 2, 14. Beschrbg. Roms II, 2 p. 97, 101. Die Köpfe sind alt, aber aufgesetzt, die Hände mit den Attributen ergänzt. Zu beiden Seiten steht ein Badegefäss mit übergelegtem Gewande.

B. früher in der Bibliothek des Doms, jetzt in der Akademie zu Siena. Abg. Clarac mus. de sc. 633, 1427 A. Wieseler Denkm. a. K. II, 57, 723. Vgl. Montfaucon diar. ital. p. 348. Meyer zu Winckelmann W. IV p. 343 f. Wie mir auch Fel. Papencordt 1839 aus Siena mittheilte, fehlen der Kopf und die Arme der mittleren, doch ist die linke Hand nebst erheblichen Resten des Arms erhalten und die Spuren sind sichtbar, wo der rechte Arm den Leib der anderen berührte; der rechte Arm der rechts und der linke Arm der links stehenden fehlen ebenfalls.

C. im Louvre aus Villa Borghese. Abg. Montelatici villa Borgh. p. 298. Brigentius villa Burgh. p. 82. Sandrart adm. stat. tab. 8. Scult. d. v. Borgh. St. 4, 14. Mon. sc. Borgh. 5. Bouillon mus. d. ant. I, 24. Clarac mus. de sc. 301, 470. Die Köpfe und Hände mit Attributen sind neu; zu jeder Seite steht ein Badegefäss mit übergelegtem Gewande.

D. Visconti mus. Pio Cl. IV, 13 p. 90, 2 *un gruppo simile, mancante pur delle teste, è in Roma presso il sig. Volpato.*

Reliefs[1]), Wandgemälden[2]), Gemmen[3]), Münzen[4]), Lampen[5]), Glasmalereien[6]) lehren; auch allegorisirende Deutungen gingen von dieser Darstellungsweise aus[7]). Keineswegs aber fasste

---

E. Visconti mon. sc. Borgh. p. 73, 8 *in un gruppetto del palazzo Barberini le Grazie han da una parte il solito vaso, han dall' altro il delfino, simbolo noto della stessa Dea.*

F. Zeichnung im cod. Pighianus f. 292[a] (Ber. d. sächs. Ges. d. Wiss. 1868 p. 175); *'Stephani de Bufalis'*, vielleicht nach einem Relief. Die *Charis* rechts hält einen Apfel, die links Ähren.

[2]) Ausser anderen, nachher zu besprechenden Reliefs, führe ich hier an:

a. im Campo santo in Pisa, Bruchstück vielleicht eines Votivreliefs, vielleicht eines Sarkophags; die Hände fehlen. Lasinio scult. d. campo s. 140

und die Sarkophagreliefs

b. Admir. 68. Montfaucon ant. expl. I, 1, 120. mon. Matt. III, 15, 2. In der Mitte vor einem Vorhang die *Chariten*, auf jeder Seite *Eros*, dann auf beiden Seiten *Eros* und *Psyche*, an jeder Ecke *Eros*; dazwischen Körbe mit Früchten.

c. gefunden im Columbarium der *Livia Augusta*, jetzt in Potsdam (Amalth II p. 376). Abg. Gori col. Liv. Aug. tab. 8. In der Mitte vor einem Vorhang die *Chariten* mit einem Kranz in den Händen, auf jeder Seite ein Badegefäss mit übergelegtem Gewand; an jeder Ecke *Narkissos*, neben ihm *Eros* (Wieseler Narkissos p. 25 ff.).

d. im Vatican, Beschrbg. Roms II, 2 p. 32, 7. In der Mitte die *Chariten*, an jeder Ecke *Eros* mit erhobener Fackel.

e. Rom in Villa Marco Simone (Cesia.) Bull. 1833 p. 100. In der Mitte die *Chariten*, zu beiden Seiten eine *bakchische* Figur, an den Ecken rechts ein Hirt, links eine zerstörte Gestalt.

f. Rom in Palazzo Albani, Zoega bass. I p. 97, 26, wahrscheinlich Bruchstück eines Sarkophags, von roher Arbeit. Die *Chariten*, neben einer ein Badegefäss.

g. In Frascati in Villa Taverna, Bull. 1869 p. 129. In der Mitte die *Chariten*, zu beiden Seiten Darstellungen von *Eros* und *Psyche*.

[3]) α Gefunden in Pompeji. Abg. ant. di Erc. III, 11. Mus. Borb. VIII, 3. Zahn I, 8. Helbig Wandgem. Camp. p. 171. 856[b]. Die mittelste hält einen Apfel, die anderen Ähren und Blumen (undeutlich).

β Gefunden in Pompeji. Bull. 1865 p. 39. Helbig Wandgem. Camp. p. 171. 857.

γ Gefunden in Pompeji. Abg. Helbig Wandgem. Camp. Taf. IX a, p. 171, 856. Die *Chariten* in einem anmuthigen Waldthal, blumenbekränzt, mit Armspangen, die rechts und links stehenden halten einen Blumenstrauss.

δ In einem Grabe in Catania. Abg. mon. ined. d. Inst. II, 47

Ein nur theilweise erhaltenes Mosaik später Zeit aus Hypata, im Besitze des Herrn Komnos in Athen, welches die *Chariten* in der bekannten Gruppe, daneben eine Quelle, vorstellt, führt Kekulé an (Bull. 1868 p. 69 f.).

[3]) α. Agostini II, 51. Die *Charis* links trägt einen Helm, so wie auf

β. Mus. Worsl. II, 5 (21, 1 Mail.). Wieseler Denkm. a. K. II, 57, 725 einen spitzen Hut, die rechte Ähren.

γ. Beger thes. Brand. I p. 46, die beiden rechts und links mit Blumen.

δ. Mus. Odesc. II, 11, wo die verschämten Gewandstücke wohl nur vom Zeichner herrühren.

ε. Köhler descr. d'un camée Taf. 1 (1810, ges. Schr. V Taf. 5. Wieseler Denkm. a K. II, 57, 724) mit Ähre, Blume und Mohnköpfen.

ζ. Mus. Chius. I, 99 mit Blumen (?).

η. Wieseler Denkm. a. K. II, 57, 726. Tölken Verz. III, 1308.

θ. Amethyst am Lotharskreuz im Aachener Münster mit der Umschrift ΠΟΡΦΥΡΙC ΘΥΛΑΡΙΩ ΤΑC ΧΑΡΙΤΑC. Jahrb. rheinl. Vereins IV p. 181.

ι. Köhler descr. d'un camée Taf. 2 (ges. Schr. V Taf. 6). Oben *Aphrodite, Athene, Tyche*, darunter die *Charitengruppe*.

Auch prophylaktisch wurden Gemmen mit der Charitengruppe verwandt. Köhler (ges. Schr. V p. 77) erwähnt eines Jaspis in Petersburg mit den lorbeerbekränzten Chariten und der Unterschrift ΕΥΤΗΝΟΥC ΧΑΡΙΤΩΝ, sowie einen Hämatit in Wien mit *Aphrodite Anadyomene* und einer langen Inschrift auf der einen Seite, auf der anderen mit der *Charitengruppe* und dem *Gorgoneion* darunter. Auch mit einer Abraxasinschrift finden wir die *Chariten* bei Chifflet (Abrax. 86. Montfaucon ant. expl. II, 155). Als Amulet hat ohne Zweifel die runde Bleiplatte mit der Charitengruppe bei Caylus (rec. V, 73, 3) gedient. Modern scheint die Gemme bei Ogle (gemmae ant. cael. 47. Wieseler Denkm. a. K. II, 56, 722) zu sein, wo noch Gewandung angebracht ist. Köhler hielt die von ihm publicirte Gemme für die einzig zuverlässig echte (ges. Schr. V p. 65).

[4]) Auf Kaisermünzen von Adrianopolis (Liebe Gotha num. p. 452), Aphrodisias (Haym thes. Br. II, 39, 6), Deultum (Spanheim Cés. de Jul. p. 29), Nikaia (Haym thes. Br. II, 48, 4) ohne Attribute.

[5]) S. Bartoli luc. II, 42; Passeri luc. III, 92; R. Rochette ant. chrét. III pl. 8, 1 p. 41; Bull. 1836 p. 168, stets ohne Attribute.

[6]) Fabretti synt. p. 539. Millin gal. myth. 33, 201. Guigniaut rel. de l'ant. 91, 412. Garucci vetri 42, 5. Um die *Charitengruppe* die Umschrift GELASIA LECORI COMASIA PIETE ZESETE MVLTIS ANNIS VIVATIS. Garucci (a. a. O. p. 229 f.), der das Original übrigens nicht gesehen zu haben scheint, hält es für eine Fälschung, wodurch allen Schwierigkeiten bei der Erklärung der Namen (Buonarroti vetri p. 208. Visconti mus. Pio. Cl. IV, 13 p. 91) ein Ende gemacht wäre.

[7]) Iulian. or. IV p. 148 πολλαὶ γέ τοι καὶ αἱ Χάριτες εἰσὶ γὰρ διὰ τῶν οὐρανίων φερόμεναι (als Erinnerung an den Thierkreis). Fulgent. myth. II, 1 (*Veneri*) *tres Charites adscribunt, duas ad nos conversas, unam a nobis aversam, quod omnis gratia simplex est, duplex redeat. ideo nudae sunt Charites, quod omnis gratia nescit subdolum ornatum.* Serv. Verg. Aen. I, 720 (Myth. Vat. II 36.

nun das Wesen der *Chariten* ausschliesslich als sinnlichen Liebreiz auf, vielmehr bezeichneten sie, auch wo es sich zunächst um körperliche Schönheit handelte, das was nicht unmittelbar durch die Form gegeben ist. Diese anziehende und fesselnde Macht bewähren sie eben so sehr auf geistigem Gebiet, in der Musik[1]), in der Dichtung[2]), in der bildenden Kunst[3]); kurz sie sind es, welche, wie Pindar so herrlich schildert[4]), jeder Lebensäusserung durch Anmuth und Feinheit für edle und gebildete Menschen Werth und Glanz geben.

Wie sehr nun auch diese Auffassung der *Chariten*, welche dem Körper und Geist Reiz und Anmuth, der Geselligkeit und den Festen Heiterkeit und Glanz verleihen, in der Litteratur, welche uns als der Spiegel der allgemeinen Vorstellungsweise gelten darf, vorwaltet[5]), so fehlt es doch auch nicht an Spuren, welche zeigen, dass, namentlich wo es religiöse Vorstellungen galt, jene Auffassung der *Chariten* als in der Natur waltender Mächte keineswegs erloschen war. Wenn die Versammlung der Thesmophoriazusen mit dem Gebet eröffnet wird[6]) εὔχεσθε

Gratiae ideo nudae sunt, quod gratiae sine fuco esse debeant et sine simulatione; ideo conexae, quia insolubiles esse gratias decet. quod vero una aversa pingitur, duae nos respiciunt, haec est ratio, quia profecta a nobis gratia duplex solet reverti. Schol. Hor. c. III, 21, 21 *quia fide inter se gratiae iunguntur, numquam resolvuntur ab amicitiae fide, unde et ipsae Gratiae conexae (l. coniunctae) manibus finguntur.* Namentlich die Nacktheit der Chariten giebt zu vielen Allegorien Anlass. Cornut. 15 πρὸς ἄλλοις δὲ ἔμφασιν γυμναὶ παρεισάγονται, ὡς καὶ τῶν μηδὲν κτῆμα ἐχόντων ὑπουργεῖν τινὰ καὶ ὠφελίμως χαρίζεσθαι πολλὰ δυναμένων καὶ τὸ κεχαριτῶσθαι πάντως, ἵνα τις εὐεργετικὸς ᾖ, δέοντος· εἴρηται καὶ τὸ 'ξείνων δέ τε δωρὶς ἄριστος'. τινὲς δὲ οἴονται διὰ τῆς γυμνότητος αὐτῶν παρίστασθαι τὸ εὔλυτον καὶ ἀνεμπόδιστον δεῖν ἔχειν πρὸς τὸ χαρίζεσθαι. Schol. Aristid. t. III p. 55 D οἱ γραφεῖς τὰς Χάριτας γυμνὰς γράφουσιν αἰνιττόμενοι ὅτι δεῖ τὴν χάριν ἄδολον εἶναι· τὸ γὰρ γυμνὸν καὶ φανερὸν ἄδολον. Zenob. I, 36 (Diogen. I, 34. Apost. I, 82. Suid.) αἱ Χάριτες γυμναί· ἤτοι ὅτι δεῖ ἀφειδῶς καὶ φανερῶς χαρίζεσθαι· ἢ ὅτι οἱ ἀχάριστοι τῶν ἑαυτοῦ κόσμων ἐρήμονται. Schol. Hor. c. I, 30, 5 *bene Gratiae nudae et sine nodis finguntur, quia amici animos solutos ac nudos inter se habere debent.*

[1]) Das uralte Bild des *delischen Apollon*, wie es in Delos, Athen, Tanagra aufgestellt war, trug auf der linken Hand die *Chariten* (O. Jahn de antiq. Minervae simulacris att. p. 9). Diese hielten musikalische Instrumente, Lyra, Flöten und Syrinx (Plut. de mus. 14 p. 1136 A), waren also völlig als *Musen* charakterisirt; nichts desto weniger werden sie immer als *Chariten* bezeichnet, und ein späterer Künstler trug deshalb auch kein Bedenken, bei einer kleinen Nachbildung des alten Cultusbildes auf einer Gemme (Millin gal. myth. 33, 474), um ganz deutlich zu sein, die spätere Gruppe der nackten *Chariten* dem Gott auf die Hand zu stellen.

[2]) Pind. pyth. IX, 1

ἐθέλω χαλκάσπιδα Πυθιονίκαν
σὺν βαθυζώνοισιν ἀγγέλλων
Τελεσικράτη Χαρίτεσσι γεγωνεῖν.

nem. IV, 10

ῥῆμα δ' ἐργμάτων χρονιώτερον βιοτεύει,
ὅτι κε σὺν Χαρίτων τύχᾳ
γλῶσσα φρενὸς ἐξέλοι βαθείας.

Wenn bei Simonides (148 Bgk. anth. Pal. XIII, 28) der Chorege *Hipponikos* erscheint ἅρμασιν ἐν Χαρίτων φορηθείς,

αἵ οἱ ἐπ' ἀνθρώπους ἔσχον αἰνετὸν ἔφηκαν τε νίκαν
δῆμον, ἰοστεφάνων θεᾶν ἕκατι Μουσᾶν,

so sind hier die *Chariten* der *Nike* genähert, wie in einem anderen Epigramm desselben Dichters (145 Bgk. anth. Pal. VI, 213) der siegreiche Dichter εὐδόξου Νίκας ἀγλαὸν ἅρμ' ἐπέβη. Allerdings sind die Vollendung, welche zum Siege führt, und die göttliche Gabe, welche den Sieg gewährt, nahestehende Vorstellungen, aber die Nuance ist doch fühlbar genug. Übrigens spielt auch Theokritos in seinem Bettelgedicht Χάριτες mit den Bedeutungen Gabe, Dank, Dichtung.

[3]) Plin. XXXV, 79 (*Apelles pictorum*) *opera cum admiraretur, omnibus conlaudatis, deesse illam suam venerem dicebat, quam Graeci* χάριτα *vocant.* Apelles hatte neben seinen Aphroditebildern auch die Charis gemalt (Paus. IX, 35, 6), die er also von der Aphrodite charakteristisch zu unterscheiden wusste.

[4]) Pind. ol. XIV, 4

σὺν γὰρ ὑμῖν τὰ τερπνὰ καὶ
τὰ γλυκέ' ἄνεται πάντα βροτοῖς,
εἰ σοφός, εἰ καλός, εἴ τις ἀγλαὸς ἀνήρ.
οὐδὲ γὰρ θεοὶ σεμνᾶν Χαρίτων ἄτερ
κοιρανέοντι χοροὺς οὔτε δαῖτας· ἀλλὰ πάντων ταμίαι
ἔργων ἐν οὐρανῷ, χρυσότοξον θέμεναι πάρ
Πύθιον Ἀπόλλωνα θρόνους
αἰέναον σέβοντι πατρὸς Ὀλυμπίοιο τιμάν.

[5]) Manso (myth. Vers. p. 425 ff.) und O. Müller (Orchom. p. 172 ff.) haben besonders diese Vorstellungen weiter verfolgt.

[6]) Arist. thesm. 295.

ταῖν Θεσμοφόροιν, τῇ Δήμητρι καὶ τῇ Κόρῃ καὶ τῷ Πλούτῳ καὶ τῇ Καλλιγενείᾳ καὶ τῇ Κουροτρόφῳ καὶ τῷ Ἑρμῇ καὶ ταῖς Χάρισιν, so lehrt die Veranlassung wie die Zusammenstellung der Gottheiten, dass es sich hier um die Mächte handelt, welche Pflanzen, Thieren und Menschen Fruchtbarkeit, Leben und Gedeihen geben. Die ἵστορες θεοί, bei welchen die Epheben ihren Eid leisteten, sind[1]) Ἄγραυλος Ἐνυάλιος Ἄρης Ζεύς Θαλλώ Αὐξώ Ἡγεμόνη. Pausanias, der in solchen Fragen wohl unterrichtet war, sagt ausdrücklich[2]). *Auxo* und *Hegemone* seien in **Athen** die *Chariten*, *Thallo* und *Karpo* die *Horen*. Auch hier ist es unverkennbar, dass die *Chariten* als κουροτρόφοι gedacht waren, welche die Jugend zur Reife brachten und auf ihrer Bahn geleiteten. Damit stimmt es wohl überein, wenn am dritten Tage der *Apaturien*[3]), wo die erwachsenen Kinder in die Phratrien eingeführt wurden, an der κουρεῶτις, an welcher der *Artemis* κουροτρόφος das abgeschorene Haar dargebracht wurde[4]), auch für die nun mannbar gewordene Jugend den Hochzeitgöttern, unter ihnen den *Chariten*, geopfert wurde[5]). Den drei am Eingange der **Akropolis** aufgestellten *Chariten* war ein mystischer Cultus eigen[6]), auf welchen man gewiss mit Recht die Inschrift eines Ehrensessels aus dem Theater bezogen hat[7]) ἱερέως Χαρίτων καὶ Ἀρτέμιδος ἐπιπυργιδίας πυρφόρου. Denn sicherlich ist diese *Artemis* ἐπιπυργιδία keine andere als die sonst mit diesem Beinamen bezeichnete *Hekate*[8]), welche auf der Bastion des Niketempels gewiss seit uralter Zeit verehrt war, längst ehe es *Alkamenes* glückte, das dreiköpfige Götterbild zu einer harmonischen Dreigestalt zu gliedern[9]). Wie *Artemis-Hekate*,

---

1) Poll. VIII, 106.

2) Paus. IX, 35, 2 τιμῶσι γὰρ ἐκ παλαιοῦ καὶ Ἀθηναῖοι Χάριτας Αὐξὼ καὶ Ἡγεμόνην· τὸ γὰρ τῆς Καρποῦς ἐστιν οὐ Χάριτος ἀλλὰ Ὥρας ὄνομα· τῇ δὲ ἑτέρᾳ τῶν Ὡρῶν νέμουσιν ὁμοῦ τῇ Πανδρόσῳ τιμὰς οἱ Ἀθηναῖοι, Θαλλὼ τὴν θεὸν ὀνομάζοντες.

3) Hermann gottesd. Alterth. 56, 29.

4) Hesych κουρεῶτις· μηνὸς τοῦ Πυανεψιῶνος ἡμέρα, ἐν ᾗ τὰς ἀπὸ κεφαλῆς τῶν παίδων ἀποκείροντες τρίχας Ἀρτέμιδι θύουσιν vgl. Athen XI p. 494 F. Vgl. Wieseler Philol. IX p. 711 ff. Bötticher Baumcult. p. 92 ff.

5) Etym. m. p. 290 γαμηλία· ἡ εἰς τοὺς φράτορας γινομένη ἐγγραφὴ καὶ εἰσαγωγὴ ἐπὶ γάμοις, ἣν ἐκάλουν καὶ κουρεῶτιν· οἱ δέ φασι γαμηλίαν θυσίαν ἣν ἔθυον ταῖς φρατρίαις οἱ εἰς τοὺς ἐφήβους ἐγγραφόμενοι καὶ μέλλοντες γαμεῖν, ἐγίνετο δὲ ἡ θυσία τῇ Ἥρᾳ καὶ Ἀφροδίτῃ καὶ Χάρισι γαμηλίαις.

6) Paus. IX, 35, 3 Ἀθήνησι πρὸ τῆς ἐς τὴν ἀκρόπολιν ἐσόδου Χάριτές εἰσι καὶ αὗται τρεῖς· παρὰ δὲ αὐταῖς τελετὴν ἄγουσιν ἐς τοὺς πολλοὺς ἀπόρρητον. Auf den Charitencultus der Akropolis bezieht sich vielleicht die Äusserung des Aristides (or. 2 I p. 14 J.) Χάριτες δ' αὐτῆς (Ἀθηνᾶς) περὶ χεῖρας ἵστανται.

7) Vischer N. Schweiz. Mus. III p. 37, 28 vgl. p. 51.

8) Paus. II, 30, 2 Ἀλκαμένης δὲ ἐμοὶ δοκεῖν πρῶτος ἀγάλματα Ἑκάτης τρία ἐποίησε προσεχόμενα ἀλλήλοις, ἣν Ἀθηναῖοι καλοῦσιν Ἐπιπυργιδίαν· ἕστηκε δὲ παρὰ τῆς Ἀπτέρου Νίκης τὸν ναόν. Vgl. Athen. IV p. 168 κατὰ τὸν Διφίλου κεφαλὰς ἔχοντες τρεῖς ὥσπερ ἀρτεμίσιον.

9) Es läge nahe für die verschlungenen *Chariten* eine ähnliche Bildung vorauszusetzen, aber es fehlt an sicheren Anhaltspunkten. Das Epigramm (anth. Pal. VI, 342), welches wahrscheinlich Gregorius Magister in **Kyzikos** vom Stein abschrieb (Hecker comm. crit. I p. 166 f.)

ἄθρησον Χαρίτων ὑπὸ παστάδι τῇδε τριάδος
στηλίδας τὰς πρώτας τοῦδ' ὑπόδειγμα τέχνης·
ταύτας γὰρ πρώτας κατ' ἐρέψατο Παλλὰς Ἀθήνη,
τοῦδε πόλει σταθμῶν ἐνδιδοῦσα χάριν.

scheint freilich ein solches *hekateartiges Charitenbild* in **Kyzikos** anzudeuten, das dort für uralt galt (Welcker rhein. Mus. N. F. III p. 273); aber Lesung und Erklärung des ganzen Epigramms sind nur zu unsicher Boeckh expl. Pind. p. 172. Hecker comm. crit. p. 167. comm. crit. I p. 129). In dem von Miller (mél. p. 452) herausgegebenen Beschwörungsgedicht an *Selene*, die mit *Hekate* identificirt wird, heisst es (6)

ᾗ Χαρίτων τρισσῶν τρισσαῖς μορφαῖσι χορεύεις.

Eine Gruppe bekleideter Frauengestalten, welche einander bei den Händen anfassend um eine runde Basis in Tanzbewegung schreiten, mit der Inschrift ΤΑΙΣ ΧΑΡΙΣΙ ΛΕΟΝΤΙΟΣ (Montfaucon ant. expl. II, 159. Clarac mus. de sc. 632 E, 1427 B. C. I. Gr. 5971) wird durch die Herkunft aus Boissards Papieren eher verdächtigt als beglaubigt. Ähnlich ist eine auf die *Horen* gedeutete vaticanische Gruppe (Clarac mus. de sculpt. 446, 815. Wieseler Denkm. a. K. II, 74, 950. Beschr. Roms II, 2 p. 187, 11). *Hekatebilder*, um deren Stamm bekleidete Frauen sich bei der Hand fassend tanzen, wie in **Athen** Gerhard Ven. Pros. tav. I. Kekulé ant. Bildw. im Thes. p. 73, 172), in **Venedig** Zanetti II, 8. Valentinelli marmi sc. 30, 161. Gerhard ges. Abh.

schützten also auch die *Chariten* den Eingang zur **Akropolis**, und diesem Cultus mussten ganz andere Vorstellungen zu Grunde liegen als die einer heiteren Lebenslust[1]). Unmittelbar neben den *Chariten* stand *Hermes Propylaios*[2]), der von diesem Cultus unberührt blieb; wahrscheinlich wurde dies auch durch bestimmte Umgrenzung während der Opferhandlung angedeutet. Man darf daher wohl vermuthen, dass der Volkshumor oder das Witzwort eines Komikers diesem *Hermes* deshalb den Beinamen ἀμύητος gab[3]). Es konnte um so eher auffallen, wenn *Hermes* hier bei dem Cultus der *Chariten* unbetheiligt blieb, da er sonst eng mit ihnen verbunden zu sein pflegte[4]). Wenn man dies später auf den *Hermes* λόγιος und die Anmuth der Rede bezog[5]), so war *Hermes* gewiss ursprünglich in keinem anderen Sinne Führer der *Chariten* wie νυμφαγέτης, als befruchtender Naturgott[6]). So steht er auf dem thasischen Altar als Führer der *Chariten Apollon* als Führer der *Nymphen* gegenüber (S. 33, 3).

Deutlich tritt die eigentliche Bedeutung der *Chariten* auch noch auf einem Votivrelief hervor[7]) mit der Inschrift[8]) *Epitynchanus M. Aureli Caes. lib. et a cubiculo Fontibus et Nymphis sanctissimis titulum ex voto restituit.* In der Mitte liegt ein bärtiger Flussgott unter einer felsigen Anhöhe. Zu seiner Linken wird *Hylas* von zwei *Nymphen* entführt, gegenüber stehen die nackten *Chariten* in der bekannten Gruppe, die beiden äusseren mit Ähren in den Händen; auf der Anhöhe stehen *Herakles*, der Hylasscene den Rücken wendend, neben den *Chariten* und ihnen zugewandt *Hermes*. Es ist klar, dass der Raub des *Hylas*, dem Sinne des Mythos entsprechend, das zeitweilige Ausbleiben und Versiegen der Quellen andeutet, während die *Chariten* die Wohlthat des nun gewährten, belebenden und befruchtenden

---

Taf. 32, 4. Wieseler Denkm. a. K. II, 71, 890), in **Paris** (arch. Ztg. XV Taf. 99, 1—3), in **München** (Brunn Glypt. p. 56, 18) lassen sich, da die Verbindung der *Chariten* mit *Hebe* bezeugt ist, mindestens ebenso gut auf diese, als wie gewöhnlich auf die *Horen* beziehen.

1) Aus jüngerer Zeit stammt wohl der Cultus τοῦ Δήμου καὶ τῶν Χαρίτων, deren Priester auf Inschriften erwähnt werden (Keil Philol. XXIII p. 236 ff.), zu denen später auch die Göttin *Roma* trat, wie eine Sesselinschrift des Theaters beweist (N. Schweiz. Mus. III p. 39, 63 vgl. p. 55). Josephus führt ein attisches Decret zu Ehren des Hyrkanos an (antt. Iud. XIV, 8, 5), nach welchem beschlossen war στῆσαι αὐτοῦ εἰκόνα χαλκῆν ἐν τῷ τεμένει τοῦ Δήμου καὶ τῶν Χαρίτων, vgl. das Decret ἐφ. ἀρχ. 2455, wo ebenfalls ein Ehrenmal aufgestellt wird ἐν τῷ τεμένει τοῦ Δήμου καὶ τῶν Χαρίτων. Es scheint also, als habe man dort Statuen und andere Denkzeichen zu Ehren verdienter Männer aufgestellt; vgl. Aristot. eth. Nic. V, 8 p. 1133 διὸ καὶ Χαρίτων ἱερὸν [illegible] ποιοῦνται, ἵν' ἀνταπόδοσις ᾖ· τοῦτο γὰρ ἴδιον χάριτος· ἀνθυπηρετῆσαι τε γὰρ δεῖ τῷ χαρισαμένῳ, καὶ πάλιν αὐτὸν ἄρξαι χαριζόμενον. In gleichem Sinne beschlossen die **Chersonesiten** (Dem. de cor. 92): Χάριτας βωμὸν ἱδρύσεσθαι καὶ Δήμου Ἀθηναίων, ὅτι πάντων μεγίστων ἀγαθῶν παραίτιος γέγονε Χερσονησίταις.

2) Paus. I, 22, 8 κατὰ δὲ τὴν ἔσοδον αὐτὴν ἤδη τὴν ἐς ἀκρόπολιν Ἑρμῆν, ὃν Προπύλαιον ὀνομάζουσι, καὶ Χάριτας Σωκράτην ποιῆσαι τὸν Σωφρονίσκου λέγουσιν.

3) Hesych. Ἑρμῆς ἀμύητος· Ἀθήνῃσιν ἐν τῇ ἀκροπόλει. Clem. Alex. protr. p. 29, 13 εἰ γὰρ [illegible], ὦ ἄνθρωποι, τὸν Τυρώνα (Τύχωνα Meursius Cecr. 2[a]). Ath. II, 11 Ἑρμῆν τὸν Ἀνδοκίδου (l. Ἀνδοκίδου) καὶ τὸν ἀμύητον: Diogen. IV, 63 Ἑρμῆς ἀμύητος· [illegible] τῶν μᾶλλον ἐν τούτῳ ἐμπείρων· χλευαστικῶς δὲ ἡ παροιμία.

4) Arist. pac. 455

ΧΟ. ἐς δὲ τοίνυν, ἐς μόνον λέγε

ΤΡ. Ἑρμῇ Χάρισιν Ὥραισιν Ἀφροδίτῃ Πόθῳ.

5) Plut. de aud. 13 p. 44 E ἀλλὰ καὶ τὸν Ἑρμῆν ταῖς Χάρισιν οἱ παλαιοὶ συγκαθίδρυσαν, ὡς μάλιστα τοῦ λόγου τὸ κεχαρισμένον καὶ προσφιλὲς αἰτοῦντος. Max. Tyr. 26, 1 ἐγχρίοντες [illegible] τῆς ὁδοῦ Ἑρμῆν τὸν λόγιον καὶ Πειθὼ καὶ Χάριτας. Anders allegorisirt Cornutus (16) ἔχομεν δὲ παραδιδόασιν αὐτῷ τὸν Ἑρμῆν, ἐμφαίνοντες ὅτι [illegible] δεῖ χαρίζεσθαι, καὶ μὴ [illegible] ταῖς ἀξίαις. Dagegen sagt Seneca (ben. I, 3, 7): *ergo et Mercurius una stat, non quia beneficia ratio commendat vel oratio, sed quia pictori ita visum est.* Alle beweisen, wie sehr man gewohnt war, Hermes und die Chariten vereinigt zu sehen.

6) Wenn in **Eleusis** *Hermes Enagonios* mit den *Chariten* verbunden wird (S. 33 Anm. 3), so ist, wie wir sahen, die Beziehung derselben auf Agon und Sieg nicht vereinzelt; immer fragt es sich, ob nicht alte Cultgottheiten mit den Spielen in eine besondere Verbindung gesetzt wurden.

7) Mus. Cap. IV, 54. Righetti Campid. I, 147. Millin gal. myth. 127, 475. O. Jahn arch. Beitr. Taf. 4, 2. Vgl. Ber. d. sächs. Ges. d. W. 1861 p. 361.

8) Orelli 1635 vgl. Marini fr. Arv. p. 376.

Wassers bezeichnen. Auch *Hermes* und *Herakles*, zunächst nur schützende Gottheiten des Landbezirks[1]), nehmen durch ihre Stellung und Haltung an der mythologischen Scenerie näheren Antheil. Hier sind die *Chariten* mit den *Fontes* und *Nymphae* keineswegs völlig identificirt[2]), die ihnen eigene Vorstellung der besonderen Gunst und Huld, welche das versiegte Wasser von neuem erweckt, sollte offenbar betont werden; allein sie treten ihnen, wie sie ja denselben verwandt und oft verbunden sind, hier doch besonders nahe. Man darf sich nicht wundern, wenn die *Nymphen*, welche auch regelmässig in der Dreizahl dargestellt werden (wofür sich natürlich bestimmte typische Gruppirungen festgesetzt haben), nicht nur sich hie und da der Darstellung der *Chariten* nähern[3]), sondern wenn wir über der Weihinschrift[4]) *Batinia Priscilla Nymphis sacrum* geradezu die wohlbekannte Gruppe der *Chariten* sehen, nur dass die beiden äusseren die Hand auf Wasserurnen halten, welche neben ihnen auf Pfeilern liegen[5]).

Man hat nach Viscontis Vorgange auf dem capitolinischen Votivrelief die *Chariten* nur als die Personification des Dankes gefasst[6]), und ebenso auf einem vaticanischen[7]). Von *Hermes* geleitet und geschützt kniest hier ein bärtiger Mann im Überwurf mit flehend ausgestreckten Händen vor *Asklepios*, der auf seinen Schlangenstab gestützt da steht und neben ihm die *Chariten* in der gewöhnlichen Gruppirung. Visconti meinte, ihre Anwesenheit drücke

---

1) O. Jahn arch. Beitr. p. 62 f.

2) Eine Reihe von Epigrammen (anth. Pal. IX, 607. 609. 616. 634. 638) beziehen sich mit verschiedenen Concetti auf eine *Chariten*gruppe, welche in einem Bade, wohl in Byzanz, aufgestellt war, gewiss nur als eine anmuthige Verzierung. Ein ähnliches Epigramm (anth. Pal. IX, 633)

> Ἥρῃ καὶ Παφίῃ καὶ Παλλάδι τοῦτο τὸ λουτρὸν
> ὡς πάρος τὸ χρύσειον [illegible] μῆλον ἔχειν
> καὶ τάχα τὰς μορφὰς κρινεῖ [illegible] Πάρις αὐτάς,
> εἰσὶ δ' ἀργυρέης [illegible]

findet seine Erläuterung in einem Wandgemälde der Titusthermen (Ponce 7). Unter einer Nische stehen die drei Göttinnen entkleidet, auf gesonderten Basen, also als Statuen gedacht, vor ihnen eine grosse Badewanne, in welche aus Löwenköpfen Wasser sprudelt.

3) Auf einem Votivrelief in Neapel (Millin gal. myth. 89, 530. O. Jahn arch. Beitr. Taf. 4, 3), mit der Inschrift (Mommsen I. R. N. 6768, *Aur. Monnus cum suis* | *Numfabus cum suo alumno*) sind die drei halbnackten Nymphen, welche Muscheln vor dem Schoosse halten (Hesych. κογχοφόροις γυναίξι. νύμφαι), nicht wie gewöhnlich neben einander gestellt, sondern die mittlere wird, wie in der Charitengruppe, vom Rücken gesehen.

4) Marocchi f. 100ᵃ (Smet. 32, 7) '*in domo Lud. Apodaratharii Cypri Card. Capotaquen.*' Jacobuni app. de prisca Caes. gente p. 30 '*in aedibus Iustiniani Orfini*'.

5) Nicht ganz aufzuklären ist ein aus Rom nach Berlin gekommenes Relief (Berlins ant. Bildw. p. 125, 340. Verz. Nachtr. 996. Beger thes. Brand. III p. 272. Fabretti de aquis p. 105), welches neben der Gruppe der nackten *Chariten* eine sitzende bekleidete Frau darstellt mit der Unterschrift *ad sorores IIII*. Sie kann nur so gemeint sein, wie Kallimachos Epigramm (51)

> τέσσαρες αἱ Χάριτες· ποτὶ γὰρ μία ταῖς τρισὶ κείναις
> ἄρτι ποτεπλάσθη κἤτι μύροισι νοτεῖ,
> εὐαίων ἐν πᾶσιν ἀρίζηλος Βερενίκα,
> ἇς ἄτερ οὐδ' αὐταὶ ταὶ Χάριτες Χάριτες

oder Nonnus Worte (XLII, 466)

> ἐπλετόμη γὰρ
> τρισσάων χαρίτων Βερόη [illegible] τετάρτη

Aber wozu das Relief bestimmt gewesen sei, ist nicht klar. Vgl. Ber. d. sächs. Ges. d. Wiss. 1861 p. 335. 1868 p. 185 f. Eine Candelaberbasis, angeblich aus Rom antik, welche im Relief *Here* mit dem Pfau, *Athene* mit der Eule, *Aphrodite* mit *Eros* neben sich, nackt, einander die Hände reichend, in völliger Nachbildung der *Charitengruppe* darstellt, darunter die Jahreszeiten in Gestalt spielender Knaben (Lehne ges. Schr. I p. 209 Taf. 12, 52), welche früher in der Sammlung der Gräfin Hatzfeld, sich jetzt im Museum zu Darmstadt befindet, ist ohne Zweifel eine Renaissancearbeit.

6) Forlanetto zu Forcellini *Gratiae*. Müller Arch. § 392, 3.

7) Mus. Pio Cl. IV, 13. Pistolesi Vat. V, 75. Millin gal. myth. 33, 106. Guigniaut rel. de l'ant. 91, 313. Beschrbg. Roms II, 2 p. 195, 12

nur aus, dass es sich um einen Dank für die Genesung handle, und habe zu dem Gegenstande selbst gar keine Beziehung. Allein eine solche Übertragung einer Phrase[1]) ins Plastische hat gewiss grosse Bedenken[2]); auch hier sind die *Chariten* mit *Asklepios* eng verbunden zu denken, und bezeichnen die dem Genesenen wiedergeschenkte Lebenskraft und Frische als den Ausfluss seiner Gunst, sein Numen in dieser besonderen Wirkung, wobei die Vorstellung der belebenden Heiterkeit, welche den *Chariten* eigen war, nicht ohne Einfluss blieb[3]).

Nicht minder bedeutsam als die Vereinigung der *Chariten* mit *Hermes* ist ihre nahe Verbindung mit *Dionysos*, für dessen Töchter sie galten[4]), mit welchem sie in Olympia den Altar theilen[5]). Zwar tritt auch hier die Auffassung, nach welcher die *Chariten* der ausgelassenen Lust des *Dionysos* Mässigung und dadurch anmuthige Heiterkeit bringen, vielfach hervor[6]); allein um den ursprünglichen Sinn erkennen zu lassen, genügt es an den vielbesprochenen Hymnus zu erinnern, mit welchem die Frauen in Elis *Dionysos* anriefen, mit dem Stierfuss schwärmend sammt den *Chariten* in den Tempel zu kommen[7]). Das ist der befruchtende Naturgott, welcher im Frühling in Stiergestalt mit den belebenden *Chariten* erscheint, denen man nach Stesichoros im Frühling Lieder singen soll[8]). Unwillkürlich erinnert man sich dabei einer schönen, oft abgebildeten Gemme[9]), welche einen kraftvollen, mit gesenktem

---

1) Auf Weihinschriften finden sich Wendungen, wie *gratos dedicare* (Orelli 1613), *gratias dedicare* in einer schlecht geschriebenen Inschrift bei Marini (fr. Arv. p. 23), deren Schlussworte freilich in einer Copie Zoegas *et Attia Victoria Gratis d. d.* lautet, aber eine Collation Kellermanns giebt *et Attia Victoria gratias d. d.* Die Inschrift Murat. 96, 2 ist Ligorisch.

2) Wenn von Bathykles als ἀνάθημα ἐπ' ἐξειργασμένῳ τῷ θρόνῳ Χάριτες καὶ ἄγαλμα Λευκοφρυηνῆς Ἀρτέμιδος aufgestellt wurden (Paus. III, 18, 9), so möchte ich auch hier nicht annehmen, dass die Chariten nur schlechthin das *gratias agere* ausdrücken sollten; ohne freilich über den Sinn dieser Weihung etwas Bestimmteres vermuthen zu können.

3) Panofka (Asklepios p. 82), der Viscontis Deutung zurückweist, deutet die *Chariten* auf die drei Töchter des *Asklepios*.

4) Serv. Verg. Aen. I, 720 *Gratiae, quas constat Veneri esse sacratas; ipsius enim et Liberi filiae sunt, nec immerito; Gratiae enim per horum fere numinum munera conciliantur.* Bei Nonnus sagt der Schatten der *Ariadne* zu *Dionysos* (XLVIII, 555)

γείτονα φαίνετε Κορωνίδος, ἧς ὑπὸ κόλπων
τρεῖς Χάριτες γεγάασιν ὁμόζυγες.

Vielleicht dachte er an die *Hyade Koronis* (S. 41 Anm. 3). Vgl. XVI, 131.

5) Paus. V, 14, 10 πρὸς δὲ τῷ τεμένει τοῦ Πέλοπος Διονύσου μὲν καὶ Χαρίτων ἐν κοινῷ, μεταξὺ δὲ αὐτῶν Μουσῶν καὶ ἐφεξῆς τούτων Νυμφῶν ἐστι βωμός. Schol. Pind. Ol. V, 10 Ὀλυμπίασι βωμοί εἰσιν ἓξ δίδυμοι τοῖς δώδεκα θεοῖς ἀνακείμενοι, ἑνὸς ἑκάστου βωμοῦ δύο θεοῖς καθιερωμένου· πρῶτος Διὸς καὶ Ποσειδῶνος, δεύτερος Ἥρας καὶ Ἀθηνᾶς, τρίτος Ἑρμοῦ καὶ Ἀπόλλωνος, τέταρτος Χαρίτων καὶ Διονύσου, πέμπτος Ἀρτέμιδος καὶ Ἀλφειοῦ, ἕκτος Κρόνου καὶ Ῥέας, ὥς φησιν Ἡρόδωρος. Also ist Χάριτες zu lesen.

6) Athen. II p. 36 D Πανύασις δ' ὁ ἐποποιὸς τὴν μὲν πρώτην πόσιν ἀπονέμει Χάρισιν Ὥραις καὶ Διονύσῳ, τὴν δὲ δευτέραν Ἀφροδίτῃ καὶ πάλιν Διονύσῳ, Ὕβρει δὲ καὶ Ἄτῃ τὴν τρίτην. Eurip. Bacch. 410

ἐκεῖσ' ἄγε μ', ὦ Βρόμιε,
προβακχήιε δαῖμον.
ἐκεῖ Χάριτες, ἐκεῖ δὲ Πόθος·
ἐκεῖ δὲ βάκχαισι θέμις ὀργιάζειν.

Anth. Pal. XI, 32

Μούσης νουθεσίης φιλοπαίγμονος εὕρετο Βάκχος
ὦ Σικυών, ἐν σοὶ κῶμον ἄγων Χαρίτων.

Vgl. Pind. ol. XIII, 18

ταὶ Διωνύσου πόθεν ἐξέφανεν
σὺν βοηλάτᾳ Χάριτες διθυράμβῳ;

7) Plut. qu. gr. 36 p. 299 A διὰ τί τὸν Διόνυσον αἱ τῶν Ἠλείων γυναῖκες ὑμνοῦσαι παρακαλοῦσι βοέῳ ποδὶ παραγίνεσθαι πρὸς αὐτάς; ἔχει δ' οὕτως ὁ ὕμνος· 'ἐλθεῖν ἥρω Διόνυσε Ἄλιον ('Ἀλείων Bergk) ἐς ναὸν ἁγνὸν σὺν Χαρίτεσσιν ἐς ναὸν τῷ βοέῳ ποδὶ θύων'. εἶτα δὶς ἐπᾴδουσιν 'ἄξιε ταῦρε' (Bergk poett. lyr. p. 1299 carm. pop. 6). Paus. VI, 26, 1 θεῶν δὲ ἐν τοῖς μάλιστα Διόνυσον σέβουσιν Ἠλεῖοι, καὶ τὸν θεὸν σφισιν ἐπιφοιτᾶν ἐς τῶν Θυίων τὴν ἑορτὴν λέγουσιν.

8) Stesich. 34 Bgk.

τοιάδε χρὴ Χαρίτων δαμώματα καλλικόμων
ὑμνεῖν Φρύγιον μέλος ἐξευρόντας ἁβρῶς ἦρος ἐπερχομένου.

9) Venuti ant. Borioni 82. Gori gemm. astrif. 141. Tassie pl. 36, 1382. Köhler descr. d'un camée Taf. 3 (ges. Schr. V Taf. 7 p. 84 ff.). Hug Myth. d. a. W. p. 252. Hirt myth. Bilderb. 16, 4.

Haupt vorwärts stürmenden Stier darstellt, über dessen Rücken sich eine Reihe von sieben Sternen hinzieht, während zwischen seinen Hörnern auf seinem Kopfe die *Charitengruppe* steht. Die Sterne, in welchen man *Pleiaden* erkannt hat, weisen darauf hin, dass auch der Stier das Sternzeichen des Thierkreises bedeutet, welcher das Frühjahr bezeichnet. Dieser Frühlingsstier, einherstürmend und die *Chariten* mit sich führend, ist eine Vorstellung, ganz dem eben erwähnten Hymnus entsprechend und dadurch vollkommen aufgeklärt[1]). Allein da man auf das Haupt des Stiers die Sterngruppe der *Hyaden*, welche für die Ernährerinnen des *Dionysos* galten[2]), versetzte, diesen die Dreizahl beilegte und sie den *Chariten* ähnlich bezeichnete[3]), so ist vielleicht die Deutung Köhlers auf die *Hyaden* vorzuziehen. Bedeutsam bleibt es dabei, dass das Frühlingsgestirn in dieser eigenthümlichen Combination die äussere Gestalt der *Chariten* annimmt.

Ganz unverkennbar ist die elementare Bedeutung der *Chariten* in der Zusammenstellung, in welcher sie an dem Gewandschmuck einer Reihe eigenthümlicher Statuen angebracht sind[4]). Diese im Wesentlichen übereinstimmenden Statuen stellen eine weibliche, mit eng zusammengeschlossenen Füssen aufrecht stehende Figur vor, bekleidet mit einem langen Ärmelchiton, der die Füsse fast bedeckt, und einem weiten Schleier, der vom Scheitel herunterfallend, vorne zu beiden Seiten zurückgeschlagen ist, hinten den ganzen Körper vom Kopf bis zu den Fersen einhüllt. Den Kopf schmückt, wo er erhalten ist *(AG)*, ein dichter Kranz[5]), dieser ist mit einer Binde zusammengenommen, deren Zipfel neben den Ohren und auf den Rücken herabhängen. Um den Hals trägt sie ein Halsband mit angehängtem Schmuck, meistens einem Halbmond[6]) unter einer Art Palmette *(BCEFGI)*, auf den Schultern Medaillons mit einem unbär-

---

1) Hug Myth. p. 245. Hirt myth. Bild. p. 234. O. Müller Arch. §. 399, 2.

2) de Witte nouv. ann. I p. 390 ff.

3) Arat. 172

οὐδέ τοι αὔτως
νήκουστοι Ὑάδες· ταὶ μέν ῥ' ἐπὶ παντὶ μετώπῳ
ταύρου βεβλέαται.

Schol. Κορωνίδες ἐν τῷ Φαίδωνι γ' (αὐτὰς εἶναι εἶπεν). — Ἡσίοδος δέ φησι περὶ αὐτῶν·

Νύμφαι Χαρίτεσσιν ὁμοῖαι,
Φαισύλη ἠδὲ Κορωνὶς ἐυστέφανός τε Κλέεια
Φαιώ θ' ἱμερόεσσα καὶ Εὐδώρη τανύπεπλος,
ἃς Ὑάδας καλέουσιν ἐπὶ χθονὶ φῦλ' ἀνθρώπων.

4) Die mir bekannten Exemplare dieser unter Lebensgrösse ausgeführten, meist verstümmelt gefundenen Statuen sind

A. Cl. Menetreius symbolica Dianae Ephesiae statua (Rom 1657) f. 65 '*in aedibus Farnesianis*', jetzt nicht in Neapel eine Zeichnung im cod. Pighianus f. 7, Ber. d. sächs. Ges. d. Wiss. 1868 Taf. 2, 1. 2 p. 177. Vorderarme fehlen.

B. Cl. Menetreius f. 66 '*in aedibus Farnesianis*', jetzt nicht in Neapel.

C. Cl. Menetreius f. 70 '*apud principem Leopoldum*', jetzt in Florenz. Gori mus. Flor. III, 20. Clarac mus. de sc. 561, 1197.

D. Cl. Menetreius f. 71 '*apud Leonar. Augustinum Senensem*'.

E. (Taf. VI, *a*) ehemals in Rom, Zeichnung im cod. Pighianus f. 5 *a. b.* Torso bis zu den Knieen, ohne Kopf und Vorderarme.

F. (Taf. VI, *b*) in München, im Antiquarium. Dorow, Kunstbl. 1822 N. 48 p. 189 ff. Christ Beitr. z. Gesch. d. Antikensamml. Münchens p. 29. Ich verdanke die Zeichnung der Vermittelung des Prof. Christ, welcher bei erneuter Prüfung fand dass nicht nur der Kopf, die Vorderarme, die Köpfe des *Helios* und der *Selene*, sondern die beiden untersten Streifen modern sind. Für die Bienen und die Palmette fand der Restaurator in den Bildern der ephesischen Artemis einen Anhalt; merkwürdig wäre es, wenn er den Pflüger ganz frei erfunden hätte.

G. (Taf. VI, *c*) in Wien. v. Sacken und Kenner Samml. d. k. k. Antikenkab. p. 37, 137. Hände fehlen.

H. In Rom 1791 gefunden. Visconti in Fea misc. II p. 71 ff. Kopf und Brust fehlen.

I. In England, gefunden in Ostia, doch wohl verschieden von der bei Fea (viagg. ad Ostia p. 56) erwähnten *Diana Efesina o Madre terra.* Gnattani mem. encicl. V tav. I p. 1 ff. Kopf, Hände und Füsse fehlen.

5) In der späteren Kaiserzeit führen die den Provinzen vorgesetzten Priester den Titel coronati. Mommsen Ber. d. sächs. Ges. d. W. 1851 p. 65. 217.

6) O. Jahn Ber. d. sächs. Ges. d. Wiss. 1855 p. 42.

tigen Kopf *(A)*[1], die Brüste sind mit Schalen oder Becken bedeckt *(A)*[2]. Der eigenthümlichste Theil des Schmuckes aber ist ein Stück, welches von der Brust bis unter die Knie über dem Chiton hängt, mit breiten Säumen eingefasst und durch ähnliche Säume in drei bis fünf Felder abgetheilt, welche mit Reliefs geziert sind. Es ist kein Stück des Chiton selbst, sondern über denselben gelegt, und bei *A* sieht man deutlich, dass es an einem breiten Halsband befestigt ist, an dessen unterem Theil auch die Brustbecken festgeknüpft sind. Es wird also wohl eine prächtige, schwere Stickerei nachgebildet sein. Die Darstellungen, welche, nicht immer in derselben Ordnung, wiederkehren, sind:

die Brustbilder von *Helios* und *Selene*, durch Strahlen und Halbmond charakterisirt *(ABCFGH)*: zwischen ihnen eine nackte Frau, welche mit beiden Händen den bogenförmig über ihrem Haupt wallenden Schleier hält *(EF)*, oder die Chariten *(I)*;

auf einem Seethier sitzend eine halbnackte Frau, welche ihren Schleier über dem Haupte wallen lässt *(ABCDEFGHI)*, daneben noch ein Delphin *(CEFI)*, auch ein Seedaimon, der das Ungethüm leitet *(EF)*;

die *Chariten* in der bekannten Gruppe *(AG)*, zu jeder Seite ein schmales, mit Blumen und Ähren gefülltes Fruchthorn *(BCDEFH)*, zwischen *Helios* und *Selene* *(I)*;

drei *Eroten* mit nicht ganz deutlichen Attributen *(BCDHI)*;

die Büste einer verschleierten Frau *(DI)* und eines Jünglings mit phrygischer Mütze *(D)*, oder eines bärtigen Mannes *(I)*, zwischen ihnen eine Säule.

Durch eine oberflächliche Ähnlichkeit in der Haltung hatte man sich verleiten lassen, diese merkwürdigen Gestalten für eine Modification der *ephesischen Artemis* zu halten, mit der sie in keinem charakteristischen Merkmal übereinstimmen. Visconti[3], der darauf hinwies, erkannte in ihr eine eigenthümliche Gestaltung der grossen asiatischen Naturgöttin, zu deren Charakteristik hauptsächlich die Symbolik der *Aphrodite* benutzt worden sei, und damit ist gewiss das Wesentliche richtig getroffen. Indess brachte mich die Art der Schmückung auf die Vermuthung[4], dass vielmehr die Priesterin einer solchen Gottheit dargestellt sei, als diese selbst. Dagegen liesse sich vielleicht die grosse Anzahl von Wiederholungen dieses Typus geltend machen, und dass der Unterschied zwischen aufgeputzten Cultusbildern und Priestern im Costüm nicht gross gewesen sein wird[5]. Wie dem auch sei, die Symbolik des Gewandschmucks, welche lauter fertige Typen der älteren Kunst zusammenstellt, bleibt dieselbe, und sie ist leicht verständlich. Es leuchtet ein, dass es hier auf eine Vereinigung der elementaren Kräfte ankam, durch deren günstiges Zusammenwirken das Werk der Frühlingssaat, und über-

[1]) Zwei Medaillons mit dem Bilde des *Attis* trägt die Statue eines Priesters (Montfaucon ant. expl. I, 4), auf der Brust darunter ein Brustschild mit drei Figuren verziert. Und von den *Gallen* sagt Dionys von Halikarnass (II, 19. Euseb. pr. ev. II, 8): τύπους περικείμενοι τοῖς στήθεσι. Suid. Γάλλος· — ἐκτομίας [illegible] εἰς Γάλλους — ἔχοντας τύμπανα καὶ τύπους. *Laberia Felicla sacerdos maxima matris deum M. I.* hat auf der Brust eine kleine Büste eines bärtigen Mannes an einem Bande hängen (mon. Matt. III, 53. mus. Pio Cl. VII, 18). An den Kränzen tragen ähnliche Medaillons ein *cistophorus* der *Bellona* (Doni inscr. tab. 8, Murat. 168, 1. Millin gal. myth. 89, 157*), ein *Archigallus* (Winckelmann mon. in. 8. mus. Cap. IV, 16. Murat. 207. Millin gal. myth. 82, 15*). Suet. Dom. 4 *capite gestans coronam auream cum effigie Iovis ac Iunonis Minervaeque, adsidentibus diali sacerdote et collegio Flavialium pari habitu, nisi quod illorum coronis inerat et ipsius imago.*

[2]) Dies sind wohl die προστηθίδια (Polyb. XXII, 20, 5). Suid. Γάλλος — [illegible] — ἔχοντας προστηθίδια [illegible] (προστηθίδιον — [illegible]). Nonnus erwähnt unter dem bakchischen Apparat [illegible] ἀμφὶ στέρνοισι καλύπτρας (IX, 125 vgl. XLVI, 277. XLVII, 9).

[3]) Visconti bei Fea misc. II p. 71 ff.

[4]) Ber. d. sächs. Ges. d. Wiss. 1848 p. 177 f.

[5]) Ähnlich ist die *Hekate* in Hermannstadt, an der das Gewand eines Leibes mit ähnlichen Streifen verziert ist. Köppen die dreigestaltete Hekate Wien 1823. Gerhard ant. Bildw. 311, 3, 6. Wieseler Denkm. a. K. II, 71, 893.

haupt das wiedererwachende Leben der Natur gedeiht. Die auch von Virgil zuerst angerufenen allbelebenden und befruchtenden Gestirne[1]), mit ihnen *Aphrodite* als Repräsentantin der lauen Frühlingsluft[2]), das Element der nährenden Feuchtigkeit unter dem heiteren Bilde einer von einem Seethier getragenen Meergöttin, die *Chariten*, durch die ihnen beigegebenen Fruchthörner als den Natursegen spendende Wesen charakterisirt, die Jahreszeiten in der Gestalt von *Eroten* — alle vereinigen sich zu dem Gesammtbilde jener segensreich in der Natur waltenden Kräfte. Treten noch *Zeus* und *Here (I)*, oder *Kybele* und *Attis (D)* hinzu, so wird damit auf die höheren Mächte hingewiesen, welche die Welt auch in ihrem elementaren Leben regieren, wie Horatius von *Juppiter* sagt[3])

qui res hominum ac deorum,
qui mare ac terras variisque mundum
temperat horis.

Auch das mythologische Bild, welches Horatius der Beschreibung des Frühlings und seines neu erweckten Lebens gegenüberstellt[4])

iam Cytherea choros ducit Venus imminente Luna
iunctaeque Nymphis Gratiae decentes
alterno terram quatiunt pede, dum graves Cyclopum
Vulcanus ardens urit officinas,

zeigt uns neben der Frühlingsgöttin auch die *Chariten*, die hier mit ihr tanzen[5]), wie sie sonst mit ihr Frühlingsblumen pflücken und sich kränzen[6]), als die huldvollen Göttinnen, welche im Frühling die Gaben der Natur spenden[7]).

---

1) Paus. IX, 35, 5 Ἀντίμαχος οὔτε ἀριθμὸν Χαρίτων οὔτε ὄνομα εἰπὼν Αἴγλης εἶναι θυγατέρας καὶ Ἡλίου φησὶν αὐτάς.

2) Lucret. I, 6

te, dea, te fugiunt venti, te nubila caeli
adventumque tuum, tibi suavis daedala tellus
summittit flores, tibi rident aequora ponti
placatumque nitet diffuso lumine caelum.

3) Hor. c. I, 12, 14.

4) Hor. c. I, 4, 5. Vgl. pervig. Ven. 50 *praeses ipsa iura dicet, adsidebunt Gratiae.*

5) Xen. symp. 7, 5 εἰ δὲ ὀρχοῖντο πρὸς τὸν αὐλὸν σχήματα, ἐν οἷς Χάριτές τε καὶ Ὧραι καὶ Νύμφαι γράφονται. Ob ein bekanntes Bild der Titusthermen (S. Bartoli pitt. ant. 5. rec. de print. ant. 6. Hirt myth. Bildw. 30, 7. ann. d. inst. XIV tav. J.), welches drei theilweise bekleidete Frauen darstellt, die im raschen Tanz sich herumschwingen, mit Recht auf die *Chariten* bezogen werde, scheint mir zweifelhaft. Pighius erkannte auf einem schönen Relief (Winckelmann mon. ined. 147) in drei reichbekleideten Jungfrauen im Tanzschritt die *saltantes Gratiae Horatii* (Ber. d. sächs. Ges. d. Wiss. 1868 p. 186; vgl. Pistolesi Vatic. IV, 51. Mus. Chiar. I, 44). Übrigens geben ja Reliefs und Wandgemälde die reichhaltigsten Belege, zu wie reizenden Motiven die Tänze *tunicis solutis* Veranlassung boten.

6) Athen. XV p. 682 F aus den Kyprien

ἡ δὲ σὺν ἀμφιπόλοισι φιλομμειδὴς Ἀφροδίτη
πλεξάμεναι στεφάνους εὐώδεας ἄνθεα γαίης...
ἂν κεφαλαῖσιν ἔθεντο θεαὶ λιπαροκρήδεμνοι,
Νύμφαι καὶ Χάριτες, ἅμα δὲ χρυσέη Ἀφροδίτη,
καλὸν ἀείδουσαι κατ' ὄρος πολυπιδάκου Ἴδης.

Ovid. fast. V, 217 spricht *Chloris*

conveniunt pictis incinctae vestibus Horae
inque leves calathos munera nostra legunt.
protinus arripiunt Charites nectuntque coronas
sertaque caelestes implicitura comas.

Nonn. XXXI, 204

Χάριτες γὰρ ἐς ἄνθεα ποικίλα κήπων
εἰαρινῶν στέλλοντο, χαρίτιδες Ὀρχομενοῖο.

7) Herod. IV, 175 ἐς λόφον καλεόμενον Χαρίτων. — ὁ δὲ λόφος οὗτος ὁ Χαρίτων δασύς ἴδῃσι ἐστι, ἐούσης τῆς ἄλλης τῆς προκαταλεχθείσης Λιβύης ψιλῆς. Vgl. Schol. Pind. pyth. V, 31. Nonn. XIII, 341.

Fasst man diese bei Dichtern und auf Kunstwerken zerstreuten Züge zusammen, so kann es nicht durchaus befremdlich erscheinen, diese *Frühlingschariten* neben dem Stier der *Europa* zu erblicken[1]), dessen Beziehung auf die Ankunft des Frühlings ebenfalls erkennbar blieb. Auch konnte durch den Zusammenhang einer grösseren Composition, durch die bestimmtere Beziehung eines Votivreliefs der Vorstellung möglicherweise grössere Deutlichkeit gegeben sein[2]). —

Kehren wir von dem langen Umwege, auf welchen uns der Blumenkorb der *Europa* geführt hat, zur Musterung der Vasenbilder zurück, so haben wir zunächst eine Schale der Münchner Sammlung[3]) zu betrachten (Taf. VII), welche, obwohl leider sehr verstümmelt, noch in ihren Trümmern zu den in jeder Hinsicht anziehendsten Werken der Keramentik gehört. Sie wurde in Aigina bei den Ausgrabungen des Athenetempels gefunden und ist durch ihre technische Ausführung nicht minder ausgezeichnet als durch ihren Fundort. Die Aussenseiten zeigen in gewöhnlicher Weise in rothen Figuren auf schwarzem Grund je einen schwebenden *Eros*, der in der einen Hand eine Leier, in der anderen eine Schale hält; das Innere, dem leider mit dem Fuss das Mittelstück ausgebrochen war, ist mit einem gelblich weissen Überzug versehen, auf welchem mit bunten Farben und aufgehöheter Vergoldung die Malerei ausgeführt ist. Unbezweifelt weisen die reine, edle Zeichnung und die feine, sorgfältige Ausführung diesen Bruchstücken unter den erhaltenen Beispielen dieser, schon einer raffinirten Eleganz sich zuneigenden Technik eine hervorragende Stelle an[4]). Der mächtige, schwarz gefärbte Stier, dessen Augen durch gelbe Farbe ausgezeichnet sind, schreitet nach rechts hin kräftig aus, ohne dass Wellen angedeutet wären: die Beischrift ΙΕΥΣ gibt den verwandelten Gott zu erkennen. Auf seinem Rücken sitzt rittlings, den Kopf nach links gewandt, *Europa* mit der Linken hat sie das vergoldete kurze Horn gefasst, in der erhobenen Rechten hält sie mit zierlicher Bewegung eine goldene Blumenranke. Die mit ungewöhnlicher Correctheit und Sauberkeit nicht nur in den schönen Umrisslinien des reizenden Köpfchens und der Arme, sondern auch in den Händen und Fingern ausgeführte Zeichnung ist mit brauner Farbe gemacht, ebenso die sorgfältig behandelten Haare. Ein goldenes Band, über der Stirn mit Zacken verziert, ist um den Kopf gelegt; über der Stirn und längs den Wangen kräuseln sich

---

[1]) Darauf möchte ich kein grosses Gewicht legen, dass in der Grabkammer in Catania neben dem Gemälde der *Chariten* auch eins mit dem Raube der *Europa* sich befand, welches leider so zerstört war, dass man nur den Gegenstand erkennen konnte (ann. IX, 2 p. 61).

[2]) Wollte man den Flügel und die Hand neben dem Stier lieber einer *Nike* als einem *Eros* zuertheilen, was ja nicht schlechthin abzuweisen ist, so würde die Beziehung auf *Europa* wegfallen; man würde an den *dionysischen* Stier, wie in den Seite 40 besprochenen Scenen, denken können, die wesentliche Bedeutung würde dadurch nicht alterirt.

[3]) O. Jahn Beschr. d. Münchn. Vas. 29. Wagner Bericht üb. d. ägin. Bildw. p. 8 f. Cockerell the Temples of Jupiter Panhellenius at Aegina and of Apollo Epicurius at Bassae (Lond. 1860) Taf. 12. Über den Fundort bemerkt er p. 22: „*The area of the Posticum, as well as of the Western Portico, were smaller than in the east front; in the former were four low walls with two stone tables, on one of which (a) were found some fragments of a large patera, in Grecian ware, of a good design, with*

Europa and the Bull on one side; and on the other, Minerva armed for combat. See plate X 1“. Die auffallende Behauptung über die Malereien auf beiden Seiten der Schale, kann wohl nur auf einer falschen Interpretation einstiger flüchtiger Notizen beruhen, in denen es sich um zwei verschiedene Fragmente handelte. Denn dass dies in der That der Fall ist, lehrt die verschiedene Form und Grösse der Europafragmente und der Athenafragmente auf Taf. XII. Da letztere die Pallas nach Art der panathenäischen Vasen (Schild, ein Wagenkorb) zwischen den zwei Säulen (von der vorderen ist das ionische Kapitell mit sternartigem Anthemion als Aufsatz erhalten) darstellen, so gehören sie sicher einer Amphora an, was vollends durch Art und Vertheilung der Ornamente oben, unten und an der Seite zur Evidenz gebracht wird.

[4]) O. Jahn über bemalte Vasen mit Goldschmuck. Leipzig 1865. p. 23.

Locken, das glatt vom Scheitel herab gekämmte Haar hängt in den Nacken hinunter und ist dort zu einem mit goldenem Schmuck gehaltenen Schopf zusammengebunden [1]). Ohrringe, Armbänder und ein Halsband von Gold dienen noch sonst zum Schmuck. Ein faltenreicher, rother, goldgestickter Chiton, der an den Armen mit grossen goldnen Heftnadeln zusammengehalten wird, bedeckt den Körper bis zu den Füssen herab; ein breiter schwarzer Saum fasst alle Ränder ein, und sorgfältig ist überall angegeben, dass unten eine rothe und oben eine mit goldnen Pünktchen verzierte Kante um den Saum läuft — man wird an den sauber gemalten Saum der *Artemis* von Herculanum erinnert. Bei aller Freiheit und Grazie verräth die Behandlung des Faltenwurfs und des Haars noch den Einfluss jener streng symmetrischen Ordnung, welche hier dem Vortrag nur eine gewisse feierliche Würde zu geben scheint.

Ein interessantes Seitenstück bildet ein vor Kurzem (Sommer 1869) in Attika gefundenes bemaltes Thongeräth, dessen von Fr. Matz mir mitgetheilte Beschreibung wörtlich folgt.

„Es sind zwei kreisrunde flache Thonscheiben von wenigen Linien Dicke und 5½ Cm. im Durchmesser, die im Centrum mit einander verbunden sind und nur wenig von einander abstehen. Nach der Aussage des scavatore ist das Geräth in einem Grabe gefunden und zwar in der Hand der Todten [2]). Mir ist nur ein ähnliches bekannt und zwar in der Sammlung der hiesigen archäologischen Gesellschaft, das in rothen Figuren auf schwarzem Grunde in strengem aber vorzüglich schönem Stil auf der einen Seite den Kampf des *Herakles* mit *Nereus*, auf der andern *Peleus* darstellt, wie er mit *Thetis* ringt [3]). Das jetzt gefundene Geräth ist noch dadurch ausgezeichnet, dass seine Technik die der attischen Lekythoi ist, d. h. weisser Kreidegrund, auf dem die Figuren mit dunklen Streifen und hin und wieder, doch selten, durch Aufsetzung von Deckfarben hergestellt sind. Die Zeichnung ist streng, aber äusserst zart und anmuthig. Jede Seite hat ein rundes Mittelbild, der übrig bleibende Raum enthält eine umlaufende Darstellung.

A. Mittelbild sehr zerstört: Ein Mann in feinem kurzen gegürteten Chiton steht auf einem mit vier Rossen bespannten Wagen. Das Viergespann steigt nach rechts aufwärts. Das Gesicht und der vordere Theil der Figur sind völlig verloren gegangen. *(Helios?)*

B. Die entsprechende Darstellung auf der anderen Seite. Ein Stier von weisser Farbe in eiliger Bewegung nach links. Unter ihm sind Wellen angegeben, die er jedoch nur mit den Füssen berührt. Auf ihm sitzt nach Weiberart, etwas nach links gedreht, *Europa* mit fliegendem Haar im feinen langen Chiton, darunter einen Mantel. Die Rechte fasst den Nacken des Stieres, mit der Linken stemmt sie sich auf das Kreuz desselben auf. Der Mantel ist dunkelviolett.

Die umlaufenden Darstellungen

a) Raub der *Leukippiden*. Auf einem nach links sprengenden Viergespann steht die Zügel fassend *Kastor* (ΚΑΣΤΟΡ), wegen des Raumes fast knabenhaft gebildet. Bekleidet ist er mit einem feinen kurzen, gegürteten Chiton. Hinter ihm gleichfalls auf dem Wagen stehend erscheint bräutlich verhüllt eine der *Leukippiden*. Kastors Blick geht nicht in der Richtung der Rosse, sondern er wendet sich um nach einem jungen Weibe, das mit der Rechten seine

[1]) Der nur theilweis erhaltene rundliche Gegenstand war, wie andere mehr oder weniger deutliche Beispiele dieser Figur auf Vasenbildern mit rothen Figuren (d'Hancarville IV, 26. Gerhard auserl. Vas. 27. 151. 174. 175. 176 301) zeigen, an dem Haarschopf selbst befestigt.

[2]) Es scheint mir zum Aufwickeln der Wolle bestimmt gewesen zu sein. O. J.

[3]) Publicirt von Preller Ber. d. sächs. Ges. d. Wiss. 1852 Taf. 5. 6 und Lebas rev. arch. X (1854), pl. 84. 85. O. J.

Schulter berührend und den Kopf nach ihm umwendend nach rechts forteilt. (Ihr linker Arm ist völlig zerstört). Von der folgenden, gleichfalls nach rechts eilenden weiblichen Figur ist nur der untere Theil erhalten. Eine dritte eilt nach links; sie erhob den (jetzt zerstörten) rechten Arm und fasst mit der Linken einen Zipfel ihres Untergewandes. Es folgt das zweite Viergespann gleichfalls nach links gewandt. Die Braut ist verhüllt wie oben. Vorn etwas grösser gebildet (ohne Beischrift) *Polydeukes* im gegürteten Chiton. Ein rothes Tuch ist über seine Schultern geworfen und flattert hinter ihm. Die Scene schliesst ein kahlköpfiger Greis; gebückt und auf seinen Stab gestützt schaut er den Fliehenden nach. Vor dem ersten Viergespann eilt voraus mit grossen Schritten, die Rechte ausstreckend, mit der Linken rückwärts den galoppirenden Pferden den Mantel entgegenhaltend, eine Frau. Ihr fliegendes Haar schmückt ein Diadem; ihr Blick ist zurück nach rechts gewandt. Zwischen den beiden zuletzt beschriebenen Figuren ein Palmbaum.

b) Die Hauptfigur ist offenbar ein junges Mädchen im langen Chiton mit breiten Ärmeln. Das Haar ist hinten zusammengenommen. Sie sitzt nach rechts gewandt im Freien und ist im Begriff einen Kranz zu flechten. Vor ihr steht in doppeltem Gewand ein anderes Mädchen, die Linke in die Hüfte stemmend, die Rechte vorstreckend, scheinbar mit der sitzenden unterhandelnd; sodann hinter einer Palme ein zweites Mädchen mit Stirnbinde, gleichfalls nach links gewandt in derselben Stellung, wie die vorige, die Rechte vorstreckend, die Linke unter dem Mantel. Dann zwei gekreuzte Speere; dahinter ein unbärtiger Jüngling in hohen Jagdstiefeln mit Chlamys und auf den Rücken herabhängendem Petasos. Auf der andern Seite links von der Hauptfigur hinter einem durch drei Ähren gebildeten Versteck schleicht ein nackter Jüngling heran, offenbar um der Kranzflechterin in den Rücken zu fallen, um den linken ausgestreckten Arm ist die Chlamys geworfen. Über den Nacken herab hängt der Petasos. Weiter links ein bärtiger Mann mit Stiefeln, Chiton, Chlamys, auf dem Kopf einen Hut mit Schlappen, mit der Linken die Lanze aufstossend, die Rechte nach links ausstreckend, wo ein lediges Zweigespann steht.«

Wenn auf den bisher betrachteten Vasenbildern die Haltung der *Europa* entweder Verwunderung und Schrecken oder eine gefasste Ruhe zu erkennen gab, so suchte dagegen die spätere Kunst die Hingebung auszudrücken, mit welcher *Europa* sich zu ihrem Behagen von dem Stier durch die Fluth tragen lässt[1]). So stellt sie das Innenbild einer apulischen Schale der Wiener Sammlung[2]) dar (Taf. VIII, *a*), im feinen faltenreichen Chiton, der die linke Brust entblösst und übrigens alle Formen des Körpers durchscheinen lässt, mit Hals- und Stirnband geschmückt, wie sie mit der Rechten sich am Kopf des Stiers festhält, und die Seite fest an seine Seite geschmiegt behaglich über die Fluth gleitet, während sie mit der erhobenen Linken den Schleier flattern lässt. Dies anmuthige Motiv, dass sich fast ebenso auf einer Gemme (Taf. VIII, *e*) wiederholt findet[3]), wurde in der späteren Kunst sehr beliebt, nur dass man noch einen Schritt weiter ging und *Europa* entweder ganz oder fast ganz nackt darstellte, so dass das Gewand nur zur Folie des nackten Körpers diente. Damit war freilich die eigentliche

---

[1]) Ganz abweichend ist die Vorstellung eines Wandgemäldes bei Turnbull (anc. paint. 11). Hier hat sich *Europa* in einem langen Chiton mit flatterndem Schleier, mit gespreizten Beinen, wie die Männer reiten, auf den Rücken des Stiers geworfen und hält sich mit der Hand am Horn fest, indem sie sich ängstlich umsieht. Ob das Bild antik ist?

[2]) v. Sacken und Kenner Samml. d. k. k. Ant. Kab. p. 164, II, 3, 93. Aussen *Eros* mit Spiegel und Tympanon und Frau mit Schmuckkästchen und Palmzweig.

[3]) Berliner Museum, violette Paste. Winckelmann descr. p. 57, 156. Tölken Verz. p. 101, III, 115.

Vorstellung vom Raube der *Europa* aufgegeben, und nur einem bizarren erotischen Abenteuer ein sinnlich reizendes Motiv abgewonnen.

Auf den zierlichen Gussgefässen, welche der zu elegantem Luxus entwickelten Keramentik angehören, und vorn mit Figuren in einem sehr hohen Relief verziert sind, finden wir auch *Europa* mit dem Stier, dessen Nacken sie mit der Linken umschlungen hält, während sie mit der Rechten den bauschenden Schleier fasst, so dass der eng an den Leib des Stiers angeschmiegte, wie frei schwebende Körper unverhüllt preisgegeben ist (Taf. IX, *b*)[1]. Dasselbe Motiv ist benützt, freilich ohne eine Spur des Lebens und der Anmuth griechischer Kunst, in einer Abtheilung der von Newton bei Halikarnass aufgegrabenen reichen Mosaikfussböden einer römischen Villa aus später Kaiserzeit, jetzt im britischen Museum (Taf. VIII, *b*)[2]. *Europa*, mit einem Blätterkranz im Haar und goldnen Armspangen, legt den linken, nicht sichtbaren Arm um den Hals des gelblichen Stiers, der den Kopf nach ihr zurückwendet; die rechte Hand legt sie auf die Brust, ein blaues Gewand bedeckt einen Theil der Beine. Aber diese Gestalt hängt steif wie ein Bleigewicht an dem Stier herab, ohne von der Incorrectheit der Zeichnung zu reden. Mit mancherlei Variationen findet sich dann dasselbe Motiv in anmuthigen Gestalten pompejanischer Wandgemälde[3]. *Europa* schmiegt sich an die Seite des braunen Stiers, den *Eros* mit geschwungener Peitsche an einem um das Horn gelegten Seil lenkt *(a)*, hält mit der Rechten das Horn *(a)* oder einen Zügel *(b)*, oder fasst mit beiden Händen seinen Kopf *(c)*, und das schmale violette Gewand, das um den Rücken und die Beine flattert, hebt die nackten Körperformen hervor; im Wasser spielt wohl ein Delphin *(a)*[4].

Die ganz oder grösstentheils entblösste *Europa* wurde nun in mancherlei Stellungen, welche Veranlassung gaben die Reize des nackten Körpers vortheilhaft zu entfalten, dargestellt. Ein Mosaik in Medaillonform in Rom in Villa Casali[5], das sich durch seine harmonische Farbenwirkung sehr auszeichnet, zeigt den nach links schwimmenden, weiss mit violetter Schattirung gefärbten Stier, den Hals mit einer grünen gelbgesäumten Schärpe umwunden, der den Kopf in die Höhe der Europa zuwendet. *Europa*, nackt bis auf das, die unteren Theile bedeckende rosarothe Gewand, das auf den Knieen hellgelb changirt, sitzt bequem auf dem Rücken des Stiers und hält mit der Linken das segelartig über ihr flatternde rosarothe Gewand. Der ganze Grund des Medaillons hat eine gedämpfte blaugrüne Wasserfarbe, durch welche die im Wasser befindlichen Beine des Stiers durchschimmern, was vortrefflich ausgedrückt ist.

Dieselbe Intention wenigstens hatte der Verfertiger des im Jahr 1866 in Salzburg entdeckten Mosaiks[6], wenn gleich die Ausführung nur mangelhaft gerathen ist (Taf. VIII, *c*).

---

[1] *a* Stackelberg Gräber d. Hell. 50, 1, gefunden in Athen, in Burgons Besitz.
b in Athen im äusseren Kerameikos gefunden, dort in einer Privatsammlung, nach einer Zeichnung von Richard Schöne (Taf. IX, *b*). Spuren von weisser und röthlicher Bemalung sind noch sichtbar.

[2] C. T. Newton trav. and discov. in the levant II p. 75 ff. Bull. 1860 p. 105 f. Die Zeichnung nach einer Photographie ist mir von Em. Hübner mitgetheilt.

[3] *a*: Helbig Wandgem. Camp. p. 37, 128. Lugebil Bull. 1861 p. 234.
b: Helbig a. a. O. p. 37, 127. mus. Borb. III, 19. Zahn Ornam. I, 38, *b*. Ternite III, 4, 28.
c: Helbig a. a. O. p. 38, 129. mus. Borb. II tav. A. Zahn Ornam. I, 38, *a*. neuentd. Wandg. 10.

[4] Auf einem Bruchstück eines in Calvi gefundenen Terracottafrieses Bull. Nap. N. S. VII, 14 gleitet eine geflügelte nackte Frau angeschmiegt an einen Stier über die Wellen. Ob es dabei auf mehr als ein anmuthiges ornamentales Motiv abgesehen war, ist schwerlich zu ermitteln.

[5] Fr. Matz verdanke ich eine Beschreibung des meines Wissens bisher nicht bekannten Monuments.

[6] Fr. Kenner das röm. Bad und Mosaikbild im Chiemseehof in Salzburg. Mitth. der k. k. Centralkommission, Wien 1868, S. 51 ff.

Umgeben von reichen Ornamenten ist in einem achteckigen Felde der braunrothe, etwas dürftig ausgefallene Stier dargestellt, der das durch grünlich-bräunliche Streifen angedeutete Meer durchschwimmt. Er wendet seinen Kopf nach *Europa* um, welche auf seinem Rücken sitzt, mit goldenen Armspangen geschmückt, und nach dem altüberlieferten Typus mit der Rechten ein Horn des Stiers fasst, mit der Linken den grünen, bogenförmig über dem Haupt wallenden Peplos hält. Aber dies Gewand, obschon um das rechte Bein geschlagen, lässt doch übrigens den ganzen Körper nackt[1]).

Ein in Kertsch gefundenes, zwar verstümmeltes, aber in seinem Hauptschmuck wohl erhaltenes Thongefäss[2]) zeigt auf der Vorderseite in hohem Relief *Europa* auf dem die Wellen durchschreitenden Stier, dessen Nacken sie mit der Linken umfasst, während sie mit erhobener Rechten ihr Gewand hält, das sie in gefälligem Faltenwurf umspielt, ihren Körper aber völlig entblösst zeigt.

Ein anderes dem sinnlichen Eindruck vortheilhaftes Motiv war es, *Europa* auf dem Stier bequem hingestreckt sich lagern zu lassen. So sieht man sie auf pompejanischen Wandgemälden[3]) auf dem Rücken des braunen Stiers liegend, der ihr den Kopf zuwendet, den sie schmeichelnd mit der Linken berührt, während sie mit der Rechten ihr gelbes, bogenförmig flatterndes Gewand festhält. Hinter ihr schwebt *Eros (a)*, auch tauchen Delphine *(a)* oder ein Seedrache *(b)* auf[4]). Dasselbe Motiv kehrt auf den Reliefs römischer Thongefässe wieder[5]); wie man demselben einen neuen Reiz abzugewinnen wusste, indem man die liegende *Europa* vom Rücken darstellte, haben wir schon oben (S. 7) bei dem Barberinischen Mosaik gesehen.

Nach einer anderen Seite hin gab man den Darstellungen der *Europa* einen neuen Reiz, indem man sie zum Mittelpunkt figurenreicher Compositionen machte, welche ihr das ganze Aufgebot der Seedaimonen und Seethiere, das seit Skopas in reicher Auswahl zur Verfügung stand[6]), zum Geleit gab. Schon Moschos macht die Entführung zu einem Triumphzug übers Meer[7])

ἡ δὲ τότ' ἐρχομένοιο γαληνιάασκε θάλασσα,
κήτεα δ' ἀμφὶς ἄταλλε Διὸς προπάροιθε ποδοῖιν,
γηθόσυνος δ' ὑπὲρ οἶδμα κυβίστεε βυσσόθε δελφίς.
Νηρεΐδες δ' ἀνέδυσαν ὑπὲξ ἁλός, αἱ δ' ἄρα πᾶσαι
κητείοις νώτοισιν ἐφήμεναι ἐστιχόωντο.
καὶ δ' αὐτὸς βαρύδουπος ὑπεὶρ ἁλὸς Ἐννοσίγαιος

---

[1]) Eine Bronze bei Caylus (rec. VI, 80, 1. 2) stellt eine ganz nackte Frau auf einem Stier sitzend vor, welche sich mit der Rechten an seinem Horn festhält, während sie mit der Linken eine Geberde des Abwehrens oder Schreckens macht. — Auf einem bei Vienne gefundenen Silbergefäss (arch. Ztg. IV p. 35* f.), welches die Jahreszeiten als Frauen darstellt, jede auf einem Thier sitzend, erscheint der Sommer, ährenbekränzt, fast ganz nackt, mit wallendem Schleier, auf einem Stier sitzend, daneben *Eroten*, von denen einer eine Sichel hält (ann. XXIV tav. L. Lajard culte de Mithra pl. 14 G, 17).

[2]) Petersb. 2315. Stephani compte rendu 1866 Taf. 2, 33.

[3]) *a)* Helbig Wandgem. Camp. p. 37, 124.
b) Helbig a. a. O. p. 37, 125.
c) Helbig a. a. O. p. 37, 126.

[4]) In einem Deckengemälde der Titusthermen (Causseus pict. ant. app. 5) ist eine halbnackte Frau, welche mit der Rechten ihren bogenförmig bauschenden Schleier hält, auf dem Rücken eines Stiers liegend vorgestellt, dessen Hals sie mit der Linken umfasst. Der Stier springt mit erhobenen Beinen fort. Wasser ist nicht angedeutet; der mythologische Charakter ist bei der rein ornamentalen Verwendung ausser Acht gelassen.

[5]) Unter den Stempeln, welche sich in der römischen Töpferei in Westerndorf fanden, ist auch einer mit der auf dem Stier gelagerten *Europa*. Hefner Röm. Töpferei in Westernd. Taf. I, 19.

[6]) O. Jahn Ber. d. sächs. Ges. d. Wiss. 1854 p. 171 ff. 185 f.

[7]) Mosch. II, 115 ff.

κῦμα κατιθύνων ἁλίης ἡγεῖτο κελεύθου
αὐτοκασιγνήτῳ· τοὶ δ' ἀμφί μιν ἠγερέθοντο
Τρίτωνες, πόντοιο βαρύθροοι αὐλητῆρες,
κόχλοισιν ταναοῖς γάμιον μέλος ἠπύοντες.

Mit lebhafteren Farben schildert Lucian[1]) das Gewimmel, welches die vom Stier getragene Europa geleitet: Ἔρωτες παραπετόμενοι μικρὸν ὑπὲρ τὴν θάλατταν, ὡς ἐνίοτε ἄκροις τοῖς ποσὶν ἐπιψαύειν τοῦ ὕδατος, ἡμμένας τὰς δᾷδας φέροντες ᾖδον ἅμα τὸν ὑμέναιον, αἱ Νηρηΐδες δὲ ἀναδῦσαι παρίππευον ἐπὶ τῶν δελφίνων, ἐπικροτοῦσαι, ἡμίγυμνοι αἱ πολλαί, τό τε τῶν Τριτώνων γένος, καὶ εἴ τι ἄλλο μὴ φοβερὸν ἰδεῖν τῶν θαλαττίων, ἅπαντα περιεχόρευε τὴν παῖδα· ὁ μὲν γὰρ Ποσειδῶν ἐπιβεβηκὼς ἅρματος, παροχουμένην τὴν Ἀμφιτρίτην ἔχων, προῆγε γεγηθώς, ὁδοποιῶν νηχομένῳ τῷ ἀδελφῷ, ἐπὶ πᾶσι δὲ τὴν Ἀφροδίτην δύο Τρίτωνες ἔφερον ἐπὶ κόγχης κατακειμένην, ἄνθη παντοῖα ἐπιπάττουσαν τῇ νύμφῃ. ταῦτα ἐκ Φοινίκης ἄχρι τῆς Κρήτης ἐγένετο[2]). Hier ist kein Zug, der nicht aus noch vorhandenen Kunstwerken, namentlich Wandgemälden und Sarkophagreliefs, belegt werden könnte, was freilich keinen Beweis abgiebt, dass Lucian ein bestimmtes Kunstwerk im Sinne hatte, welches die Entführung der *Europa* in solcher Weise vorstellte; er konnte sehr wohl die einzelnen Züge, welche ihm überall her im Gedächtniss hafteten, zu seinem poetischen Gemälde selbst vereinigen[3]). Indessen weisen auch Vasenbilder auf solche grössere Compositionen hin.

Den glänzendsten Beleg bietet die Darstellung einer apulischen Prachtamphora in Berlin[4]). Den Mittelpunkt nimmt *Europa* ein, welche reich geschmückt mit Stephane, Hals- und Armbändern, im faltenreichen Chiton mit übergeworfenem breitgesäumten Mantel, auf dem Rücken des Stiers sitzt, dessen Horn sie mit der Linken fasst, während die Rechte den Zipfel des Gewandes hält. Das Meer, welches der Stier kräftig durchschreitet, ist nach der Weise dieser späten Vasenmaler durch Sepien und andere auffallende Fische charakterisirt. *Europa* vorauf schwebt *Eros* sich umschauend mit einer Binde, vor ihm her zieht eine völlig bekleidete *Nereide* auf einem Seepferd mit einem Schilfstengel in der Linken und einem Tympanon in der Rechten; neben ihr flattert eine Taube. Hinter *Europa*, nach der anderen Seite gewendet, sitzt eine vollbekleidete *Nereide* auf einem Seedrachen, in der Linken einen Fächer, in der Rechten einen Ball, welchen sie einer anderen *Nereide* zuzuwerfen im Begriff ist, die auf zwei, durch Zügel von ihr gelenkten Delphinen stehend herankommt und mit der Rechten den Ball aufzufangen sich anschickt[5]).

Hieher gehören sodann drei Fischteller, mit rothen Figuren des späteren, schon flüchtigen Stils, welche in den Gräbern bei Kertsch gefunden sind[6]), zwar alle verstümmelt, doch

[1]) Lucian. dial. mar. 15, 3.

[2]) Auch Nonnos lässt die Meerbewohner Antheil nehmen (1, 60)

καὶ πλόον αἰνίζων ἐκελάδησε Κυανοχαίτης.
Τρίτων δ' ἐκέρασσε Διὸς μυκηθμὸν ἀκούων
ἀντίτυπον Κρονίωνι μέλος μυκήσατο κόχλῳ
ἀείδων ὑμέναιον· ἀσσεμβάτε δὲ γαλήνην
Δαίμονα φρῖξε κορώνας ἐπεσσείοντο Δωρίδι Νηρεύς.

[3]) Blümner arch. Stud. zu Lucian p. 79 f.

[4]) Berlin 1023. Gerhard apul. Vas. 7.

[5]) Dasselbe Motiv des Ballzuwerfens wiederholt sich bei zwei Nereiden auf der grossen Vase aus Canosa mit Andromeda und Perseus Minervini mem. accad. tav. 4. Vgl. Gerhard Mysterienb. 8. Bull. Nap. N. S. III tav. III, 3.

[6]) *A.* Petersburg 1915. Stephani compte rendu 1866 Taf. 3 p. 79.
B. Petersburg 1799. Stephani a. a. O. p. 81.
C. Petersburg 1800. Stephani a. a. O. p. 82.

in den Hauptmotiven durch die gegenseitige Vergleichung erkennbar. Sie sind nämlich schon dadurch sehr merkwürdig, dass sie dieselbe Composition wiederholen, in den Hauptpersonen identisch, in den Nebenpersonen mit Abwechslungen, welche anzeigen, dass wir es gleichsam mit verschiedenen Auszügen einer grösseren Composition zu thun haben. Diese ist nun leider aus den willkürlich zusammengestellten Elementen als ein Ganzes nicht mit Sicherheit wiederherzustellen, und es bleiben daher in Beziehung auf die Nebenpersonen mannigfache ungelöste Schwierigkeiten.

Wohl erhalten (*A*) oder in den Ueberresten deutlich kennbar ist die Hauptgruppe. *Europa* im ärmellosen Chiton wird vom Stier, an dessen Seite sie sich anschmiegt, indem sie mit der Linken sein Horn gepackt hält, über die durch zahlreiche rings vertheilte Fische angedeutete Meerfluth getragen; *Eros* mit Kästchen und Binde fliegt ihr voraus, indem er sich nach ihr umsieht, ein zweiter folgt, das Tympanon schlagend. Ihrer Ankunft sieht erwartend ein bärtiger Mann auf einem Thronsessel entgegen, mit nacktem Oberleib, die Beine ins Himation gehüllt, die Rechte mit dem Scepter auf den Schenkel gelehnt, die Linke zur Stütze des Hauptes erhoben; neben ihm steht *Eros*, ebenfalls der Ankommenden entgegensehend. Mit Recht hat Stephani den thronenden Mann für *Zeus* erklärt, der sich uns schon auf anderen Vasenbildern späteren Stils neben dem Stier, dessen Dienstleistung sich der Gott bediente, gezeigt hat. *Europa* aber erscheint im Geleit von Seewesen. Hinter ihr werden zwei *Nereiden* im dorischen Chiton von Seepferden getragen, und zwischen ihnen sitzt auf untergebreiteter Chlamys ein Jüngling mit dem Dreizack in der Rechten (*A*). Auf *B* ist nur eine Nereide hinter *Europa* sichtbar. Von dieser weg schreitet in lebhafter Bewegung ein bärtiger bekränzter Mann mit der Chlamys über dem linken Arm und dem Scepter in der Rechten auf eine im Rücken des thronenden *Zeus* ruhig stehende Frau mit einem Scepter zu; zwischen ihnen ist ein fischleibiges halbzerstörtes Seewesen. Auf *C* sind ebenfalls noch die Reste einer *Nereide* auf einem Seepferd erhalten, ihr gegenüber im Rücken des thronenden *Zeus* die selten erscheinende Gestalt einer fischschwänzigen *Tritonin* mit einem Dreizack[1]), zwischen beiden ein auf einem Gewandstück ruhig sitzender bärtiger Mann. Es ist mir nicht gelungen für diese mit den Seewesen in Verbindung gebrachten Gestalten einen Zusammenhang aufzufinden, auf welchen sich eine Deutung gründen liesse. Stephani, welcher den Jüngling mit dem Dreizack wenig wahrscheinlich *Atymnios* benennt, nimmt eine zweite spätere Scene auf Kreta an und erklärt die stehende Frau für *Europa*, den bärtigen Mann für ihren späteren Gemahl *Asterios*, wobei man immer noch den befriedigenden Nachweis einer bestimmten, verständlichen Handlung oder Situation vermisst, ohne welchen blosse Namen nicht viel nützen.

Wenn *Europa* in solcher Weise den *Nereiden* gesellt wird, und auch die Motive, welche für diese ausgebildet wurden, bei *Europa* Anwendung fanden, so liegt die Frage nahe, ob nicht in den zahlreichen Darstellungen des Seethiasos[2]) *Europa* als Theilnehmerin zu finden sei. Ich wüsste nur ein, durch mancherlei Besonderheiten interessantes, bis jetzt unedirtes Sarkophagrelief (Taf. IX, *a*), welches dabei vielleicht in Betracht kommen könnte[3]).

Die Mitte desselben nimmt *Poseidon* ein. Bärtig, ganz nackt, mit beiden ausgestreckten Händen die bogenförmig über seinem Haupt sich bauschende Chlamys haltend, steht er auf

[1]) O. Jahn Ber. d. sächs. Ges. d. Wiss. 1854 p. 173. 187.

[2]) O. Jahn a. a. O. p. 176.

[3]) Das Relief im Vatican, im giardino della pigna, war schon für Gerhards antike Bildwerke lithographirt.

einem Wagen, den vier sprengende, mit dem Vorderleib und den Vorderbeinen aus den Wellen hervorragende Rosse ziehen; neben seinem Haupt schwebt jederseits ein *Eros* auf ihn zu. Zu seiner Linken schwimmt ihm zugewandt ein bärtiger *Triton* mit einem Anker in der Linken [1]) — die Rechte ist abgebrochen —, ein Fell um den linken Arm gewunden. Auf seinem Fischleib sitzt eine *Nereide* mit Krebsscheeren in den Haaren [2]), den Oberleib nackt, das Gewand um die Beine geschlagen; sie reicht die Rechte einem *Eros* hin, welcher aus den Fluthen auftauchend ihr beide Ärmchen entgegenstreckt, während sie mit der Linken einen zweiten *Eros* hält, der auf dem hoch aufgeringelten Schwanze des *Triton* sitzt [3]). Von ihr fort schwimmt nach rechts gewandt ein Seestier, neben demselben, dicht an ihn angeschmiegt, eine nackte *Nereide* mit über dem Kopf sich wölbenden Peplos, den Kopf erhebend, um den Stier brünstig zu küssen [4]); über der Gruppe schweben zwei *Eroten*. Zur Rechten *Poseidons* schwimmt ihm zugewandt ein jugendlicher *Triton*, den linken Arm, über den ein Fell gehängt ist, gegen ihn ausgestreckt, der rechte Unterarm ist abgebrochen. Auf seinem Fischleibe sitzt mit untergebreitetem Gewand eine *Nereide* mit nacktem Oberkörper, eine Binde unter dem Busen, nach beliebter Weise vom Rücken gesehen [5]); mit der Rechten umhalst sie den *Triton*, der rechte Arm fehlt; neben ihr schweben zwei *Eroten*. Den Beschluss macht ein Stier, der gesenkten Kopfes die Wellen durchschreitet, sein Leib ist verdeckt. Auf seinem Rücken sitzt in ruhiger Haltung eine Frau, deren Peplos vom Kopf herab über den Rücken fällt, den Leib entblösst lässt und über das rechte Bein geschlagen ist; mit der Rechten, die auf dem Hals des Stieres liegt, fasst sie das Gewand an und mit der erhobenen Linken spannt sie es segelförmig aus; neben demselben fliegt ein *Eros*, ein zweiter legt den Schleier auf ihrer rechten Schulter zurecht. Die Wellen, welche den Grund bilden, sind belebt durch Delphine und *Eroten*, welche sich mit ihnen zu schaffen machen, vor *Poseidons* Wagen taucht auch eine Seeschlange auf.

Sehr bemerkenswerth ist *Poseidon* auf seinem Viergespann von vorn gesehen [6]), der sonst nie auf Sarkophagreliefs unter dem Seethiasos sich zeigt. Nicht minder auffällig und von den übrigen oft wiederholten Figuren absterhend durch Haltung und Würde ist die Frau links auf dem Stier. Leider lässt sich nicht feststellen, ob diess ein Seestier oder ein gewöhnlicher Stier sei; wodurch allein eine sichere Entscheidung zu gewinnen wäre. Das Gewimmel von *Eroten* lässt nicht zweifeln, dass der Sinn der ganzen Darstellung erotisch gemeint sei. Wäre *Poseidon* der Held des Liebesabenteuers, so müsste man zunächst an *Amphitrite* denken; aber diese

[1]) Der Anker ist zwar abgebrochen, aber die Ringe unten verbürgen dies häufige Attribut (mus. Cap. IV, 62. Clarac mus. de sculpt. 226, 75. 228, 482. 486. Lateran 537).

[2]) Dies bei *Tritonen* und männlichen Seewesen gewöhnliche Attribut ist selten bei *Nereiden*, doch wird eine Statue der *Thetis* in Konstantinopel καρκίνους τὰς κεφαλὰς διαστρέφειν erwähnt (schol. Aristid. II. p. 704. Dind.). O. Jahn Ber. d. sächs. Ges. d. Wiss. 1854 p. 187.

[3]) Ebenso Lasinio scult. d. campo santo 133, auf einem Terracottarelief (Campana opp. ant. in plast. 9).

[4]) Diese beliebte Gruppe ist öfters wiederholt, gall. Giust. II 98; mus. Pio Cl. IV, 33 (Pistolesi Vatic. IV, 110); Clarac mus. de sc. 207, 404 (Bouillon III, basr. 11, 3); Lasinio scult. d. campo santo 64; Gerhard ant. Bildw. 100, 1 (Lateran 286); Lateran 520. Auch auf dem Rücken des Seestiers sitzend ist eine *Nereide* vorgestellt (Clarac mus. de sc. 208, 315), und als Verzierung eines Schiffes (Zanetti stat. II, 50. Valentinelli marmi sculp. 40. arch. Ztg. XXIV, 214 — „Seepferdes" eb. p. 218 ist ein Schreibfehler). Stephani compte rendu 1866 p. 85. Auch wird ein Seestier von einem *Triton* gelenkt (mus. Ver. 137, 1; mus. Cap. IV, 62; Clarac 206, 75).

[5]) Gall. Giust. II, 102; mon. Matt. III, 12, 2; mus. Ver. 137, 1; mus. Cap. IV, 62 (Admir. 31. 32. mus. Nap. II, 43. 44. Righetti Camp. II, 225); mus. Pio Cl. IV, 33 (Pistolesi Vatic. IV, 110); Lasinio scult. d. campo santo 131; Gerhard ant. Bildw. 100, 2.

[6]) So ist *Poseidon* mit *Amphitrite* auf dem Wagen vorgestellt auf dem Mosaik von Constantine (explor. scient. de l'Alg., arch. pl. 139—144. arch. Ztg. XVIII, 144), wie häufig *Helios* (arch. Ztg. VI, 20. Lajard culte de Mithra 102, 16. 17. 23. mus. Hunt. 19, 9).

erwartet man neben ihm auf dem Wagen oder in deutlicher Weise ihm zugeführt zu sehen. *Aphrodite*, welche ja ebenfalls in Betracht kommen könnte, ist immer in der Muschel oder frei getragen von *Tritonen* dargestellt. Wäre dagegen *Europa* auf dem Stier gemeint, so erklärte es sich, dass sie abgesondert von den Seewesen erscheint; und dass *Poseidon* auf dem Viergespann dem Bruder das Geleit giebt, sagt Lucian. Aber wie das Relief arrangirt ist, würde *Poseidon* in nicht passender Weise als Hauptperson hervortreten und die Bedeutung der *Europa* nicht gehörig herausgehoben sein. Zur Erklärung liesse sich die bekannte Art, Sarkophagreliefs aus fertigen, oft willkürlich verbundenen Bestandtheilen zusammenzusetzen, anführen: doch fehlt es der Deutung an einer zwingenden Motivirung, und es bleibt jedenfalls unbenommen, auch hier an eine *Nereide* auf einem Seestier zu denken.

Noch unsicherer wird der Boden [1]), wenn man die Frage aufwirft, ob die Assimilation der *Europa* mit den *Nereiden* so weit gegangen sei, dass man auch in einer von einem Seestier getragenen Frau *Europa* erkennen dürfe. Winckelmann [2]) deutet das Bruchstück eines schönen Cameo unbedenklich auf *Europa*, wiewohl der Seestier durch Flossen charakterisirt ist. Ch. Lenormant [3]) erklärte die von einem Seestier getragene, von *Eroten* umspielte halbnackte Frau auf dem mit dem Namen Glykon bezeichneten Cameo [4]) für *Europa*, unter Berufung auf die mythologische Verwandtschaft des entführenden Stiers mit den fischleibigen Göttern des Orients. Wenn man auch diese Begründung nicht gelten lässt, so kann man nicht absolut leugnen, dass bei dem überwiegend ornamentalen Charakter, in welchem in der Kaiserzeit die Darstellungen der *Nereiden* wie der *Europa* angewendet wurden, auch diese Vermischung möglich sei; dass sie wirklich eingetreten sei, wird freilich im einzelnen Fall schwer nachzuweisen sein. Veranlassung diese Frage hier noch zu besprechen giebt ein bisher unbekanntes Mosaikbild von ausserordentlicher Schönheit (Taf. X) [5]).

Fast alljährlich werden auf der Stelle des alten Aquileia bei den herbstlichen Landarbeiten Mosaikfussböden ausgegraben, aber durch Unkenntniss und Rohheit der Arbeiter meistens, ohne dass genauere Einsicht genommen werden könnte, zertrümmert und verschüttet. Als im Spätherbst 1860 auf dem Grundboden der Grafen Cassis in der Nähe der Kathedrale [6]) Mosaiken gefunden wurden, erhielt Herr v. Steinbüchel davon Mittheilung und begab sich an Ort und Stelle. Zwei grosse bakchische Köpfe, deren Ausführung und Ausdruck man sehr rühmte, waren allerdings mittlerweile zerstört, aber zwei Mosaikfussböden fanden sich noch an Ort und Stelle. In einem kleineren Zimmer, das offenbar als Speisezimmer gedient hat, war ein schönes, aus sehr kleinen Steinchen zusammengesetztes Mosaik, ein eigentliches

---

[1]) J. C. Schläger in seiner dissertatio epistolaris Gemma antiqua sistens Europae raptum (Hamb. 1734) giebt sich sogar Mühe zu erweisen, dass eine von einem Bock durchs Wasser getragene nackte Frau auf einer wahrscheinlich modernen Gemme *Europa* sei. Die Bemerkung des Aristophanes von Byzanz (Miller mélang. p. 430) Χρυσοῦς δ' ἐν τῇ Εὐρώπῃ τὸν ταῦρον ἐπὶ μὲν ταῦρον [illegible] ἐπὶ [illegible]. kommt hier natürlich nicht in Betracht.

[2]) Winckelmann descr. de pierr. p. 57, 158. Tölken Beschr. p. 108, III, 180.

[3]) Ch. Lenormant nouv. gal. myth. p. 64.

[4]) Millin gal. myth. 12, 177. Wieseler Denkm. a. K. I, 48, 175. nouv. gal. myth. 51, 3. Chabouillet cat. gén. p. 15, 86. Nach Köhler (ges. Schr. III p. 175) ist der Stein modern.

[5]) Aufmerksam gemacht durch eine Notiz in Kenners Fundchronik (Arch. f. österr. Gesch. XXXVIII p. 99), welche auf einer Nachricht Herrn v. Steinbüchels beruhte, wandte ich mich an diesen um nähere Auskunft. Herr v. Steinbüchel hatte nicht nur die Gefälligkeit mich genau über den Fund zu unterrichten, sondern begab sich selbst mit dem geschickten Maler Herrn Agujari an Ort und Stelle, um unter seiner Aufsicht eine zuverlässige Zeichnung anfertigen zu lassen, wofür die k. k. Akademie die Kosten bewilligt hatte. Alle näheren Angaben verdanke ich der Güte Herrn v. Steinbüchels.

[6]) In der Gegend befanden sich in römischer Zeit grosse Kornmagazine; man fand dort neuerdings solche Massen verkohlter Getreidekörner, dass die Hausbesitzer die Fusswege in ihren Gärten damit, statt mit Sand und Kies bestreuten.

ἀσάρωτον, welches den Boden mit nicht ausgekehrten Speiseresten, Fischen, Seemuscheln, Feigen, Weinblättern, bedeckt zeigt, alles mit realistischer Naturtreue im Detail lebendig dargestellt[1]). Von da gelangte man in ein zweites Zimmer, dessen ganzer Fussboden von einem 8½ Fuss breiten und 7½ Fuss hohen Mosaik bedeckt war. Zunächst der Wand[2]) läuft ein weisser, dann ein schwarzer Streif, aus groben grösseren Steinen zusammengesetzt. Darauf folgt die eigentliche, mehrfach gegliederte Einrahmung des Hauptbildes, dessen beide Hauptglieder ein geschmackvolles aus Flechtwerk gebildetes Ornament und ein mit einer Binde umwundener Rundstab bilden. Diese sowie das Innenbild sind aus ganz kleinen farbigen Steinwürfeln zusammengestellt, nur bei der Darstellung des Wassers hat der Künstler mit der besten Wirkung blaue Glaswürfel angewendet. Beide Mosaike zeigten unverkennbare Spuren von Abnutzung durch langen und vielfältigen Gebrauch; sie waren also bei der Zerstörung Aquileias durch die Hunnen im Jahr 452 schon lange an Ort und Stelle, und Herr v. Steinbüchel bemerkt mit Recht, dass man die Entstehungszeit derselben gewiss in die Blüthezeit Aquileias unter Traian und Hadrian zu versetzen habe. Mehrfache Risse durchziehen das ganze Feld, ohne jedoch die Composition zu beeinträchtigen; ein nicht sehr grosses Stück war schon im Alterthum dadurch zerstört, dass die Steinchen ausgetreten waren[3]).

Das Hauptbild zeigt einen mächtigen bräunlichen Seestier, dessen Vorderfüsse fast ganz von den Wellen bedeckt sind, während von seinem kräftigen Fischleibe aus ein Doppelschwanz sich in mehrfachen Windungen aufwärts ringelt; das schief blickende Auge scheint lüstern auf die schöne Last gerichtet zu sein. Auf seinem Rücken sitzt ganz nahe dem Nacken eine vollkommen nackte Jungfrau, welche in der bekannten Weise die Rechte auf seinen Kopf legt, während sie sich mit der flachen Linken auf seinen Rücken stützt; sie schmiegt die Beine aneinander und zieht die Füsse ein wenig in die Höhe, um sie nicht benetzen zu lassen. Auch der Ausdruck des Gesichts zeigt eine gewisse scheue Ergebung, und der etwas starre Blick scheint die weite Meeresfläche zu ermessen. Ihr blondes Haar, das wiewohl im Nacken zusammengefasst noch in langen aufgelösten Locken in der Luft flattert, ist von einem blauen Band umwunden. Vor ihr her fliegt *Eros*, der sich nach ihr umsieht und ihr eine lodernde Fackel entgegenhält, mit der Rechten hält er eine Guirlande, welche an beiden Hörnern des Stiers befestigt ist und in doppelten Windungen auf seine Brust fällt. Im Vordergrund taucht die nackte, kräftig gefärbte Gestalt des *Poseidon* auf, halb schwimmend, halb gelagert; denn während die rechte Hand wie rudernd im Wasser spielt, dient ein neben ihm schwimmender grauer Delphin ihm zur Stütze; weiter hinten ragt noch ein kleiner Delphin aus dem Wasser hervor[4]). Der Gott richtet das bekränzte Haupt mit dem dunkeln unordentlichen Haupt- und Barthaar etwas nach oben und sieht wie fragend den Seestier an.

Wenn man auf den ersten Blick hier *Aphrodite* oder eine *Nereide* auf einem Seestier erblicken wird, so kann doch Haltung und Ausdruck der Hauptfiguren Bedenken dagegen erre-

[1]) Plin. XXXVI, 184 *Sosus, qui Pergami stravit quem vocant asaroton oecon, quoniam purgamenta cenae in pavimentis quaeque everri solent velut relicta fecerat parva e tessellis tinctisque in varios colores.* Ein solcher Fussboden mit der Inschrift ΗΡΑΚΛΙΤΟΣ ΗΡΓΑΣΑΤΟ wurde 1833 in Rom gefunden. Fea suppl. al mus. Pomp. p. 33 ff. arch. Int. Bl. 1833 p. 77 ff. Bull. 1833 p. 81 f.

[2]) Die Wände dieser Zimmer sind weder aus Stein noch aus Ziegeln gebaut, sondern aus zusammengestampfter Erde, welche man in Aquileia vortrefflich zu behandeln verstand; es finden sich mächtige Mauerstücke der Art, die hart und fest wie Stein zusammenhalten.

[3]) Das Mosaik wurde nach Herrn v. Steinbüchels Anweisung ausgehoben und auf Walzen nach dem Schlosse des Grafen Cassis geschafft; dort hat es wiederholt seinen Platz wechseln müssen, wodurch sich die Risse etwas erweitert haben.

[4]) Der linke Arm des *Poseidon* hat etwas gelitten, so dass seine Haltung nicht vollkommen deutlich ist. Auch die Spitzen seines Bartes waren beschädigt.

gen. Die ganze Darstellung verräth nichts von dem wohligen Behagen, mit welchem die *Nereiden* sich zur Lust und zum Ergötzen durchs Meer tragen lassen, nichts von der zuthunlichen Vertraulichkeit, mit welcher sie sich den Seeungethümen überlassen, wie sich dies auch in unzweifelhaften Darstellungen der *Europa* späterer Zeit ausspricht. Die Jungfrau hier ist zaghaft, sie traut ihrem Träger nicht und ist ihres Ziels nicht sicher, auch *Poseidon* nimmt in ernsterer Weise Antheil, was vortrefflich auf *Europa* passt. Dagegen spricht wiederum der Seestier, und selbst Nonnos, der einen erstaunten Zuschauer des Raubes der *Europa* fragen lässt[1]),

> ἦ ῥα] Θέτις βυθίη διερὸν δρόμον ἡνιοχεύει;
> οὐ βοῒ χερσαίῳ τύπον εἴκελον εἰνάλιος βοῦς
> ἔλλαχεν — ἰχθυόεν γὰρ ἔχει δέμας —

scheint keine *Europa* auf einem Seestier gekannt zu haben. Wie man nun aber auch die fragliche Frau benennen mag, *Europa*, *Aphrodite* oder *Galatea*, unzweifelhaft bleibt es, dass dies Mosaik durch Zeichnung und Gruppirung, wie durch die vorzügliche Farbenwirkung und geschickte Ausführung unter den vortrefflichsten Werken dieser Art, welche auf uns gekommen sind, einen hohen Rang einnimmt.

---

[1]) Nonn. I, 99 ff.

REGISTER.

Zu Taf.	I, *a*	vgl. S.	1.	Zu Taf.	VII	vgl. S.	44.
„ „	I, *b*	„ „	8 Anm. 5 *c*.	„ „	VIII, *a*	„ „	46.
„ „	I, *c*	„ „	17 Anm. 3 *H*.	„ „	VIII, *b*	„ „	47.
„ „	II	„ „	7.	„ „	VIII, *c*	„ „	47.
„ „	III, *a*	„ „	10.	„ „	VIII, *d*	„ „	7 Anm. 3. Dort lies Taf. VIII. *d* statt
„ „	III, *b*	„ „	15.				Taf. VI. *d*.
„ „	III, *c*	„ „	15.	„ „	VIII, *e*	„ „	46.
„ „	IV, *a*	„ „	12.	„ „	IX, *a*	„ „	50.
„ „	IV, *b*	„ „	14.	„ „	IX, *b*	„ „	47.
„ „	IV, *c*	„ „	15 Anm. 3 *a*.	„ „	IX, *c*	„ „	31.
„ „	IV, *d*	„ „	15 Anm. 3 *b*.	„ „	IX, *d*	„ „	23.
„ „	IV, *e*	„ „	16.	„ „	IX, *e*	„ „	26.
„ „	IV, *f*	„ „	16.	„ „	IX, *f*	„ „	26.
„ „	V, *a*	„ „	21.	„ „	IX, *g*	„ „	26.
„ „	V, *b*	„ „	22.	„ „	IX, *h*	„ „	26.
„ „	VI, *a*	„ „	41 Anm. 4 *E*.	„ „	IX, *i*	„ „	26.
„ „	VI, *b*	„ „	41 Anm. 4 *F*.	„ „	IX, *k*	„ „	27.
„ „	VI, *c*	„ „	41 Anm. 4 *G*.	„ „	X	„ „	52.

DIE GRUPPE

DES

KÜNSTLERS MENELAOS

IN VILLA LUDOVISI

EIN BEITRAG ZUR GESCHICHTE DER GRIECHISCHEN KUNST

VON

REINHARD KEKULÉ

MIT DREI TAFELN IN STEINDRUCK

LEIPZIG
VERLAG VON WILHELM ENGELMANN
1870

I.

Herder, in den Ideen zur Geschichte und Kritik der Poesie und der bildenden Künste, in welchen die lebhaften Eindrücke des italienischen Aufenthalts auf seinen empfindlichen Sinn so deutlich erkennbar und erfreulich sind, fährt einmal, nachdem er von der Niobe — die er am höchsten geschätzt zu haben scheint — gesprochen hat, also fort[1]): „Soll ich nach ihr alle Scenen durchgehen, wo Empfindungen der Bruder- und Schwester-, der Freundes- und Gattenliebe in stummen Bildern rührend dastehen? Nie bin ich, ihr schönen Jünglinge, die man Orest und Pylades nennt, nie von euch, ihr stillen Vertrauten, die man als Hippolytus und Phaedra fälschlich anklagt, nie von so mancher andern Gruppe, da sich auf dem Grabsteine noch — das Kind in ihrer Mitte — liebende Hände den Bund der ewigen Treue schwören, weggegangen, ohne dass mein Herz durch die Innigkeit der Gefühle, die aus diesen Gebilden sprechen, innig erweicht war. Ich war in einer andern Welt gewesen, und sprach zu mir: könntest du mit ihnen leben, und wärest einer derselben!"

Jene stillen Vertrauten sind die berühmte Gruppe in Villa Ludovisi, von der ich auf Tafel I eine neue Zeichnung vorlege[2]). Herder scheint diese Gruppe auch sonst öfter im Sinne zu haben[3]), und sie übt auf empfängliche Beschauer seit langen Jahren eine auch im Wechsel der Zeiten und Anschauungen gleichmässig milde und freundliche Wirkung aus. Wer sich mit einem allgemeinen Eindrucke nicht begnügen mag, dem legt

[1]) Herders sämmtliche Werke. Zur schönen Litteratur und Kunst. VII. p. 176.

[2]) Der Lithographie liegt eine in grösserem Maassstabe mit Benutzung einer Photographie ausgeführte Zeichnung von Ludovico Seitz zu Grunde.

[3]) Herder a. a. O. p. 210 f. „Aber wie soll ich das freundliche Beisammensein der griechischen Körper und Seelen unter und mit einander bezeichnen? Jene Ruhe, mit der sie einander anschaun und hören? Die Ueberredung wohnet auf ihrer Lippe ob man gleich kein Wort vernimmt, es ist ein gegenwärtiger Geist, der den Hörenden und Sprechenden bindet. Und wenn ihre Hände einander berühren, wenn dieser sanfte Arm auf der Schulter, oder nur das Auge auf dem Anblick des andern ruhet, welche süsse Harmonie, welche liebende Anhänglichkeit offenbaret sich zwischen beiden!" u. s. w. Friederike Brun, Tagebuch über Rom p. 44 ergeht sich aus Anlass der Gruppe in Exclamationen an Sophokles und Herder.

sie freilich manche Rätsel vor, und da die Auffrischung jener wohlthuenden Erinnerung wie die erste Vermittlung der Bekanntschaft nicht durch den einzigen vorhandenen Abguss in Wilhelm von Humboldts Sammlung in Tegel [1]), sondern durch sehr ungenügende Skizzen zu geschehen pflegt, so ist die Gruppe vielleicht auch weniger wirklich gekannt, als man es bei ihrem Ruhme und den vielen Besprechungen, die sie hervorgerufen hat, erwarten sollte.

Die Rätsel beginnen schon mit der Herkunft. Der Cardinal Ludovico Ludovisi, Gregors des XV. Neffe, der den Palast der Villa Ludovisi nach Domenichinos Entwürfen, durch einen Bau von dreissig Monaten, im Jahre 1623 vollendete, scheint die Antikensammlung so besessen zu haben, wie sie im wesentlichen geblieben ist. Der gewöhnlichen Angabe, sie möge dem Boden der Villa selbst entstammen, welche in den Umfang der Gärten des Sallust einbegriffen wird, setzt Emil Braun [2]) die Bemerkung entgegen, dass ein Theil der Cesarinischen Sammlung in den Besitz des Cardinals Ludovisi übergegangen sei. Aber irgendwelche verlässliche Nachricht über Herkunft und Fund der Gruppe, welche uns beschäftigt, kann nicht nachgewiesen werden.

Die ersten Zeichnungen scheinen die von Sandrart [3]), der Rom 1635 verliess, und von Perrier [4]) zu sein. Die beiden Stiche sind in verkehrter Richtung und wenig gelungen. Sandrart hielt die Frau für männlich und giebt die Erklärung „M. Aurelius und Lucius Verus": in der Inhaltsangabe zu Perrier heisst es, es seien sich umarmende Brüder. Auch in verkehrter Richtung, aber ungleich besser, sind die von Claude Randon ausgeführten Stiche bei Maffei [5]). Im Text sagt Maffei, dass einige den Papirius und seine Mutter, die ihn die Geheimnisse des Senats abzufragen suche, dargestellt glaubten — ich kann nicht

---

[1]) Friederichs Bausteine p. 427.

[2]) E. Braun Ruinen und Museen Roms p. 564. „....... Dagegen begegnen wir anderweitig der Angabe, dass ein Theil der berühmten Antikensammlung, welche Giovan Giorgio Cesarini, einer der berühmtesten Kunst- und Altertumsfreunde des sechzehnten Jahrhunderts, gebildet und in seinem bei S. Pietro in Vincoli gelegenen, heutiges Tags dem Convent von S. Francesco di Paola gehörigen Garten aufgestellt hatte, bei dessen im Jahre 1585 erfolgten Tode in den Besitz des Cardinal Ludovisi, des Neffen Gregors XV. übergegangen sei......." Giovan Giorgio, der 1585 starb, war der Sohn des berühmteten Giuliano Cesarini, der 1565 starb. Aldroandi führt eine Anzahl Antiken an „in casa del S. Giuliano Cesarini ne la strada di Cesarini." Ueber die Erwerbung eines Theils der Cesarinischen Sammlung durch die Familie Ludovisi finde ich in den mir zugänglichen Hilfsquellen keine Nachricht. Vielleicht hat E. Braun, der einmal beabsichtigte eine Gesammtpublication der Antiken in Villa Ludovisi zu geben, die Notiz aus Familienpapieren geschöpft, da auch Urlichs, welcher darauf aufmerksam macht, dass der Cardinal Ludovico Ludovisi erst 1595 geboren ist, in seinen interessanten Mittheilungen über die Cesarinische Sammlung (Lützows Zeitschrift für bildende Kunst 1870 p. 51 ff.) sie nicht zu begründen weiss.

[3]) Sandrart Teutsche Akademie II, 2, s.

[4]) Perrier Segmenta 41.

[5]) Raccolta di statue data in luce da Domenico de Rossi, colle sposizioni di Paolo Alessandro Maffei (Roma 1704) 62. 63 p. 59.

angeben, wer diese Deutung zuerst aufgestellt hat[1]) —, dass aber nach dem Costüme der Figuren vielmehr an eine griechische Sage, und zwar Hippolytos und Phaedra zu denken sei. In der Richtung des Originals, sorgfältig und ausführlich, aber dennoch nicht sehr glücklich, ist das nach einer Zeichnung von Tommaso Piroli 1783 von Francesco Piranesi ausgeführte Blatt, das er in seiner nicht sehr bekannten Sammlung von Abbildungen antiker Statuen mitgetheilt hat. Seitdem ist die Gruppe häufig in kleinen, sehr schlechten Abbildungen wiederholt worden[2]).

Schon Sandrart und Perrier geben die Gruppe vollständig mit den Ergänzungen, welche so meisterhaft sind, dass sie meist übersehen werden. Neu ist an dem Jüngling der rechte Arm von über der Hälfte des Oberarms an, der dritte, vierte und fünfte Finger der linken Hand, der vordere Theil des rechten Fusses, ein Theil der Nase und der oberste Theil des Kopfes; an der Frau der linke Arm vom Gewand an, der Zeigefinger und der kleine Finger der rechten Hand, die Spitze der grossen Zehe des linken Fusses, die Nasenspitze und der oberste Theil des Kopfes. Die Ergänzungen an den Gewändern sind unbedeutend. An der Figur der Frau geht vom Halse nach dem rechten Arme hin ein Riss durch den Marmor. E. Braun berichtet[3]), dass die jetzige Aufstellung der Antiken in dem Casino der Villa Ludovisi von Canova angegeben ist. Ich weiss nicht, ob er vielleicht bei dieser Gelegenheit die Gruppe berührt, vielleicht an einzelnen Theilen, wie an dem Gesicht der Frau, welches schwerlich die ursprüngliche Oberfläche zeigt, wenigstens eine Reinigung, an den Ergänzungen eine Ueberarbeitung oder Glättung vorgenommen haben könnte, welcher diese seltene Harmonie des alten und neuen verdankt wird.

Die Gruppe ist überlebensgross, etwa zwei Meter[4]) in der Höhe; sie ist in schönem griechischem Marmor ausgeführt. Am Haar ist ein rötlicher Ton bemerkbar.

Die vorhin erwähnten alten Deutungen fallen ohne weiteres weg. Maffei hatte schon vor Winckelmann erkannt, dass hier aus der griechischen Mythologie zu schöpfen sei. Aber die „falsche Anklage" auf Phaedra und Hippolytos hat in neuerer Zeit keinen

[1]) Sie findet sich auch bei Du Bos Reflexions sur la poésie et la peinture I. p. 208 (Paris 1732), der angiebt, die gewöhnliche Benennung sei „la paix des Grecs." Aber diese Angabe beruht auf einer Verwechselung. Mit dem Namen „la paix des Grecs" wurde vielmehr die früher gleichfalls in Villa Ludovisi befindliche Gruppe von San Ildefonso bezeichnet, wie sich aus Audran Les proportions du corps humain Taf. 13 ergiebt. Dadurch erledigt sich zugleich die Bemerkung Schadows Polyklet p. 129 der neuen Ausgabe. — Eine alte Deutung „Faustina und ihr Sohn" erwähnt Millin Description des statues des Tuileries (Paris 1798) p. 4.

[2]) Millin Gal. myth. 167, 617. Archäol. Zeitung 1853 Taf. 50, 3. Overbeck Geschichte der griech. Plastik II. p. 271 der ersten Auflage, p. 345 der eben erschienenen zweiten. Lübke Geschichte der Plastik p. 234. Schnaase Kunstgeschichte II. p. 389 der neuen Bearbeitung von Friederichs.

[3]) E. Braun Ruinen und Museen Roms p. 563. Missirini und Quatremère de Quincy geben keine Auskunft darüber.

[4]) Clarac pl. 836, 2094: h. 8 palm. 8 onc.

Anwalt gefunden. Winckelmann, der früher dieselbe Deutung gegeben hatte[1], hat sie später durch Elektra und Orest ersetzt[2], eine Erklärung, die grossen Beifall fand, bis Otto Jahn[3] vielmehr für die Benennung Merope und Kresphontes die grösste Wahrscheinlichkeit in Anspruch nahm. Von den übrigen Vermutungen, Andromache und Astyanax wie Millin[4], eine Scene aus dem Inneren des kaiserlichen Hofes, vielleicht Octavia und Marcellus, wie Thiersch[5] wollte, Penelope und Telemachos, wie Schulz[6] und Burckhardt[7], könnte neben Winckelmanns und Jahns Deutungen nur etwa die letzte einigen Anspruch auf Beachtung erheben. Eine solche Darstellung der Andromache entbehrt jeder mythologischen Begründung und Millin hat sie selbst aufgegeben[8]; eine Scene des kaiserlichen Hauses ist ohne Porträthaftigkeit, von der hier jede Spur fehlt, nicht denkbar[9].

Winckelmann bemerkt, nachdem er die Deutung auf Papirius und seine eigene auf Hippolytos widerlegt hat: „Da ich nun mit diesem Zweifel von neuem unser Werk betrachtete, schien mir ein Licht aufzugehen, und zwar durch eben den Umstand, welcher bisher unauflöslich schien, nemlich aus den abgekürzten Haaren. Ich glaube also in diesem Gruppo die erste Unterredung der Elektra mit ihrem an Jahren jüngeren Bruder Orestes zu sehen. Denn beide konnten nicht anders als mit solchen Haaren vorgestellt werden." Winckelmann beruft sich darauf, dass bei Sophokles Elektra ihre Haare abschneiden wolle, um sie auf dem Grabe ihres Vaters zu weihen, ebenso wie dies Orestes gethan, während man jetzt das gekürzte Haar der Frau allgemeiner als Zeichen der Trauer fasst[10] und das des Knaben keine besondere Begründung erfordert. Winckelmann findet Elektras ἔχω σε χερσίν recht eigentlich ausgedrückt, und mit dieser Scene stimme der Ausdruck der Gesichter: „denn die Augen des Orestes sind gleichsam voll von Thränen, und die

---

[1]) Winckelmann Werke (herausgegeben von Meyer und Schulze Dresden 1808 ff.) III. p. iv. Vgl. Winckelmanns Briefe (Berlin 1825) III. p. 436 (in den Anmerkungen über die Altertümer Roms für Von Berg).

[2]) Winckelmann Werke VI. p. 245 ff. Vgl. E. Q. Visconti Osservazioni su due musaici storiati p. 30.

[3]) O. Jahn in der Arch. Ztg. 1854 p. 225—238. Vgl. Overbeck Geschichte der griech. Plastik II. p. 270 ff. der ersten Auflage, p. 345 f. der zweiten. Leipz. Ber. 1862 p. 288. Schriftquellen zu No. 2267.

[4]) Millin Description des statues des Tuileries p. 1—8, aus Anlass einer Copie in Marmor.

[5]) Thiersch Epochen (1829) p. 295.

[6]) Archäol. Zeitung 1854 p. 234, 13.

[7]) Burckhardt Der Cicerone (1869) p. 497, b.

[8]) Millin Gal. myth. p. 101, 617. Magasin encyclopédique 1810 III. p. 72, 3.

[9]) Ob die Deutung der Gruppe als Familienscene eines Grabmonuments bereits gegeben ist oder erst noch zu erwarten steht, weiss ich nicht. Aber ich würde sie so wenig für glücklich halten können als die versuchte Umdeutung der Ariadne, der Penelope und des Orpheusreliefs.

[10]) Welcker Alte Denkm. V p. 86 f. O. Jahn in der Arch. Ztg. 1854 p. 235.

Augenlider scheinen vom Weinen geschwollen, so wie an der Elektra, in deren Zügen aber zugleich die Freude sich mit Thränen vermischet und die Liebe mit dem Kummer."

Diese Erklärung Winckelmanns hatte Welcker [1] durch eine Reihe von Bemerkungen gestützt, welche die eigentümliche Stimmung des Kunstwerks so fein bezeichnen, dass die wesentlichsten Sätze auch hier nicht fehlen dürfen.

„Man braucht nicht auf einzelne Worte des Sophokles und Aeschylus zurückzugehen, obgleich gewiss am meisten durch die Bühne Elektra allgemein bekannt war, um zu verstehen, dass auf die erschütternde Bewegung naturgemäss die ruhigere Freude folgt, worin man des Glückes geniesst, indem man sich fragt: bist du es wirklich? Diesen schönen Moment, worin die Geschwister aus dem Inneren heraus die Bestätigung eines Glücks zu schöpfen verlangen, welchem äussere Umstände die höchste Wahrscheinlichkeit gegeben haben, obgleich sie in völlig verschiedener und kaum noch erinnerlicher Gestalt einander verliessen, drückt die Gruppe recht bestimmt aus. Mit der Ehrfurcht eines Sohnes blickt Orestes auf die, welche erwachsen ihm als kleinem Knaben das Leben gerettet hat, sie blickt ihn wie mit mütterlicher Liebe an, die freudige Rührung ist beiden gemein. Der Jüngere scheint gespannter zur Schwester aufzublicken, sie mit mehr Ruhe ihr Auge auf ihn zu heften, damit auch durch diese Art der Ueberlegenheit der Unterschied des Alters nach dem hier angenommenen Verhältniss sichtbar werde."

Für Winckelmanns Deutung hat sich auch Emil Braun ausgesprochen [2], der in der Stütze an der Figur des Jünglings die Form des Grabes, zur Andeutung des Grabes des Agamemnon, an welchem sich Orestes und Elektra wiedersehen, findet, und zuletzt Friederichs [3], nur dass er nicht die bestimmte sophokleische Erkennungsscene anerkennen will. Der Künstler habe keinen Zug von Leidenschaft aufgenommen, sondern, weil er dies den Bedingungen der plastischen Kunst vielleicht angemessener gefunden, nur die Empfindung ruhiger und inniger Freude dargestellt. Aber welches Wiedersehen gemeint sei — denn dass es sich um ein solches handle, bezweifelt auch Friederichs nicht — ergebe sich aus gewissen andeutenden äusseren Zeichen. Er führt ausser dem zur Trauer kurz geschorenen Haar der Elektra die verschiedene Grösse der beiden Figuren an. Elektra sei die eigentliche Urheberin der That, Orestes nur ihr Werkzeug. Dies Verhältniss habe der Künstler nur dadurch ausdrücken können, dass er den Orestes fast wie einen Knaben der heroischen Jungfrau gegenüberstellte. Ganz ebenso erklärt Emil Braun den Widerspruch des Grössenverhältnisses mit dem, was er die gemeine Wirklichkeit nennt. Es scheint ihm, dass die als Heroine matronaler Bildung dargestellte Schwester den Jüngling

[1] Welcker im Rhein. Mus. N. F. IX (1853) p. 275—278 = Alte Denkm. V p. 84—88.

[2] E. Braun Ruinen und Museen Roms p. 573—575.

[3] Friederichs Bausteine p. 427 ff. no. 715.

mitten in der Freude des langersehnten Wiedersehens gleichsam prüfe, ob er auch wirklich der Sendung gewachsen sei, die ein Gott ihm übertragen. Jene Bemerkung von Friederichs scheint mir für die Deutung nicht entscheidend. Dass Elektra bei Sophokles ihren Bruder παῖς nennt, kann doch kaum ins Gewicht fallen, und andere Kunstwerke geben uns ein ganz anderes Bild des wehrhaften Rächers neben Elektra.

Kurz nach Welckers Aufsatz hat Otto Jahn, daran anknüpfend, seine neue Deutung versucht. Er fand das, was Welcker mit tiefer Empfindung für das menschlich wahre und schöne und die Auffassung und Darstellung desselben durch die alte Kunst gesagt habe, von so ergreifender Wahrheit, dass jede Erklärung, die davon abweiche, innerlich unwahr sein müsse. Aber er glaubte, dass jenes von Welcker ausgelegte Verhältniss durch andere Namen deutlicher ausgesprochen sei, und Welcker hat ihm beigepflichtet[1]).

Otto Jahn geht von demselben Grössenverhältniss der Figuren, welches Friederichs umgekehrt verwenden will, aus, und von dem Ausdrucke der Ehrfurcht in dem Jüngling, der Mütterlichkeit in der Frau. „Wenn diese Auffassung des Verhältnisses der Elektra zum Orestes, sind Otto Jahns Worte, als eines fast mütterlichen auch zu rechtfertigen ist, so ist doch der Eindruck einfacher, befriedigender, wenn wir wirklich eine Mutter mit ihrem Sohn vor uns sehen. Das haben auch viele Ausleger gefühlt, nur fehlte ihrer Deutung das Grundmotiv einer Wiedererkennung zwischen Mutter und Sohn unter tragisch erschütternden Umständen und die Rechtfertigung der charakteristischen Haartracht. Beides gewährt, wenn ich mich nicht irre, die Deutung auf Merope und Kresphontes zu voller Befriedigung."

Die tragische Fabel von Merope, welche durch des Euripides Tragödie Kresphontes[2]) zu grösstem Ruhm erhoben, durch Ennius[3]) bei den Römern eingebürgert war ist uns hauptsächlich aus Hygin[4]) bekannt.

---

[1]) Welcker Alte Denkmäler V p. 88, 6.

[2]) Wagner Tragic. graec. fragm. II p. 231—239. Nauck Trag. graec. fragm. p. 395—398. Welcker Griech. Trag. II p. 828—840. Schwenck im Rhein. Mus. N. F. II (1843) p. 456 O. Jahn in der Arch. Ztg. 1854 p. 225 ff.

[3]) Ribbeck Trag. lat. reliquiae p. 25—27. 265—267.

[4]) Hygin 137: *Polyphontes Messeniae rex Cresphontem Aristomachi filium cum interfecisset, eius imperium et Meropem uxorem accepit.* 184 .... *[cum quo Polyphontes, occiso Cresphonte, regnum occupavit.] filium autem [eius] infantem Merope mater quem ex Cresphonte habebat, absconse ad hospitem in Aetoliam mandavit. hunc Polyphontes maxima cum industria quaerebat, aurumque pollicebatur si quis eum necasset. qui postquam ad puberem aetatem venit, capit consilium, ut exsequatur patris et fratrum mortem itaque venit ad regem Polyphontem, aurum petitum dicens se Cresphontis interfecisse filium et Meropes,* **Telephontem*** (vgl. Schwenck a. a. O. p. 456. O. Jahn p. 227) *interim rex eum iussit in hospitio manere ut amplius de eo perquireret. qui cum per lassitudinem obdormisset, senex qui inter matrem et filium internuntius erat, flens ad Meropen venit, negans eum apud hospitem esse nec comparere. Merope, credens eum*

Polyphontes tödtet Kresphontes, den König von Messenien, sammt seinen beiden ältesten Söhnen, und zwingt seine Wittwe Merope zur Heirat. Einen Sohn, wie der Vater Kresphontes — oder auch Aepytos — genannt, rettet Merope zu einem Gastfreunde nach Aetolien. Ihm stellt der Stiefvater nach. Herangewachsen kehrt der junge Kresphontes unter falschem Namen — Telephontes — zur Heimat zurück und giebt Polyphontes gegenüber vor, dass er seinen Feind erschlagen. Merope stürmt zu dem schlafenden ins Fremdengemach, um den Sohn blutig zu rächen. Schon schwingt sie das Beil — da erkennt der alte Pädagog den todt geglaubten; es folgt das Wiedersehen und, mit List ausgeführt, die schliessliche Rache am Mörder des Vaters.

Im einzelnen lässt sich der Gang der euripideischen Tragödie nicht sehr weit verfolgen. Dennoch werden wir nach den heftigsten Ausbrüchen der Leidenschaft der Merope eine milde ruhige Scene des sich Wiederfindens und Wiedererkennens zwischen der Mutter und dem geretteten Sohne, ein Verweilen auf diesem Ruhepunkte nach der Sitte der alten Tragödie mit Bestimmtheit annehmen dürfen, und in diese Scene gehören ohne Zweifel die Worte der Merope

αἰδὼς ἐν ὀφθαλμοῖσι γίγνεται, τέκνον.

Dann erst kann die dringende Gefahr, in der sich beide befinden, ihren Sinn erfasst, die Rache an Polyphontes gereift und beschleunigt haben.

Es ist einleuchtend, wie die Aeusserlichkeit des abgeschnittenen Haares für die um den Verlust der Söhne und des Gatten trauernde *tristis Merope*[1]) ebensowohl als für Elektra zutreffend erscheint; wie die Motivirung des Ganzen und der Stimmung in Otto Jahns Deutung noch ungleich schöner und ergreifender ist, als in derjenigen Winckelmanns.

Eine völlige, jeden Zweifel ausschliessende Sicherheit und Befriedigung möchte ich dennoch auch für sie nicht in Anspruch nehmen. Den Einwurf allerdings, den Friederichs[2]) erhebt, der Künstler habe alsdann die Pointe, dass die Mutter noch eben das Mordbeil geschwungen, durch das weggeworfene Beil leicht andeuten können, diesen Einwurf kann ich nicht gelten lassen. Bei einer Auffassung, wie sie Otto Jahn in der Gruppe annimmt, und welche keine stärkere plastische Vereinfachung und Haltung

esse filii sui interfectorem qui dormiebat, in chalcidicum cum securi venit inscia ut filium suum interficeret, quem senex agnovit et matrem ab scelere retraxit. Merope postquam vidit occasionem sibi datam esse ab inimico se ulciscendi, redit cum Polyphonte in gratiam. rex laetus cum rem divinam faceret, hospes falso simulavit se hostiam percussisse (*percussurum* Hartung vgl. O. Jahn a. a. O. p. 226. 230) *eumque interfecit patriumque regnum adeptus est.* Vgl. Apollodor II, 8, 4. Pausan. IV, 3, 3. Wagner Trag. graec. fragm. II p. 231. — Auf Vasenbildern ist die Bedrohung des Kresphontes durch Merope dargestellt. Arch. Ztg. 1854 Taf. 56 und ebd. O. Jahn p. 230 f.

[1]) Quintilian XI, 3, 73. O. Jahn in der Arch. Ztg. 1854 p. 227.

[2]) Friederichs Bausteine p. 429.

voraussetzt, als es die Tragödie auch hier gestattet, würde mir die Zuthat des Beiles am Boden kaum erträglich scheinen.

Aber ich gestehe, dass mir in dem Motiv der Bewegung der Gruppe eine Unklarheit und dadurch eine gewisse Unsicherheit zurückzubleiben scheint.

Kommt der Knabe wirklich auf die Frau zu? sind beide wirklich gerade eben einander genaht, um sich zu umfassen? — oder ist der Knabe vielleicht im Begriff sich aus den Armen der Mutter los zu machen [1])?

Bei Sophokles sendet Deïaneira den Hyllos aus, um dem Vater beizustehen [2])

. . . .
ἐν οὖν ῥοπῇ τοιᾷδε κειμένῳ, τέκνον,
οὐκ εἶ ξυνέρξων; ἡνίκ' ἢ σεσώσμεθα
κείνου βίον σώσαντος, ἢ οἰχόμεσθ' ἅμα.
ΥΛ. ἀλλ' εἶμι, μῆτερ· εἰ δὲ θεσφάτων ἐγὼ
βάξιν κατῄδη τῶνδε, κἂν πάλαι παρῆ·
νῦν δ' ὁ ξυνήθης πότμος οὐκ ἐᾷ πατρὸς
ἡμᾶς προταρβεῖν οὐδὲ δειμαίνειν ἄγαν.
νῦν δ' ὡς ξυνίημ', οὐδὲν ἐλλείψω τὸ μὴ οὐ
πᾶσαν πυθέσθαι τῶνδ' ἀλήθειαν πέρι.
ΔΗΙ. χώρει νυν, ὦ παῖ. καὶ γὰρ ὑστέρῳ τό γ' εὖ
πράσσειν, ἐπεὶ πύθοιτο, κέρδος ἐμπολᾷ.

Ich bin sehr weit entfernt, diesen Abschied dargestellt zu finden. Aber würde eine ähnliche Scene die Bewegung und Stimmung der Gruppe nicht vielleicht ebenfalls erklären? Die für den Gatten fürchtende Mutter, freudig stolz über den Mut und besorgt um die Jugend des Sohnes, der Sohn ehrerbietig gehorsam, zu jeder Gefahr und Not bereit?—Ich weiss nicht, ob dem Vorschlage der Deutung Penelope und Telemachos dieselbe Auffassung oder ein allgemeines Gefühl den Anlass bot. Aber sie lässt sich litterarisch nicht begründen; der Erzählung der Odyssee würde sie nicht entsprechen, für spätere Behandlungen sich ohne Mühe vermuten, aber nicht nachweisen lassen; und dasselbe gilt von anderen Heldensöhnen, die herangewachsen ausziehen, um den Vater zu suchen.

Dem Zweifel, ob es sich in der That um ein Wiedersehen oder vielleicht um einen freundlich wehmütigen Abschied handele, wird schwerlich derjenige entgehen, der nicht

[1]) Vgl. Burckhardt Cicerone p. 497 „ . . . . . Mutter und Sohn, in einem erregteren Moment, vielleicht des Abschieds oder des Wiedersehens." — Dagegen sagt Overbeck Gesch. der griech. Plastik II p. 347 der neuen Bearbeitung „ . . . Ausgedrückt ist doch offenbar, und zwar sehr schön, ein ziemlich bewegtes Herankommen des Jünglings wie mit einem dringenden Anliegen an die Mutter, dem diese in freundlich überlegener Weise, gleichsam mit den Worten: was ist dir, mein Kind? entgegenkommt." Overbeck verdeutlicht diese seine Auffassung der Situation durch den Hinweis auf Phaëthon, der seine Mutter Klymene um seine Herkunft frage, ohne jedoch diese Scene wirklich dargestellt zu glauben. Vielmehr scheint ihm O. Jahns Deutung die wahrscheinlichste.

[2]) Sophokl. Trach. 82 ff.

eine ungenügende Abbildung, sondern die Gruppe selbst, in verschiedener Stimmung, oft und aufmerksam betrachtet. Er wird vielleicht je nach den verschiedenen Standpunkten, von welchen aus er die Gruppe gerade sieht, geneigt sein, sich bald für das eine, bald für das andere zu entscheiden. Dass gerade die günstigste Ansicht, die beide Figuren gleichmässig möglichst en face sehen lässt, eine lebhaftere Bewegung des Weggehens in dem Knaben verrate, mag vielleicht auf einer Täuschung beruhen. Auch würde sich diese Bewegung für Kresphontes wol so motiviren lassen, dass nach jenem tragischen Ruhepunkte der wehmütigen und ruhigen Freude über die Wiedervereinigung Mutter und Sohn sich trennen müssen, um auf ihre Sicherheit und die Rache Bedacht zu nehmen.

Aber ich musste dennoch jene Möglichkeit eines Zweifels stark hervorheben. Nachdem sich Welcker und Otto Jahn an der Deutung der Gruppe versucht, ohne sie zu völliger Sicherheit zu bringen, können die Mittel, über welche die Archäologie verfügt, für erschöpft gelten: nur ein kaum zu hoffender neuer Fund könnte durch eine unerwartete Vergleichung Licht geben. Ich bin mit Brunn [1]) der Ansicht, dass an dieser unserer Unsicherheit der Künstler selbst einen Theil der Schuld trägt. Dass man bei einem selbständigen, so bedeutenden und sorgfältig durchgeführten Kunstwerke über die Bewegung auch nur streiten kann, liefert den unwiderleglichen Beweis. Wenn bei anderen Monumenten die mythologische Auslegung von der kunstgeschichtlichen Betrachtung sich trennen lässt, so drängt uns hier das Rätsel, das zurückbleibt, gewaltsam dazu, nicht seine Lösung, aber seine Erklärung in der Zeit und Schule des Künstlers zu suchen.

[1]) Brunn Künstlergesch. I p. 598 „...... Am meisten haben wir bei diesem Schwanken unsere eigene Unwissenheit anzuklagen; einen kleinen Theil der Schuld dürfen wir aber auch dem Künstler beimessen, insofern er eine bestimmte Handlung nicht scharf genug charakterisirt, sondern zu einem liebevollen Verhältniss zwischen Mutter und Sohn, oder älterer Schwester und Bruder im allgemeinen verflacht hat, einem Verhältniss, dem vom rein menschlichen Standpunkt zur Schönheit sicherlich nichts gebricht, das aber dennoch nur zu einem Genrebilde, nicht zu einer historischen Darstellung ausreicht."

II.

Scipio Maffei*) hat zuerst die Künstlerinschrift mitgetheilt, welche an der Stütze der Jünglingsfigur der uns beschäftigenden Gruppe angebracht ist. Bei Besprechung der Gruppe selbst hat zuerst Winckelmann auf diese Inschrift Rücksicht genommen. Sie lautet

ΜΕΝΕ
ΛΑΟΣ
ΣΤΕΦΑ
ΝΟΥ
ΜΑΘΗ
ΤΗΣ
ΕΠΟΙ
ΕΙ

Wir sind ferner so glücklich, auch den Namen des Lehrers des Stephanos, Pasiteles, durch eine andere, später anzuführende Künstlerinschrift zu kennen, und über diesen allerdings nicht sehr reichliche, aber lehrreiche litterarische Nachrichten zu besitzen.

Ich beginne damit diese zusammenzustellen.

Plinius N. H. XXXVI, 39: *Sitae fuere et Thespiades ad aedem Felicitatis, quarum unam amavit eques Romanus Iunius Pisciculus, ut tradit Varro, admiratur et Pasiteles qui et quinque volumina scripsit nobilium operum in toto orbe. natus hic in Graeca Italiae ora et civitate Romana donatus cum iis oppidis Iovem fecit eboreum in Metelli aede [qua campus petitur]. accidit ei cum in navalibus, ubi ferae Africanae erant, per caveam intuens leonem caelaret, ut ex alia cavea panthera erumperet non levi periculo diligentissimi artificis. fecisse opera complura dicitur; quae fecerit nominatim non refertur. Arcesilaum quoque magnificat Varro* u. s. w.

Die Betrachtung der Stelle in ihrem Zusammenhange lehrt, dass diese ganze Nachricht aus Varro geschöpft ist. Ebenso ist es eine zweite Notiz über Pasiteles XXXV, 155 f:

---

*) Maffei Museum Veronense p. 318. Vgl. Winckelmann Werke VI, 1 p. 242. C. I. G. 6169. Brunn Künstlergeschichte I p. 598. Overbeck Schriftquellen 2267.

Idem (nemlich Varro) *magnificat Arcesilaum L. Luculli familiarem, cuius proplasmata pluris venire solita artificibus ipsis quam aliorum opera; ab hoc factam Venerem Genetricem in foro Caesaris et priusquam absolveretur festinatione dedicandi positam; eidem a Lucullo* HS LX *signum Felicitatis locatum, cui mors utriusque inviderit; Octavio equiti Romano cratera facere volenti exemplar e gypso factum talento. laudat et Pasitelen, qui plasticen matrem caelaturae et statuariae sculpturaeque dixit et, cum esset in omnibus his summus, nihil umquam fecit antequam finxit.*

Es ist danach wahrscheinlich, dass auch des Plinius Angabe XXXIII, 156: *laudatur .... et circa Pompei Magni aetatem Pasiteles*, wo er ihn unter den Toreuten nennt, auf Varro zurückgehe, und die Berufung auf Varro § 154 scheint in der That darauf zu führen, dass ihm diese ganze Stelle über die Toreuten von § 154 an entnommen sei, und ebenso Plinius XXXIII, 130: *Atque ut omnia de speculis peragantur in hoc loco, optuma apud maiores fuerant Brundisina, stanno et aere mixtis: praelata sunt argentea. primus fecit Pasiteles Magni Pompei aetate.*

Diese vorzüglich bezeugten Nachrichten geben uns also neben der freilich nur allgemeinen Angabe des Vaterlandes auch eine ungefähre Angabe der Zeit des Pasiteles. Er ist etwa gleichzeitig mit Pompeius, dessen Geburt 106, dessen Ermordung 48 vor Christo fällt; er ist also zugleich Zeitgenosse des Varro (116—28), dem jene Nachrichten verdankt werden. Weiter lässt sich die Zeitbestimmung kaum verfolgen. Die Ertheilung des Bürgerrechts an die griechischen Küstenstädte Unteritaliens fand durch die *lex Plautia Papiria* im Jahre 88 statt. Die Fassung der zuerst angeführten Stelle des Plinius lässt vermuten, dass das erste Werk, wodurch sich Pasiteles in Rom bekannt machte, jene Elfenbeinstatue des Juppiter war, und dass er diese nicht lange nach Ertheilung des Bürgerrechts ausführte. Er würde also bald nach 88 bereits als selbständiger Künstler thätig gewesen sein, und damit stimmt die ungefähre Gleichzeitigkeit mit Pompeius. Etwas genaueres über die Zeit der Juppiterstatue lässt sich allerdings nicht feststellen. In der Pliniusstelle scheinen mir die Worte *qua Campus petitur* mit Recht als Zusatz bezeichnet zu sein, und die Gesammtheit der von Becker[1]) zusammengestellten Nachrichten scheint zu lehren, dass Q. Caecilius Metellus nach seinem makedonischen Triumphe (149) die beiden Tempel des Juppiter Stator und der Juno zugleich mit der Porticus erbauen liess. Dieser Tempel des Juppiter Stator ist offenbar auch die *aedes Metelli*, für welche Pasiteles die Elfenbeinstatue des Juppiter ausführte. Dass nach Plinius XXXVI, 35 in diesem Tempel das Bild des Gottes von Polykles und Dionysios gearbeitet war, ist dagegen von Becker nicht mit Recht eingewendet worden. Es konnten mehrere Bilder in diesem Tempel sein, wie dies

[1]) Becker Handbuch der röm. Altertümer I p. 608 ff.

z. B. vom Apollotempel Plinius an eben derselben Stelle sagt; und vermutlich wird das Bild von Polykles und Dionysios, welches in Marmor zu denken ist, das eigentliche Cultbild gewesen sein, während dasjenige des Pasiteles ein später aufgestelltes Votiv war. Denn den Pasiteles schon bei der Weihung selbst, 149, thätig sein zu lassen[1]) verbietet ebensowohl die allgemeine Angabe, dass er ein Zeitgenosse des Pompeius sei, als der Ausdruck *civitate Romana donatus ..... Iovem fecit.* Aus denselben Gründen schon würde mir auch die von Sillig aufgestellte[2]), und wieder aufgegebene[3]), von Brunn[4]) aufgenommene Hypothese unwahrscheinlich sein, dass Pasiteles das Bürgerrecht als Kind erhalten und noch dem Augustus bei Ausschmückung der Porticus Octaviae behilflich gewesen sei, welche, wie Becker gezeigt hat, nicht nach dem dalmatischen Feldzuge (33), sondern später nach dem Tode des Marcellus (23) zu setzen ist. Aber auch in sich selbst ist diese Hypothese, welche durch Plinius XXXVI, 35 veranlasst ist, nicht begründet. Es heisst ebenda, nachdem die Kunstwerke bei Asinius Polio aufgezählt sind *ad Octaviae vero porticum Apollo Philisci Rhodii in delubro suo, item Latona et Diana, et Musae novem, et alter Apollo nudus. eum qui citharam in eodem templo tenet Timarchides fecit, intra Octaviae vero porticus in aede Iunonis ipsam deam Dionysius et Polycles, aliam Venerem eodem loco Philiscus, cetera signa Praxiteles* u. s. w. So nemlich, und nicht *Pasiteles*, ist die Ueberlieferung des Bambergensis, während derselbe XXXVI, 39 XXXV, 156 und XXXIII, 156 und 130 die Aenderung[5]) in *Pasiteles* bestätigt hat. Brunn glaubt, dass dennoch auch hier *Pasiteles* zu schreiben sei, weil, nach seiner Auseinandersetzung[6]) unter den übrigen dort angeführten Werken sich keins nachweisen lasse, welches älter wäre, als die Zeit des Metellus, und weil ferner die Elfenbeinstatue im Juppitertempel auch für seine Thätigkeit im benachbarten Tempel zu sprechen scheine. Es würde dies, wenn es richtig wäre, keinen Grund dafür geben können, dass Pasiteles noch nach dem Umbau der Porticus für Augustus thätig gewesen wäre, sondern es würden diese seine nicht namentlich angegebenen Werke in eine frühere Zeit gesetzt werden müssen. Aber Plinius führt von § 33 *Polio Asinius ut fuit acris vehementiae* an in Rom befindliche Marmorwerke von Künstlern verschiedener Zeiten nach Maassgabe der Standorte an; und wenn hier in § 35 kein anderer Künstler genannt wird, der vor Metellus gehört, und wenn auch,

---

[1]) Daran scheint O. Müller früher gedacht zu haben Handbuch p. 225, 2 „Pasiteles ..... *civis Romanus* 662, arbeitete wol einige Zeit früher die Statue für den Jupiters- und Junotempel des Metell Plin. XXXVI, 4, 18, 12. vgl. indess Sillig Amalth. III p. 294."

[2]) Sillig in Böttigers Amalthea p. 296. Catalogus p. 324.

[3]) Sillig folgt in der Ausgabe des Plinius der Lesart des Bambergensis.

[4]) Brunn Künstlergeschichte I p. 595.

[5]) Winckelmann VI, 1 p. 83. 2 p. 162 f. VII p. 207 f. Sillig in der Amalthea III p. 293 ff.

[6]) Brunn Künstlergeschichte I p. 535 ff.

woraus Brieger[1]) die Notwendigkeit der Lesung *Pasiteles* glaubte erweisen zu können, bei den in Rom befindlichen Werken des Praxiteles § 23 keine solche in dem Junotempel genannt werden, so heisst es dagegen § 24 *Praxitelis filius Cephisodotus et artis heres fuit . . . . . . Romae eius opera sunt . . . . . . et intra Octaviae porticus in Iunonis aede Aesculapius ac Diana.* Da Plinius an diesen beiden Stellen offenbar verschiedenen Aufzeichnungen folgt, so scheint es mir kaum zweifelhaft, dass jene *cetera signa* des Praxiteles nichts anderes sind als die Statuen des Asklepios und der Artemis, die er vorher seinem Sohne beigelegt hat, dessen Werke mit denen des Vaters leicht verwechselt werden konnten.

Mit der angenommenen chronologischen Bestimmung kommt überein die Notiz bei Cicero de divin. I, 36 . . . *qui* (Roscius) *cum esset in cunabulis educareturque in Solonio, qui est campus agri Lanuvini, noctu lumine apposito, experrecta nutrix animadvertit puerum dormientem circumplicatum serpentis amplexu. quo aspectu exterrita clamorem sustulit. pater autem Roscii ad haruspices rettulit: qui responderunt, nihil illo puero clarius, nihil nobilius fore. atque hanc speciem Pasiteles caelavit argento, et noster expressit Archias versibus.* Die Bücher de divinatione schrieb Cicero 44 vor Chr.; es ist ferner durchaus wahrscheinlich, dass Pasiteles jenes Ereigniss erst darstellte, als Roscius auf der Höhe seines Ruhmes stand. Näheres lässt sich nicht feststellen.

Cicero, an dieser Stelle, ist zugleich ausser Plinius der einzige Schriftsteller, welcher Pasiteles nennt. Allerdings kommt der Name bei Pausanias V, 20, 2 vor . . . . εἶναι δέ φασιν ἐξ Ἡρακλείας τὸν Κωλώτην, οἱ δὲ πολυπραγμονήσαντες σπουδῇ τὰ ἐς τοὺς πλάστας Πάριον ἀποφαίνουσιν ὄντα αὐτὸν μαθητὴν Πασιτέλους, Πασιτέλην δὲ αὐτοδιδαχθῆναι [so Buttmann[2]), und früher hatte man an dem Namen des Pasiteles keinen Anstoss genommen. Aber Kolotes war bezeugter Maassen ein Zeitgenosse des Phidias, und Plinius nennt ihn *discipulus Phidiae et ei in faciendo Iove adiutor*[3]). Es ist demnach klar, dass bei Pausanias von dem Pasiteles, welcher uns hier beschäftigt, nicht die Rede sein kann. Brunn bemerkt[4]), dass auch der Vorschlag Thierschs[5]), bei Pausanias Πραξιτέλους, Πραξιτέλην zu schreiben die chronologische Schwierigkeit nicht hebe und nichts übrig bleibe, als mit Sillig[6]) einen älteren

---

[1]) Brieger De fontibus librorum XXXIII-XXXVI naturalis historiae Plinianae (Greifsw. 1857) p. 35.

[2]) Vgl. Schubart zu der Stelle und Boeckh C. I. Gr. I p. 40.

[3]) Plinius N. H. XXXV, 54. Vgl. XXXIV, 87.

[4]) Brunn Künstlergeschichte I p. 243. Vgl. O. Müller Kleine Schriften II p. 390, 1: „Auch bei Pausanias V, 20 glaubt Referent nicht einen jüngeren Kolotes, als den Zeitgenossen des Phidias, sondern einen älteren Pasiteles annehmen zu müssen als den Zeitgenossen des Varro. . . . Thiersch entgeht durch die Aenderung Πασιτέλης in Πραξιτέλης nicht der Verdoppelung eines von beiden."

[5]) Thiersch Epochen (1829) p. 295.

[6]) Sillig Catalogus artificum p. 158 f. So schon Heyne opuscula acad. V p. 390.

Pasiteles als Zeitgenossen des Phidias anzunehmen, dessen Schüler Kolotes gewesen sein möge, ehe er mit Phidias in Berührung kam. Ich kann mich der Vermutung nicht entschlagen, dass dennoch die Aenderung bei Pausanias richtig sei und dem jetzt allgemein angenommenen Stemma Kephisodot Praxiteles Kephisodot noch ein älterer Praxiteles als Vater des älteren Kephisodot vorzusetzen sei. Ich würde sogar geneigt sein, aus der Stelle bei Pausanias zu folgern, dass dieser ältere Praxiteles ein Parier gewesen sei, und also auch diese berühmte Künstlerfamilie aus Paros stamme[1]).

Von Pasiteles ist noch zu erwähnen, dass ihn Plinius in den Verzeichnissen der für die Bücher XXXIII — XXXVI benutzten Schriftsteller aufführt: und zwar XXXIII und XXXIV mit dem Beisatze *qui mirabilia opera scripsit*, während XXXV und XXXVI nur der Name genannt ist. Es ist dies das Werk, welches Plinius in der vorhin angeführten Stelle *quinque volumina nobilium operum in toto orbe* nennt, dessen Titel also etwa περὶ ἐνδόξων oder παραδόξων ἔργων, wie Otto Jahn[2]), oder περὶ τῶν καθ' ὅλην τὴν οἰκουμένην θαυμαζομένων ἔργων wie Bursian[3]) vermutet, gelautet haben kann.

Otto Jahn macht darauf aufmerksam, es sei schwerlich zufällig, dass Plinius für die berühmten Kunstwerke und Künstler fast regelmässig und wie eine technische Bezeichnung das Wort *nobilis* und *nobilitare* anwendet, und er findet darin eine Hindeutung auf jenes Werk des Pasiteles.

Wenn wir aus den von Jahn angeführten Stellen diejenigen ausscheiden, in welchen die Künstler selbst auf diese Art bezeichnet werden oder eine allgemeine Wendung gebraucht ist, so bleiben folgende unmittelbar durch *nobilis* bezeichnete Kunstwerke:

> XXXIV. 69 (Praxiteles) *fecit .... ex aere pulcherrima opera Proserpinae raptum, item catagusam, et Liberum patrem ebrietatem nobilemque una Satyrum quem Graeci periboeton cognominant.* Die Stelle ist deutlich aus griechischer Quelle.

---

[1]) Properz IV (III), 9, 16 geben die Handschriften

Praxitelen propria vindicat urbe lapis

woraus man früher irrig schloss, dass der berühmte Praxiteles ein Parier gewesen sei (Sillig Catalogus p. 380) während er ein Athener war. Vgl. Boeckh C. I. G. zu no. 1604. Brunn Künstlergesch. I p. 335 f. 269 f. Aber Sillig scheint mir mit Recht anzunehmen, dass bei Properz von parischem Marmor die Rede sein müsse. Denn wenn Praxiteles auch einzelnes in pentelischem Marmor ausgeführt hat, so werden wir uns doch seine berühmtesten Werke in dem für Einzelstatuen ungleich vortheilhafteren parischen oder anderem Inselmarmor denken müssen, und ich kann daher weder die Ueberlieferung *propria* noch die Aenderung *patria*, sondern nur die in die erste Lachmannische Ausgabe aufgenommene Lesart Broukhuyzens

Praxitelen Paria vindicat urbe lapis

für richtig halten.

[2]) O. Jahn Ueber die Kunsturteile bei Plinius in den Berichten der kgl. sächs. Ges. der Wissenschaften zu Leipzig 1850 p. 118 ff. p. 124 ff.

[3]) Bursian Griechische Kunstgeschichte in Ersch und Gruber Band 82 p. 384.

Die folgenden Sätze *et signa* bis *Alexander* scheinen von Plinius dazwischen geschoben. Von *fecit et puberem Apollinem ..... quem sauroctonon vocant* an scheint Plinius wieder derselben griechischen Quelle zu folgen, und es sind die Ausdrücke *„Alcmena nullius nobilior, Amphicrates Leaena laudatur* und *Cephisodotus Minervam mirabilem* zu beachten.

XXXIV 80: *Polycles Hermaphroditum nobilem fecit.* Die ganze Stelle ist einem griechischen Autor entnommen, und kurz darauf XXXIV, 82 kehrt der Ausdruck wieder: *(Silanion fecit) ... Achillem nobilem.*

XXXV, 78: *Aëtionis sunt nobiles picturae Liber pater* u. s. w.

XXXV, 83: (von den Linien des Apelles und Protogenes) .... *omnique opere nobiliorem.*

XXXV, 101: (Protogenes) .. *fecit nobilem Paralum.*

XXXV, 109: (Protogenes) *pinxit ..... item nobilis Bacchas obrepantibus Satyris.*

XXXV, 114 (Antiphilus) ... *Hesionam nobilem pinxit.*

[XXXV 117: (von Ludius) ... *sunt in eius exemplaribus nobiles palustri accessu villae.*]

XXXV, 125: (von Pausias und Glycera) ... *pinxit et ipsam sedentem cum corona, quae e nobilissimis tabula appellata est stephaneplocos, ab aliis stephanopolis.*

XXXV, 129: (von Euphranor) *nobilis eius tabula Ephesi est Ulixes.*

XXXV, 138: *(Antiphilus) laudatur ...... nobilissimo satyro cum pelle pantherina quem aposcopeuonta appellant.*

XXXVI, 24: *Cephisodotus ... cuius laudatum est Pergami symplegma nobile digitis corpori verius quam marmori impressis.*

XXXVI, 35: *Pana et Olympum ... Heliodorus, quod est alterum in terris symplegma nobile.*

Der Ausdruck *in terris .. nobile* scheint bestimmt auf Pasiteles' gleich darauf genannte *quinque volumina nobilium operum in toto orbe* zu führen und dadurch ergiebt sich zugleich dieselbe Quelle für das Symplegma des Kephisodot. Ebenso werden die angeführten Stellen des Buches XXXIV auf Pasiteles zurückzuführen sein.

Enger mit den geschichtlichen Angaben über die Maler sind die angegebenen Lobsprüche der Werke in dem XXXV. Buche verbunden. Dennoch wird wenigstens ein Theil dieser Angaben aus Pasiteles excerpirt sein, der im Index von den Griechen an erster Stelle[1]) genannt wird, also auch berühmte Gemälde in seinem Werke berücksichtigt haben mag. Doch kann der Ausdruck *nobilis* allein nicht für eine sichere Rückführung genügen, wie die, allerdings nachträglich eingeschobene[2]) Stelle über Ludius zeigt.

Otto Jahn hat die Vermutung aufgestellt, dass Plinius die Epigramme, deren Benutzung er in seinem Texte nachgewiesen hat, bereits bei Pasiteles vorfand und mit den übrigen Notizen excerpirte; denn es sei natürlich und angemessen, dass Pasiteles bei der Aufzählung der Kunstwerke auch jedesmal die Erzeugnisse der Dichtkunst anführte, welche sie priesen und zu ihrem allgemeinen Ruhme vorzugsweise beitrugen. Es wird diese Vermutung durch die epigrammatische Wendung bei der Anführung des Symplegma des Kephisodot, welche, wie bemerkt, mit Bestimmtheit auf Pasiteles weist, bestätigt. Der Einwand Briegers, dass Plinius zum Theil auch die Epigramme selbständig excerpirt haben müsse, weil er sie öfter missverstanden, scheint mir nicht durchaus zutreffend, da er sie möglicher Weise, auch wenn er sie bei Pasiteles las, missverstehen konnte. Aber dass Plinius sie meist bei Pasiteles gefunden habe, hält auch Brieger selbst für wahrscheinlich. Demnach würde Pasiteles ausser den schon angeführten, nach den von Jahn als epigrammatisch erkannten Stellen, vermutlich Kunstwerke von folgenden Künstlern namhaft gemacht haben:

[XXXIII, 155 Diodor. S. Benndorf De anthol. graec. epigr. p. 52 f.]

XXXIV, 55 Polyklet (vorher *diadumenum fecit molliter iuvenem centum talentis nobilitatum*).

XXXIV, 59 Pythagoras.

XXXIV, 70 Praxiteles.

XXXIV, 74 Kresilas.

XXXIV, 77 Euphranor.

XXXIV, 78 Eutychides.

XXXIV, 79 Leochares.

XXXIV, 82 Silanion (Apollodor, gleich darauf, was schon angeführt *Achillem nobilem*).

XXXIV, 141 Alkon.

XXXV, 63 Zeuxis (*fecit et Penelopen in qua pinxisse mores videtur, et athletam, adeoque in illo sibi placuit ut versum subscriberet celebrem ex eo, invisurum*

---

[1]) Vgl. Brunn De auctorum indicibus Plinianis disputatio isagogica. (Bonn 1856).

[2]) Brieger a. a. O. p. 21.

aliquem facilius quam imitaturum. magnificus est et Iuppiter eius in throno adstantibus dis, et Hercules infans dracones strangulans, Alcmena matre coram pavente et Amphitryone.

XXXV, 69 Parrhasios.

XXXV, 74 Timanthes.

XXXV, 98, 99 Aristides.

XXXV, 103 Protogenes (101 *fecit nobilem Paralum*).

Die Rückführungen Briegers auf Pasiteles fallen zum Theil mit den angegebenen zusammen. Er schreibt ihm ferner zu, was XXXIV, 75. 76. 84 über Kanachos, Demetrios und die Künstler des Attalos und Eumenes, XXXVI, 18. 19. 30. 31 über Phidias' Athena Parthenos und das Maussoleum, und auch was XXXIV, 39. 40 über den Herakleskoloss des Lysipp gesagt ist. Keinesfalls aber wird man mit Brieger aus XXXVI, 18. 9 schliessen dürfen, dass, wie die bei Varro vertretene Anschauung Lysipp am höchsten gestellt und die früheren Künstler nach dieser Norm beurteilt hat, Pasiteles im Gegensatz hierzu Phidias für den grössten aller Künstler erklärt habe. Während in den auf Varro zurückgehenden Stellen ein bestimmter kunstgeschichtlicher Zusammenhang, ein Angeben des allmählichen Fortschrittes unverkennbar ist[1]), haben wir keinen Grund, der Periegese des Pasiteles solche eigentlich kunstgeschichtliche, nach einer bestimmten Norm gegebene Urteile zuzuschreiben. Wenn die gegebenen Zusammenstellungen und Rückführungen nicht trügerisch sind, so hat Pasiteles seine Aufmerksamkeit den Kunstwerken der allerverschiedensten Zeiten und Richtungen gleichmässig zugewandt, und es scheint mir vielmehr wichtig, besonders hervorzuheben, dass er neben den glänzenden und weltberühmten Schöpfungen des Phidias und Polyklet, des Praxiteles und Lysipp und der späteren auch den altertümlichen und herben Werken des Kanachos, Kalamis und Pythagoras Lob und Ruhm zugesprochen hat.

Des Pasiteles Einfluss auf die litterarische Tradition ist vielleicht noch etwas bedeutender gewesen, als es nach dem bisher vorgetragenen scheinen mag. Die Vorliebe, mit der Varro auf seinen Zeitgenossen Pasiteles Rücksicht genommen zu haben scheint, lässt fast ein persönliches Verhältniss zwischen beiden voraussetzen, und dies legt die Vermutung nahe, dass Varro sich seines Beistandes bedienen mochte; es scheint mir dies besonders für das technische der Kunst nicht unwahrscheinlich. Vielleicht hatte Pasiteles sogar Theil an dem berufenen *inventum* des Varro, welches freilich dem Künstler, dem der technische Vortheil der Schablone nicht unbekannt gewesen sein kann, schwerlich so wunderbar

[1]) O. Jahn a. a. O. p. 128 ff. 133 ff. Brieger a. a. O. p. 41 ff. p. 46 ff. Für die Schriften des Varro, welche Plinius benutzte, dachte O. Jahn besonders an den *Gallus Fundanius de admirandis*, wogegen Brieger a. a. O. p. 63 f. zu vergleichen ist, an *de vita populi Romani* und *de proprietate scriptorum*.

vorgekommen sein wird wie Plinius. Denn dessen sonderbare Nachrichten möchten sich vielleicht öfter daraus erklären, dass ihm, der der künstlerischen Technik unkundig war, sehr einfache und natürliche Dinge merkwürdig vorkamen, dass er einfaches als etwas besonderes berichtet, ohne zu bemerken, dass darin nicht das, was ihm so erscheint, sondern etwas tiefer liegendes merkwürdig ist.

Eine sorgfältige Beachtung der den Pasiteles betreffenden litterarischen Ueberlieferung, wie sie hier versucht ist, gewährt uns keine vollständige und ausreichende Charakteristik seiner künstlerischen Art, aber doch einige feste Punkte.

Schon die Thatsache selbst, dass er litterarisch thätig war, ist von Bedeutung. Sie setzt ein nicht nur künstlerisches, sondern in gewissem Sinne gelehrtes Interesse voraus. Wir gewinnen das Bild eines weitgereisten, die bedeutenden Kunstwerke aller Zeiten und Schulen beachtenden, fleissigen und eifrigen Künstlers.

Dass gerade von Pasiteles bezeugt ist, dass er einen Löwen nach dem Leben modellirte, könnte man versucht sein, für einen Zufall zu halten, aus dem auf ein eifrigeres Studium der Natur, als es bei anderen Künstlern gewöhnlich war, an und für sich nicht zu schliessen sei. Derartige Studien sind denn doch zu allen Zeiten von Künstlern auch der verschiedensten Richtungen angestellt worden. Aber die Art des Ausdrucks bei Plinius und besonders die Worte *accidit ... ut panthera erumperet non levi periculo diligentissimi artificis* scheinen allerdings auf ungewöhnlichen Eifer hindeuten zu sollen.

Auch das Lob, dass Pasiteles *nihil unquam fecit antequam finxit* besagt an und für sich nichts wunderbares. Schon Heyne[1]) merkte an *quasi aliter alii fecerint!* In der That, die Vorstellung, dass Phidias und Praxiteles ihre Werke ohne jedes vorgängige Modell ausgeführt, dass die grossen griechischen Meister aus purem Idealismus ohne weiteres auf den Marmor losgeschlagen hätten, und das Wesentliche des Bildhauers das Schwingen von Hammer und Meissel sei —, diese kindliche Vorstellung darf nachgerade als beseitigt gelten. Aber wir werden Plinius und Varro vielleicht einen nicht sehr scharfen, einen dilettantischen Ausdruck, keinesfalls aber Varro eine Albernheit zutrauen dürfen. Die Thatsache der Notiz selbst, der Zusammenhang und die Worte *cum esset in omnibus his summus* lassen keinen Zweifel, dass Pasiteles bei diesem seinem regelmässigen *fingere* mit einer für Varro auffälligen Sorgfalt zu Werke ging und sich dadurch von früheren oder gleichzeitigen Künstlern unterschied. Dass diese Sorgfalt, wie die Worte anzunehmen vielleicht gestatten, nur darin bestanden habe, dass Pasiteles während der Ausführung keine noch so unbedeutende Aenderung vorgenommen oder angegeben habe, ohne sie am Modell vorzuzeigen, scheint mir kaum glaublich. Man wird bei dieser Sorgfalt im

---

[1]) Heyne Opuscula acad. V p. 455.

Modelliren geneigt sein, hauptsächlich an zweierlei zu denken. Entweder unterliess Pasiteles niemals die Natur zu Rate zu ziehen: oder es soll mit jenem Lobe gesagt sein, dass er das Modell stets in derselben Grösse wie das auszuführende Werk herstellte und es bis zu einem Punkte brachte, welcher eine mechanisch sichere Uebertragung bis in die letzten Finessen erlaubte.

Ich würde an sich geneigt sein, nicht nur das letztere, sondern auch das erstere in der Nachricht des Plinius zu suchen. Aber die von Plinius genannten Kunstzweige Cälatur, Erzguss und Sculptur begreifen auch viele Werke in sich, bei denen ein Modelliren nach der Natur nicht möglich oder erforderlich ist. Um so bestimmter glaube ich, dass die zweite Art der Sorgfalt in der Notiz des Plinius angedeutet sei. Allerdings ist ja ein anderes als das in derselben Grösse und vollständig ausgeführte Modell für den Erzguss an und für sich nicht denkbar und ein solches auch für sorgfältig vollendete Einzelwerke in Marmor gewiss längst bekannt und üblich gewesen. Aber während in früheren Zeiten Grösse und Grad der Ausführung des Modells je nach verschiedenen Umständen, wie Wichtigkeit des Werks, grössere oder geringere Schwierigkeit der Arbeit, Befähigung und Geschicklichkeit der Hilfsarbeiter und dergl., wie es scheint, sehr verschieden gewählt wurden, und man sich bei vielen Reliefs mit einer Vorzeichnung auf die Marmorfläche begnügt haben mag, war oder wurde zu Pasiteles Zeit die dem heutigen, durch Canova zur Regel erhobenen[1]) Gebrauch durchaus entsprechende Gewohnheit herrschend, in all und jedem Falle ein vollständiges Thonmodell herzustellen und zwar — wenn es sich nicht gerade um Kolossalfiguren handelt — in der für das Werk selbst beabsichtigten Grösse. Es wird dies wahrscheinlich auch durch den dem Arkesilas bei Plinius vorher ertheilten Lobspruch, dass seine ***proplasmata pluris venire solita artificibus ipsis quam aliorum opera.*** Allerdings ist es richtig, dass kleine Skizzen eines grossen Meisters einem Künstler wertvoller sein können, als ausgeführte Werke minder bedeutender Künstler. Aber noch ungleich wertvoller mussten ausgeführte Modelle den Künstlern sein, die sie für sich benutzten, denn ein geistiges Eigentumsrecht der Producte der bildenden Kunst ist dem Altertume, das den Unterschied von Künstler und Handwerker im modernen Sinne nicht kennt, fremd; und dass hier ***proplasmata*** nicht kleine Thonskizzen, sondern ausgeführte grosse Modelle sind, lehrt der Zusammenhang. Die im folgenden bei Plinius, also in dem Abschnitt über Plastik aufgeführten Werke des Arkesilas sind eben solche ***proplasmata***: da die Venus Genetrix noch nicht fertig ist, so benutzt man für die Weihung des Tempels das Modell[2]); Lucull gab den Auftrag, eine im Modell vorhandene Felicitas in Marmor

[1]) Rumohr Erläuterungen einiger artistischen Bemerkungen u. s. w. (München 1810) p. 19 f. Cicognara Storia della scultura VII p. 252 f.

[2]) So vermuten auch Brunn Künstlergesch. I p. 600 und Becker Röm. Altertümer I p. 364.

auszuführen; dem Octavius verkauft Arkesilas ein gipsernes Modell zu einem Krater. Von diesen Modellen muss wenigstens das erste in der wirklichen Grösse gedacht werden.

Der Vorstellung eines gelehrt thätigen, durch Kenntniss der früheren Meister, durch Gewissenhaftigkeit in der Beobachtung der Natur und in der Ausführung der Modelle ausgezeichneten Künstlers können wir noch das Lob der Vielseitigkeit beifügen. Dass Pasiteles zuerst silberne Spiegel gemacht habe, ist kaum glaublich, sondern auch hier eine Besonderheit des Schmuckes oder der Technik vorauszusetzen, und es ist daraus vielleicht zu schliessen, dass er auch für das rein Technische thätig war. Er wird ausdrücklich als *summus* in Cälatur, Erzguss und Sculptur bezeichnet. Von den beiden namentlich genannten Werken war das Ereigniss aus der Kindheit des Roscius ein Relief in Silber; die Juppiterstatue wird als aus Elfenbein gefertigt angeführt. Es scheint demnach, dass Pasiteles die Goldelfenbeintechnik aufs neue aufgenommen hat.

Aber weder diese Werke noch Nachbildungen derselben sind uns erhalten; die Vermutung, dass ein noch vorhandenes Monument auf diese Darstellung des Roscius zu deuten sei, hat Visconti selbst wieder zurückgenommen[1]). Für die Art der Darstellung des Juppiter sind wir ohne jeden Anhalt. Bei dem Roscius drängt sich die Vermutung auf, dass der Künstler, der das Bild des Zeuxis: Herakles die Schlangen würgend, dabei Alkmene und Amphitryon[2]), gerühmt hatte (s. o. p. 17) sich vielleicht dafür diese Kenntniss zu Nutzen machte — aber weiter lässt sich auch hier nicht gehen.

Wir würden also, um jener durch die litterarischen Zeugnisse hervorgerufenen allgemeineren Vorstellung mehr Leben zu verleihen, suchen müssen, sie aus dem geschichtlichen Gange der antiken Kunst und durch Analogien zu ergänzen. Aber wir sind in diesem Falle glücklicher. Während die Archäologie so oft Klage führen muss, dass die Bildwerke ohne jede Nachricht der Künstler, die sie verfertigt haben, auf uns gekommen sind, besitzen wir noch heute das Werk nicht nur eines Enkelschülers, sondern auch eines unmittelbaren Schülers des Pasiteles. Wenn irgend etwas, muss uns dieses Werk auch über die Art des Meisters selbst Aufschluss geben, wenigstens einen Rückschluss gestatten.

[1]) Visconti Pio-Clem. II. 2, VII, 13 p. 321, 322.

[2]) Die Darstellungen dieser Scene hat Heydemann in der Archäol. Zeitung 1868 p. 33 f. zusammengestellt und zugleich zwei interessante zusammengehörige pompejanische Bilder Taf. 4 publicirt, welche allerdings, wie ich glaube, es wahrscheinlich machen, dass bei Plinius XXXV, 63 *Magnificus—Amphitryone* nur von einem einzigen Bilde oder von zwei zusammengehörigen Bildern die Rede ist, und vielleicht sogar eine Reminiscenz daran enthalten.

III.

Die auf Tafel II, 3 abgebildete Figur, welche auf dem Baumstamme die Inschrift

ΣΤΕΦΑΝΟΣ ΠΑΣΙΤΕΛΟΥΣ
ΜΑΘΗΤΗΣ ΕΠΟΕΙ

trägt, befand sich bereits im Jahre 1774 in Villa Albani. Die Inschrift ist in dem dritten Bande der Anecdota litteraria, welcher 1774 erschien p. 468 mitgetheilt mit der Notiz: *Romae in Suburbano Alexandri Albanii S. R. E. Card. extra portam Salariam, in basi statuae truncatae, effossa anno* 1769.

Marini theilte zugleich mit der Inschrift auch eine Abbildung mit[1]). Aber die Statue blieb, in die grosse Classe der „Tolomei" der italienischen Museen eingereiht, ohne die gebührende Beachtung, bis Brunn, nachdem schon Thiersch die Wichtigkeit der Künstlergenealogie Pasiteles Stephanos Menelaos betont hatte[2]), in der Künstlergeschichte[3]) diese Figur des Stephanos für die Charakteristik des Pasiteles und seiner Schule zu verwerten suchte. Es haben sich daran Erörterungen von Overbeck[4]) und besonders von Otto Jahn in der Abhandlung über Darstellungen des Orestes und der Elektra[5]) angeschlossen. Eine Zeichnung, welche eine richtigere Vorstellung von dem stilistischen Charakter geben konnte, als die durchaus ungenügende bei Marini, und welche auf unserer Tafel in einer nach dem Abgusse revidirten Verkleinerung wiederholt ist, habe ich im Jahre 1865 in den Annalen des archäologischen Instituts publicirt und zu erläutern versucht[6]). Auch

---

[1]) Marini Iscrizioni Albane (1785) p. 173. Vgl. Indicazione antiquaria per la villa Albani (1785) p. 22 no. 176 p. 128 no. 74. (1803) p. 17 no. 164 p. 139 no. 98 C. I. G. 6169.

[2]) Thiersch Epochen (1829) p. 295.

[3]) Brunn Künstlergeschichte I p. 595 ff.

[4]) Overbeck Gesch. der griech. Plastik II p. 270 ff. der ersten Auflage. Vgl. II p. 340 ff. der neuen Bearbeitung.

[5]) Berichte der kgl. sächs. Gesellschaft der Wissenschaften zu Leipzig 1862 p. 110 ff.

[6]) Annali dell' Ist. vol. XXXVII (1865) tav. d'agg. D p. 58 ff. Danach bei Overbeck Gesch. der Plastik II p. 342 der zweiten Bearbeitung. Eine Skizze auch bei Conze Beiträge zur Gesch. der griech. Plastik Taf. X, 2.

ist, noch gerade ehe der Wechsel des Besitzers dies verbot, eine Form genommen worden, aus welcher bereits einige Abgüsse nach Deutschland gelangt sind. Sie haben wiederum neue Besprechungen von Friederichs[1]) und Conze[2]) hervorgerufen. Nach dem allem liegen so verschiedene und widersprechende Ansichten vor, dass man fast glauben sollte, es müsse der Archäologie an jeder Norm für stilistische Beurteilung fehlen, während doch eine ganze Reihe unzweifelhaft bezeugter und klar erwiesener kunstgeschichtlicher Thatsachen allgemein anerkannt sind. Aber wenn wir uns erinnern, wie lange es gedauert hat, bis die Archäologie, welche in ihrer Entwicklung einen der Erforschung der neueren Kunst entgegengesetzten Verlauf genommen hat, etruskisches von altgriechischem scheiden lernte und archaistisches von archaischem in Fällen, welche jetzt ein Lächeln hervorrufen, so dürfen wir auch für die Erkenntniss dieser feineren Unterschiede der Zukunft vertrauen. Und vielleicht liegen die entgegengesetzten Ansichten dennoch nicht so unversöhnbar auseinander als es auf den ersten Anblick scheinen muss. Denn es handelt sich zum Theil auch um Gradunterschiede und um verschiedene Erklärung derselben oder ähnlicher Beobachtungen. Vor allem wird eine noch strengere Sonderung des deutlich und sicher zusammengehörigen und verwandten von dem, wo dies weniger deutlich, wo es zweifelhaft ist, die Streitfrage begränzen, vielleicht entscheiden können.

Bei dem Versuche das, was ich in diesen schwierigen und verwirrten Fragen allein für richtig halten kann, klar zu stellen, werde ich mich einer Art der Erörterung, welche in anderen Fällen für peinlich gelten müsste, nicht entziehen können.

Ich schicke die äusseren Angaben voraus.

Die Figur misst in der Höhe 1, 46[3]). Sie ist aus griechischem Marmor. Modern

[1]) Friedrichs Bausteine p. 112 no. 92.

[2]) Conze Beiträge zur Geschichte der griechischen Plastik p. 28 ff.

[3])

Torsolänge	0,45	
Brustwarzenentfernung	0,21	
Hüftenbreite	0,25	
Schulternbreite	0,40	
Oberschenkel	0,46	
Unterschenkel	0,46	
Fusslänge	0,24	(0,21 bei Benndorf und Schöne Lateran p. 29 ist offenbar ein Druckfehler. Conze bei O. Jahn a. a. O. zu p. 111 giebt 0,23 ⁷/₈)
Gesichtslänge	0,125	
Stirnhöhe	0,03	
Länge der Nase	0,04	
Länge des Untergesichts	0,052	
Innere Augenweite	0,022	
Aeussere Augenweite	0,068	
Mundbreite	0,038	

sind der linke Vorderarm, der rechte Arm, der vordere Theil des rechten Fusses; sonst kleinere Ausbesserungen. Die Beine waren gebrochen, der Kopf ist aufgesetzt, aber antik und zugehörig; an demselben sind ergänzt der Hinterkopf, ein Theil der Binde und der kleinen Locken an derselben.

Eine jede Erörterung dieser Statue wird notwendiger Weise von Brunns*) Charakteristik derselben ausgehen müssen.

Brunn beginnt mit der Bemerkung, dass die Figur ihrem Eindrucke nach keineswegs zu denen gehöre, welche eine hohe geniale Begabung ihres Urhebers voraussetzen lassen. Vielmehr möchte man auf sie die Bezeichnung einer akademischen Studienfigur anwenden, bei welcher dem Künstler vielleicht der Gedanke vorgeschwebt habe, eine Art Musterfigur etwa in der Weise des polykletischen Kanon aufzustellen. „Die Haltung ist durchaus streng und gemessen, wenig bewegt, und, wie es scheint, gerade darauf berechnet, den ganzen Körper in seinen einfachen und normalen Verhältnissen zu zeigen. Die Behandlung der Oberfläche ist fern von üppiger Weichheit und Fülle; vielmehr liesse sich ihr eine gewisse Trockenheit und Magerkeit zum Vorwurfe machen, die aus einem zu ängstlichen Streben nach Correctheit hervorgegangen sein kann.“ Endlich müsse noch besonders die Kleinheit des Kopfes auffallen, und alle diese einzelnen Erscheinungen würden sich vielleicht so am einfachsten erklären lassen, dass der Künstler, um nach der Verdrängung der strengen Regeln Polyklets durch Lysipp wiederum eine feste Norm zu finden, auf Polyklet zurückgegangen sei, aber zugleich von lysippischer Schlankheit das mögliche zu retten und beide Systeme zu verschmelzen gesucht habe. In der Kleinheit des Kopfes offenbarten sich die Spuren des einen, in der kräftigen Anlage der Brust die des anderen Systems. Sollte man aber die Arbeit der Figur für zu gering halten, so würde sie für eine Copie, und das Original, von welchem sie copirt worden, für den Versuch einer solchen neuen Norm durch Verschmelzung polykletischer und lysippischer Proportionen gelten können.

In dieser von Brunn gegebenen Charakteristik scheint mir die Bezeichnung einer akademischen Studienfigur und das, was über das Streben nach Correctheit gesagt ist, sehr treffend. Auch dass eine gewisse Vereinigung verschiedener Proportionssysteme darin erstrebt sei, ist in dem Sinne zuzugeben, dass der Künstler auf eine ungewöhnliche Weise verfahren ist und weder die kräftigeren Proportionen der älteren Kunst, noch die

Uhrenabstand	0,107
Nasenansatz zu Ohr	0,095
Kinn zu Ohr	0,102

Vgl. Benndorf und Schöne Lateran p. 29 und 406.

*) Brunn Künstlergeschichte I p. 596 ff.

schlankeren der späteren zur Norm genommen hat. Aber die auffällige Wirkung beruht fast ausschliesslich auf der offenbar absichtlich sehr breit angenommenen Brust, während die Proportionen im Ganzen und Einzelnen nichts bieten möchten, was nicht auch in der Natur beobachtet werden könnte. Während bereits die Aegineten, wie schon I. M. Wagner hervorgehoben hat[1]), zwar gedrungene Gestalten zeigen, aber die Beine im Verhältniss zum Rumpf länger sind als dies in der Natur zu sein pflegt, und diese auch sonst in der alten Kunst bemerkbare Neigung von Lysipp mit Absicht und Bewusstsein ausgebildet wurde, ist in der Stephanosfigur ein Abweichen von der Natur nach dieser Tendenz hin keineswegs zu bemerken, wenn auch die scheinbare Schwäche der Beine im Verhältniss zum Rumpf, welche E. Braun[2]) sogar für die Deutung auf Hephaestos verwenden wollte, besonders durch den Gegensatz der übertrieben breiten Brust veranlasst ist. Auch der Eindruck der Kleinheit des Kopfes, welcher Brunn hauptsächlich zur Annahme einer förmlichen Verschmelzung lysippischer und polykletischer Proportionen bestimmt zu haben scheint, möchte wenigstens zum Theil von der ungenügenden Masse des Ober- und Hinterkopfs herrühren, welcher mit diesem den modernen Restauratoren besonders geläufigen Fehler ergänzt ist, während bei den analogen Köpfen wenigstens der Oberkopf gerade auffällig hoch zu sein pflegt.

Aber in anderer Hinsicht findet allerdings ein gewisser Widerspruch zwischen Kopf und Körper statt. Während die Arbeit des Körpers eine sehr sorgfältige Benutzung des lebenden Modells zu verraten scheint, hat der Kopf etwas sonderbar unbelebtes und erinnert dadurch, durch die Grösse des dennoch etwas verkümmerten Untergesichts und die Anordnung des Haares an archaische Typen, denen er doch wiederum nicht wirklich und vollständig entspricht.

Dass der Pasiteles, der in der Inschrift dieser Figur genannt wird, ein anderer sei als der berühmte Zeitgenosse des Pompejus, dafür möchte sich wol schwerlich irgend ein Grund ausfinden lassen. Die Vorstellungen, welche wir aus der schriftlichen Ueberlieferung von ihm gewonnen haben, finden in dem Werke seines Schülers keinen Widerspruch. Aber wie viel ist darin aus der älteren Kunst, die Pasiteles so eifrig studirt zu

---

[1]) I. M. Wagner Bericht über die äginetischen Bildwerke p. 90. „In Hinsicht auf Proportion sind diese Figuren im allgemeinen schlank, etwas schmal von Hüften, die Beine eher etwas zu lang als zu kurz; besonders auffallend ist dieses bei der Minerva und den beiden kleinen weiblichen Figuren, bei welchen von der Rückseite betrachtet der obere Theil des Körpers bis unter den Gesässmuskel weit kürzer ist, als die Beine vom Gesässmuskel abwärts, welches sich bekanntlich in der Natur umgekehrt verhält."

[2]) E. Braun Ruinen und Museen Roms p. 639 f., wol mit Beziehung auf die Viscontische Deutung der borghesischen Gruppe im Louvre. — Thiersch Epochen (1829) p. 295 nennt die Figur eine gymnische.

haben scheint, herübergenommen? wie viel selbständig erdacht? wie viel der Natur unmittelbar nachgebildet?

Die Einfachheit der Figur, der Typus des Kopfes haben Anlass gegeben, sie, im Gegensatz zu Brunns Ansicht von einer selbständigen Leistung mit Benutzung und Kenntniss früherer künstlerischer Richtungen verschiedener Art, vielmehr, nicht für ein echt archaisches Werk — denn das verbietet die Inschrift ein für allemal —, aber für die stilistisch genaue Copie eines solchen zu erklären.

Aber kennen wir denn ein gleiches oder ähnliches echt archaisches Werk?

Es führt dies auf die der Figur des Stephanos näher oder weiter verwandten Monumente, welche ich im Folgenden aufzähle.

1. Statue im Billardo der Villa Albani: Indicazione antiquaria (1785) no. 169 E. Braun Ruinen und Museen Roms p. 701 n. 97. O. Jahn, Leipziger Ber. 1862 p. 110 f. Annali d. I. 1865 p. 62. Conze Beiträge zur Gesch. der griech. Plastik p. 25.

Aus griechischem Marmor. Ergänzt sind das rechte Bein, das linke zum grossen Theil, beide Arme, die Nase. — Von derselben Grösse wie die Figur des Stephanos. Vgl. die Maassangaben von Conze bei O. Jahn a. a. O. zu p. 111.

2. Torso im Museum des Lateran: Benndorf und Schöne Die antiken Bildwerke des lateranensischen Museums p. 29 no. 46.

Aus griechischem Marmor. Es fehlen Kopf und Hals, die beiden Vorderarme, das rechte Unterbein, das linke Bein von der Hälfte des Schenkels an. Die Maasse sind dieselben wie bei der Figur des Stephanos.

3. Kopf im Museum des Lateran: Benndorf und Schöne a. a. O. p. 95 no. 157. Annali d. I. 1865 p. 62.

Aus griechischem Marmor. Neu sind ein Theil der Nase, Hals und Büste. Von derselben Grösse wie der Kopf der Stephanosfigur. Die Maasse bei Benndorf und Schöne a. a. O. p. 406.

4. Kopf im Museo Chiaramonti: Beschreibung Roms II, 2 p. 50, 164. Indicazione antiquaria del museo Chiaramonti (1856) p. 29, 166. Annali d. I. 1865 p. 62.

Aus weissem Marmor. Ergänzt ist die Nase, ein grosser Theil des Mundes und Kinnes, und Hals und Büste. Der Typus erinnert sehr stark an den Kopf der Stephanosfigur. Auch die Grösse scheint übereinzustimmen.

5. Gruppe des Orestes und der Elektra, aus Herculanum; im Museo nazionale in Neapel: Museo Borbonico IV, 8. Raoul-Rochette Monuments inédits XXXIII, 1. Clarac 836, 2093. V p. 75. O. Jahn, Leipziger Ber. 1862, Taf. 4, 1 p. 103 ff. Overbeck Gesch.

der griech. Plastik p. 343 der zweiten Auflage. — Nach einer Photographie abgebildet auf unserer Tafel II, 1.

Aus griechischem Marmor. Ergänzt sind die linke Hand und die Nase des Orestes, sonst nur unwesentliche Theile. Die Höhe des Orestes ist dieselbe wie die der Stephanosfigur[1]). — Für die Erklärung vgl. Raoul-Rochette und O. Jahn a. a. O.

6. Gruppe des Orestes und Pylades im Louvre, früher in Villa Borghese: Montfaucon I, 2, 194, 2. Sculture del palazzo della villa Borghese detta Pinciana II, 6, 6 p. 42 ff. E. Q. Visconti Monumenti scelti Borghesiani 4, 2 p. 59 ff. Bouillon I, 22, 1. Raoul-Rochette Mon. inéd. XXXIII. 2. 4. 5. Clarac 317, 1546. IV p. 178. O. Jahn, Leipz. Ber. 1862. Taf. 4, 2 p. 127 ff. — Nach Raoul-Rochette's Abbildung verkleinert wiederholt auf unserer Tafel II, 2.

Aus griechischem Marmor. Die Gruppe ist sehr viel gebrochen und geflickt. Bei Clarac sind die Ergänzungen bezeichnet wie folgt: „Sont modernes: à la figure à notre gauche, la moitié des avant-bras et les mains, la moitié de la jambe droite et le talon; à la figure de droite, l'avant-bras gauche un peu au-dessus du coude jusqu'au poignet, la partie antérieure du milieu de la cuisse droite, le pied droit jusqu' à quelques pouces au-dessus des malléoles, un tiers de la jambe gauche au dessous du mollet. Le haut du tronc d'arbre l'est jusqu'au noeud.“ Die Höhe wird angegeben auf 1,457.

Für die Erklärung der Gruppe, welche Visconti auf Hermes und Hephaestos deutete, genügt es auf Raoul-Rochette und O. Jahn a. a. O. zu verweisen.

	Orest	Elektra
[1]) Torsulänge	0,44	
Brustwarzenentfernung	0,21	0,20
Hüftenbreite	0,25	
Schulternbreite	0,41	
Oberschenkel	0,46	
Unterschenkel	0,44	
Fusslänge	0,24	
Kopfhöhe	0,20	0,20
Gesichtslänge	0,12	0,12
Stirnhöhe	0,027	0,032
Nase	0,044	0,041
Untergesicht	0,052	0,05
Aeussere Augenweite	0,073	0,071
Innere Augenweite	0,023	0,025
Mundbreite	0,045	0,041
Ohrenabstand	0,108	0,109
Nasenansatz zu Ohr	0,097	0,09
Länge des Ohrs	0,044	0,042

7. Apollo im Museo nazionale zu Neapel: Annali d. I. 1865 tav. d'agg. C. p. 55 ff. Die Zeichnung, welche dem Stiche in Band VIII der Monumenti Taf. XIII zu Grunde liegt, ist dem Zeichner, trotz aller Mühe die bei der Revision aufgewendet wurde, nicht vollständig gelungen. Overbeck Gesch. der gr. Plastik II p. 342 der zweiten Bearbeitung. — Gefunden in Pompeji, in der casa del citarista, am 8. November 1853. Vgl. Pomp. antiq. historia ed. Fiorelli vol. II p. 583.

Aus Bronze. Hoch 1,59 mit der Basis. Es fehlt die Leier, zu deren Befestigung ein noch vorhandenes Scharnier in der linken Hand diente. Die Figur hat durch Oxydirung gelitten[1]). Nach einer Photographie abgebildet auf unserer Tafel III, 1.

8. Apollo in Villa Pamfili zu Rom: Annali 1865 p. 67, 2.

Aus weissem Marmor. — Modern sind die beiden Vorderarme und die Nase; es fehlen die vorderen Theile der Füsse. Der Kopf ist aufgesetzt, aber alt und zugehörig. Das rechte Bein war gebrochen.

9. Apollo in der Akademie zu Mantua: Labus Museo di Mantova I. 56. Clarac, pl. 482 B, 933 A. Gerhard, Arch. Zeitung 1846 p. 354. Annali 1865 p. 68. Conze, Arch. Zeitung 1867 p. 103*: „Ich begnüge mich zu bestätigen, dass Einzelheiten der Technik allerdings auf eine Copie nach einem Bronzeoriginal schliessen lassen, dass die Beiwerke der Statue, was man nach der Abbildung möglicher Weise bezweifeln könnte, in allem wesentlichen alt sind, und dass der am Boden neben dem rechten Fusse erhaltene, bei Labus

[1])

Höhe ohne Basis	1,49
Torsolänge	0,46
Brustwarzenentfernung	0,25
Hüftenbreite	0,28
Oberschenkel	0,49 (?)
Unterschenkel	0,49 (?)
Fusslänge	0,23
Kopfhöhe	0,22
Gesichtslänge	0,15
Stirnhöhe	0,042
Nase	0,052
Untergesicht	0,064
Aeussere Augenweite	0,09
Innere Augenweite	0,035
Nasenflügelabstand	0,032
Mundbreite	0,042
Ohrenabstand	0,12
Kinn zu Ohr	0 115
Nasenansatz zu Ohr	0,11
Länge des Ohrs	0,056

ganz ungenau gezeichnete Rest wohl das abgebrochene untere Ende eines Köchers sein könnte." Friederichs Bausteine p. 108 ff. no. 90.

Aus weissem Marmor. Bei Labus ist als Grösse angegeben: piedi 4. pol. 9. lin. 7. Nach einer Photographie abgebildet auf unserer Taf. III. 2.

10. Apollo in der Sammlung Despuig in Palma auf der Insel Mayorca: Noticia de los Museos Despuig p. 80 no. 23. Hübner, Bullettino d. I. 1861 p. 108 f. Die antiken Bildwerke in Madrid p. 292. 297 f. no. 718.

Ueberlebensgross. — Ueber Material und Ergänzung gibt Hübner daselbst folgende Auskunft: „Der Kopf und Hals ist neu; doch sieht man auf beiden Schultern die Spitzen der lang herabhängenden Locken. Neu ist ferner der ganze rechte Arm von der Schulter an mit der das Plektron haltenden Hand, der linke vom Ellenbogen an, die Leier, nicht aber die Chlamys auf dem Baumstumpf, endlich beide Füsse mit dem Plinthos und die linke Kniescheibe. Beide Beine waren unter den Knieen und über den Knöcheln gebrochen; doch sind die Stücke alt und dazu gehörig. Der Marmor ist carrarisch, so viel ich urteilen kann: ganz weiss und von feinem Korn." Auf dem Baumstumpf steht die Inschrift (s. Bullettino a. a. O. p. 109)

ΑΠΟΛΛΩΝΙΟϹ
ΕΠΟΙΕΙ

Gefunden in der Villa des Hadrian: Visconti Pio-Clem. III zu tav. 49 p. 221, 3. Vgl. Hübner a. a. O. p. 292. 298.

11. Wettläuferin in der Galleria dei candelabri: Visconti Pio-Clem. III, 27. Clarac 864, 2199. V p. 128. Annali 1865 p. 66. Friederichs Bausteine p. 110 ff. no. 91. Conze Beiträge p. 28.

Aus pentelischem Marmor. Ergänzt sind beide Arme und die Nase. Die Höhe wird auf 6 palm. 10 onc. angegeben.

Von diesen Denkmälern können einige einfach als Repliken gelten: der Torso im Lateran (2) ist durch kräftige schöne Arbeit, die von Conze wie ich glaube etwas überschätzte Statue im Billardo der Villa Albani (1) durch eine grössere Gleichmässigkeit des Ganzen bemerkenswert. Aber weder diese beiden Figuren noch die, wenige Modificationen zeigenden Köpfe im Lateran (3) und Chiaramonti (4) können Anspruch erheben, für archaische Originale zu gelten. Ein solches glaubte man ehemals in der napolitanischen Gruppe (5) zu besitzen, und noch Otto Jahn hatte deshalb die Stephanosfigur als Copie aus jener Gruppe betrachtet. Aber man ist darauf aufmerksam geworden, dass diese Gruppe nicht echt archaisch sein kann. Stephani[1]) hat das Motiv des an der Schulter der

[1]) Stephani zu Köhlers gesammelten Schriften III p. 316. Compte-rendu pour 1860 p. 26. Annali d. I. 1865 p. 62 ff.

Elektra herabgleitenden Gewandes mit Recht als spät bezeichnet. Aber auch das übrige Arrangement des Gewandes, in welchem das Princip des sogenannten durchscheinenden oder nassen Gewandes in der raffinirtesten Weise angewendet ist, und die künstliche Führung des shawlartigen Ueberwurfs auf der rechten Schulter und um das linke Handgelenk führt mit Bestimmtheit auf späte Zeit. Ebenso fein und absichtlich ist die ganze Composition der Gruppe: es ist dies besonders leicht erkennbar an der Art wie Elektra auf eine eigne Erhöhung der Basis gestellt ist, und wie auf das sichtbar werden ihrer rechten Hand Bedacht genommen ist. Auch die leise angedeutete psychologische Motivirung der Gruppe, die man eher etwas sprechender wünschen könnte, würde in der altertümlichen Kunst, die vor allen Dingen darauf ausgeht sich deutlich zu machen, ohne Beispiel sein. Es ist demnach diese Gruppe nicht als das Vorbild der Stephanosfigur zu betrachten, sondern als ein Werk derselben Schule.

Eben so wenig kann die Pariser Gruppe, in welcher an Stelle der Elektra eine männliche Figur, Pylades, getreten ist, Anspruch darauf machen ein archaisches Werk zu sein. Sie muss gleichfalls als der Figur des Stephanos analog gelten.

Ein altertümliches Werk, das Stephanos und andere copirt hätten, ist also nicht vorhanden, wenigstens bis jetzt nicht nachgewiesen worden.

Aber giebt es vielleicht unbezweifelt und unzweifelbar echt archaische Werke von so ähnlichem Charakter, dass ein solches archaisches Original dennoch mit Notwendigkeit vorausgesetzt werden müsste?

Es ist hier die Figur der Wettläuferin anzuführen, welche für Friederichs' Auffassung der ganzen Streitfrage von entscheidender Wichtigkeit gewesen sein möchte, und welche Conze die Spur darzubieten scheint, dass alle diese Werke auf altgriechische und zwar altpeloponnesische Vorbilder zurückzuführen seien.

Pausanias V, 16, 2 erzählt von Wettläufen der Jungfrauen in Olympia zu Ehren der Hera:

Διὰ πέμπτου δὲ ὑφαίνουσιν ἔτους τῇ Ἥρᾳ πέπλον αἱ ἓξ καὶ δέκα γυναῖκες· αἱ δὲ αὐταὶ τιθέασι καὶ ἀγῶνα Ἡραῖα· ὁ δὲ ἀγών ἐστιν ἅμιλλα δρόμου παρθένοις, οὔτι που πᾶσαι ἡλικίας τῆς αὐτῆς, ἀλλὰ πρῶται μὲν αἱ νεώταται, μετὰ ταύτας δὲ αἱ τῇ ἡλικίᾳ δεύτεραι, τελευταῖαι δὲ θέουσιν ὅσαι πρεσβύταται τῶν παρθένων εἰσίν. Θέουσιν δὲ οὕτω· καθεῖταί σφισιν ἡ κόμη, χιτὼν ὀλίγον ὑπὲρ γόνατος καθήκει, τὸν ὦμον ἄχρι τοῦ στήθους φαίνουσι τὸν δεξιόν . . . . ταῖς δὲ νικώσαις ἐλαίας τε διδόασι στεφάνους καὶ βοὸς μοῖραν τεθυμένης τῇ Ἥρᾳ· καὶ δὴ ἀναθεῖναί σφισιν ἔστι γεγραμμένας εἰκόνας.

Dass die Tracht der in Rede stehenden Figur mit der Schilderung des Pausanias genau stimme, hat schon E. Q. Visconti bemerkt[1]). Während Otfried Müller[2]) lieber an

---

[1]) E. Q. Visconti Mus. Pio-Clem. III zu Tafel 27.

[2]) O. Müller Handbuch p. 741.

eine Wettläuferin aus Domitians[1]) Zeit denken wollte, hält Friederichs[2]) die Figur für die Copie einer ehernen Siegesstatue einer jener olympischen Wettläuferinnen. „Schwerlich, bemerkt er dann, rührt die Figur aus einer attischen Werkstatt her. Sie ist zu verschieden von dem Charakter der attischen Werke, auch scheint die Verfertigung der olympischen Siegerstatuen ganz überwiegend den Kunstschulen des Peloponnes zugefallen zu sein.“ Ebenso setzt Conze[3]) ein altpeloponnesisches Original voraus. Ich will kein besonderes Gewicht darauf legen, dass ich nicht glaube, γεγραμμένας εἰκόνας sei mit Friederichs durch „mit Inschriften versehene Statuen“ zu übersetzen, sondern nur gemalte Bilder darunter verstehen kann, wie Visconti, der deshalb für die Statue an eine Heroin wie Chloris dachte[4]); auch nicht, dass bei der Uebertragung einer solchen Siegerstatue in Marmor die Anbringung der Palme statt des Olivenkranzes nicht sehr passend war; dass ich endlich durchaus nicht für unmöglich halte, dass dies in pentelischem Marmor ausgeführte Exemplar aus einer attischen Werkstatt stamme, weil Werke, welche ich der Richtung des Pasiteles in vieler Beziehung analog halten muss — ich denke dabei an den Apoll auf dem Omphalos[5]) — auch in Athen vorkommen, und überhaupt ähnliche Tendenzen in derselben Epoche an verschiedenen Orten vorauszusetzen sind. Alle diese Einwände können für kleinlich gelten gegenüber der Uebereinstimmung der Tracht. Aber wenn ich mich auch in der Beurteilung dieser einen Figur völlig täuschen sollte, wenn sie nicht eine selbständige Composition, nicht die bis zu einem gewissen Grade selbständige Umbildung oder Durchbildung eines älteren Werkes, wenn sie nicht einmal eine Studiencopie einer dem Pasiteles verwandten Schule, sondern wirklich die stilistisch völlig treue Copie eines altertümlichen Werkes sein sollte, so würde doch diese eine Figur nicht die ganze Frage entscheiden können. Diese ist zu entscheiden nicht nach dem entferntest verwandten Werke, welches die Wettläuferin ist, sondern nach den nächst verwandten und nach denjenigen, welche ihrer Eigentümlichkeit nach am ehesten ein bestimmtes Urteil gestatten.

Man wird vielleicht bereits bei meiner Aufzählung der verwandten Werke die von Conze in seinen Beiträgen zur Geschichte der griechischen Plastik Tafel IX. publicirte und ebd. p. 22 ff. besprochene Ephebenstatue des Museums zu Petersburg vermisst haben. Helbig[6]) und Conze stimmen überein darin, dass sie in dieselbe Reihe wie die Stephanos-

[1]) Cass. Dio 67,8. Sueton. Domitian. 4.

[2]) Friederichs Bausteine p. 110 f. no. 91.

[3]) Conze Beiträge zur Gesch. der griech. Plastik p. 28.

[4]) Vgl. Pausan. V. 16, 3.

[5]) Beschreibung der antiken Bildwerke im Theseion p. 36 no. 70. Conze a. a. O. Taf. III—V, p. 13 ff. Lützow, Zeitschrift für bildende Kunst 1868 p. 24. 1869 p. 283 f.

[6]) Bullettino d. I. 1867 p. 113.

figur gehöre, und sind nur uneins in der Beurteilung. Helbig findet archaische Elemente zugleich mit dem raffinirten Naturstudium späterer Zeiten; Conze betrachtet sie als stilgetreue Copie eines archaischen Werkes. Ich würde an sich geneigt sein Helbigs Ansicht für die richtige zu halten, um so mehr als sich die Figur, an deren Deutung Conze verzweifelt, als Theil einer ganz ähnlichen Gruppe denken liesse wie die des Menelaos ist, nur in umgekehrter Richtung, und die zweite Figur ähnlich wie die später anzuführende Gewandfigur aus Villa Pamfili (Taf. III, 4). Aber ich kann nicht aus eigener Anschauung urteilen, und da mir von befreundeter Hand eine Mittheilung zugeht, welche, auf Grund einer genauen Vergleichung der Abgüsse, Unterschiede bemerkt, welche Conze und Helbig nicht bemerkt haben, und die Gleichartigkeit der Stephanosfigur und des Petersburger Epheben in Abrede stellt, so muss ich eine Entscheidung nach Maassgabe dieses Petersburger Epheben noch entschiedener ablehnen als diejenige nach der wenigstens in gewissem Sinne verwandten Wettläuferin[1]).

---

[1]) Ich halte es für nützlich diese Mittheilung, obwohl sie zum Theil mit meinen eigenen Erörterungen wiederholend oder vorgreifend zusammenfällt, hier vollständig beizufügen, weil sie einen wesentlichen Punkt der ganzen Frage wie mir scheint sehr bestimmt und klar beleuchtet. Sie lautet wie folgt: „Ich möchte glauben, dass sich eine nicht schlechthin treue Copie eines altertümlichen Werkes, wie es der Petersburger Ephebe ist, von einem Werke späterer Zeit, das in Erinnerung an altertümliche Kunst und unter ihrem Einfluss entstanden ist, wie die Stephanosfigur, sehr wohl unterscheiden lässt, wiewohl der Weg von dem einen zum andern nicht sehr weit ist.

Einen gewissen Mangel an Harmonie nehmen wir an dem einen wie dem anderen Werke wahr. Dass an der Figur des Stephanos eigentlich kein Glied recht zum anderen und zum Ganzen passe, hat Conze (p. 16) selbst auseinandergesetzt. Man kann im Grunde kaum sagen, dass der Kopf in Bezug auf das Kunstvermögen wesentlich hinter dem Uebrigen zurückstehe. Er ist freilich weniger gelungen, aber seine Fehler sind ähnliche wie die der ganzen Figur: es fehlt das schlagend richtige, zusammenstimmende Verhältniss der Theile, und die Züge wiederholen die eigentümliche Starrheit die auch die Glieder fesselt. Wie es dem festen, ans Gepolsterte streifenden Fleisch an pulsirendem Leben fehlt, so kann und mag man sich weder diesen Körper in frischer Bewegung noch die Züge einem wechselnden Lebensausdruck unterworfen denken.

In dem Petersburger Epheben dagegen vermag ich nichts Störendes zu finden als einen merklichen Unterschied zwischen Kopf und Körper, der sich jedoch nicht auf ein Missverhältniss der Grösse erstreckt, sondern darauf beschränkt, dass die feineren Besonderheiten der Gesichtsformen und der einzelnen Gesichtstheile noch nicht der Natur abgelauscht erscheinen. Wenn das Gesicht ausserdem im Ganzen zu platt geraten ist, so beruht dies wohl nicht sowohl auf Unvermögen als auf einem Versehen, wie es bei dieser Stellung des Kopfes, zumal wenn der Künstler ohne Hülfe eines gleich grossen Modells gearbeitet haben sollte, sehr leicht geschehen konnte. Auf eine ähnliche Weise hat sich Michel Angelo bei seiner Pietà am Kopf des Christus verhauen. Sonst fällt mir nur die linke Hand als gross auf: indessen auch wenn sie zugehören sollte, was nicht fest steht (Conze p. 22), so könnte hier recht wohl ein enger Anschluss an die Natur beabsichtigt sein. In einem gewissen Alter ist ein vorauseilendes Wachsen der Hände häufig; auffallend grosse Hände hat auch Michel Angelo seinem David gegeben.

Im Uebrigen zeigt das Werk schlechterdings nichts von jener Disharmonie, welche den Körper der Stephanosfigur auch an sich, ohne Rücksicht auf den Kopf, unerfreulich macht. Im Gegentheil,

Dagegen ist nicht zu zweifeln an der Gleichartigkeit vor allem der Gruppe in Neapel: und diese ist von entscheidender Wichtigkeit. Dass sie nicht archaisch, sondern eine der Stephanosfigur analoge Arbeit sei, ist mir von Otto Jahn und, wie es scheint, allgemein zugestanden worden. Dass die weibliche Figur keine Copie eines archaischen Werkes, sondern eine selbständige späte Erfindung mit Benutzung einiger archaischer Eigentümlichkeiten sei, scheinen auch Friederichs und Conze[1]) zuzugeben. In Arbeit und Charakter der beiden Figuren ist kein Unterschied zu bemerken; ist es an sich wahrscheinlich, dass in dieser Gruppe die eine Figur eine genaue Copie eines archaischen Werkes, die andere eine freie Composition sei?

Ich kann keinen zwingenden Grund dafür finden. Aber wenn die Stephanosfigur und ihre Repliken Stellung und Anordnung eines archaischen Werkes wirklich treu wiederholten, so würde, wie ich glaube, mindestens die Annahme notwendig, dass wenigstens bei der ersten, für die übrigen maassgebenden Copie das lebende Modell aufs neue zu Rate gezogen worden sei. Ich kann mich trotz des Widerspruchs, auf den ich gestossen bin, der Ueberzeugung nicht entschlagen, dass die Auffassung der Natur, die Art des Sehens und des Darstellens des Körpers und seiner einzelnen Theile hier eine andere sei als in der archaischen Kunst, und dass diese Verschiedenheit grösser sei, als dass sie durch unwillkürliche Aenderungen der Copistenhände erklärt werden könnte. Ich finde in sämmtlichen Exemplaren eine andere Naturwahrheit als diejenige der Aegineten nicht nur, sondern auch der durch Copistenhände wiedergegebenen Tyrannenmörder, eine andere Naturwahrheit als diejenige der Zeit der Vollendung. Ich vermisse die glückliche Unbefangenheit der altertümlichen Kunst, der die Nacktheit des Körpers etwas selbstverständliches und natürliches ist, ich vermisse den eigentümlichen Reiz der mit der Form und ihrer Darstellung noch ringenden, aufstrebenden Kunst und ihre Anstrengung, das was sie errungen, was sie kann und weiss, nun auch rücksichtslos deutlich zu machen und auszusprechen, ihre naive Freude an der Darstellung der Kraft des menschlichen Körpers. Ich vermisse ebensosehr jenen Schmelz von natürlicher Anmut und Bescheidenheit, welcher die nackten Gestalten der Zeit der Vollendung zu umfliessen scheint, und finde statt dess, bei aller Bewunderung, etwas das in der That an eine akademische, nach dem entkleideten Modell ausgeführte

---

die Theile stimmen besonders glücklich zusammen, die Verhältnisse eines wohlentwickelten Knabenkörpers sind vortrefflich beobachtet und mit Sicherheit wiedergegeben; die zierliche freie Geschmeidigkeit dieses Alters mit dem bescheidenen anmutigen Maasse von Muskelausbildung, das ihm gehört, tritt hier gerade vortheilhaft hervor. Und so sehr man das Bestreben nach Vollendung wahrzunehmen glaubt, so wenig begegnet irgendwo eine Spur von etwas Gesuchtem, Raffinirtem oder Geziertem, auch nur in einzelnen Formen."

[1]) Conze a. a. O. p. 26: „Die Neapler Gruppe halte auch ich mit Kekulé für ein spätes Erzeugniss einer wenigstens der des Pasiteles verwandten Kunstwerkstatt."

Studienfigur erinnert. Und eine Bestätigung dieses meines Eindrucks finde ich in dem pompejanischen Apoll, dessen nahe Verwandschaft mit der Stephanosfigur schon vor mir von Brunn[1]) behauptet worden ist, und welcher das, was in der Figur des Stephanos angedeutet ist und zweifelhaft scheinen kann, klar und deutlich ausspricht. Es ist zu bedauern, dass gerade diese Figur in den deutschen Museen im Abguss nicht vorhanden und vielleicht deshalb von Friederichs und Conze nicht so beachtet worden ist, wie sie es, als die vorzüglichste Figur der ganzen Reihe, verdienen möchte.

Diese Bronzefigur ist, bei im übrigen glücklicher Erhaltung, durch Oxydirung fleckig geworden. Aber auf Beschauer, welche über solche Entstellungen hinwegzusehen im Stande sind, pflegt die Statue einen starken und eigentümlichen Eindruck nicht zu verfehlen. Der Gott, völlig unbekleidet, ist leierspielend dargestellt. Deshalb muss er einen festen und sicheren Stand haben. In der gesenkten rechten Hand hält er das Plektron; die Finger der Linken berührten die Saiten der Leier. In einer dabei natürlichen Bewegung neigt er den Kopf nach dem Instrumente hin, so dass seine langen Locken vorwärts fallen, und er scheint so ganz versenkt in die Töne, er ist so sehr in sich gesammelt dargestellt, dass das Werk sich dem Beschauer eher zu verschliessen, als die Freude des Betrachtens erleichtern zu wollen scheint. Aber ich kann nicht zugeben, dass in dieser scheinbaren Strenge und ernsten Einfalt die Kennzeichen einer altertümlichen Kunst zu suchen seien. Allerdings erinnert der als Apollokopf sehr charakteristische Kopf an altertümliche Typen. Die Brust ist nicht sehr hoch gewölbt, aber breit und kräftig; kräftig sind Rücken und Hüften. Aber die Anlage der Figur ist meisterhaft berechnet, für die Wirkung des Ganzen, wie der einzelnen Theile. Nirgends finden sich Härten und Ungeschicktheiten einer noch aufstrebenden Kunst; es sind vielmehr alle Kenntnisse und Erfahrungen, über welche die ausgebildete Kunst nach einem langen Leben verfügt, mit sicherer und bewusster Meisterschaft für eine nur scheinbar anspruchslose und einfache Figur verwendet. Der Körper, an welchem allein man den Gott nicht erkennen würde, ist in allen Theilen gleich schön und sorgfältig durchgeführt. Ueberall offenbart sich die treueste und gewissenhafteste Benutzung des lebenden Modells, und im Detail der einzelnen Formen mehr, als es sonst bei antiken Werken hervorzutreten pflegt; und wenn ich vorhin darauf hinwies, dass der feste Stand der Action des Leierspiels durchaus gemäss ist, so darf hier vielleicht an den technischen Vortheil erinnert werden, dass diese Stellung zugleich für den, der Modell steht, sehr günstig ist. Im einzelnen muss noch hervorgehoben werden, dass die Füsse und Hände und besonders die linke Hand von ausserordentlicher Schön-

[1]) Arch. Zeitung 1857 p. 35*.

heit und mit so meisterhafter Eleganz und Feinheit gearbeitet sind, dass sie die höchste Bewunderung in Anspruch nehmen.

Es lassen sich in dieser Figur drei Tendenzen, welche auf das eigentümlichste mit einander verbunden und vermischt sind, verfolgen. Erstens ein Anlehnen an die altertümliche Kunst, welches sich in dem Typus des Kopfes, in der breiten Brust, in der Einfachheit der Anlage kund giebt. Zweitens das treueste und sorgfältigste Studium der Natur. Drittens das offenkundige Streben nach vollkommenster und feinster Durchbildung und raffinirter Eleganz der Arbeit.

Ich bin ausser Stande, den Unterschied der Auffassung der Natur in dieser Figur von derjenigen der altertümlichen und vollendeten Kunst, welchen ich so deutlich zu empfinden meine, im einzelnen Linie für Linie nachzuweisen. Ich wüsste dafür nur an das Urteil jener wenigen Künstler zu appelliren, welche Fähigkeit, Neigung und Geduld haben, die Antike nicht nur als eine compacte Masse im Gegensatz zum Modernen zu betrachten, sondern auch feinere Unterschiede in der Auffassung der Formen innerhalb jenes allgemein Antiken aufzuspüren und aufzuzeigen und auch darin die Gesetze des Fortschreitens und Alterns der Kunst wiederzufinden. Ich kann mich dennoch dem Versuche nicht entziehen, durch einige allgemeinere Andeutungen in dieser Richtung diese meine Anschauung zu begründen oder wenigstens zu verdeutlichen.

Wer sich die Mühe nimmt, den Kopf des lysippischen Apoxyomenos mit dem Kopfe des von Friederichs für polykletisch erklärten Doryphoros oder einem Kopfe ähnlicher Art im einzelnen genau zu vergleichen, dem werden ausser dem gewissermaassen architektonischen Unterschiede des eigentlichen Typus noch andere feinere Unterschiede der Behandlung nicht entgehen. Beim Doryphoros wirken die Formen einfach plastisch als Formen und Flächen; Licht und Schatten hebt diese plastischen Formen und Flächen hervor, macht sie deutlich, unterstützt ihre Wirkung. Aber diese plastische Wirkung bleibt rein; es tritt nichts fremdes, momentanes hinzu; wir sehen die Formen, wie sie sind, körperlich. Anders bei dem Apoxyomenos. Hier sehen wir ein reizendes, lebendiges Spiel von Licht und Schatten, das von der plastischen Form unabhängig scheint und doch aus ihr folgt. Auf der Stirn, an Wange und Mund, überall sind die einzelnen Formen mit dem feinsten empfindlichsten Sinne modellirt; die sie begränzenden Linien laufen ineinander, überschneiden sich; bei jeder neuen Beleuchtung, von jedem neuen Standpunkte aus wiederholt sich dies belebte wunderbare Spiel. Es ist hier, ausser der in engstem Sinne plastischen Wirkung eine momentane plastisch-malerische Wirkung mit Absicht und Bewusstsein erstrebt und erreicht. Eben derselbe Unterschied findet auch in der Behandlung der Körper statt, nur dass es uns, weil wir die Körper nicht nackt zu sehen gewohnt sind, schwerer fällt, ihn auch hier zu erkennen.

Ich zweifle nicht, dass der berühmte Ausspruch des Lysipp in der varronischen Notiz bei Plinius[1] über sich selbst den älteren Künstlern gegenüber: *ab illis factos quales essent homines, a se quales viderentur esse* in dem angedeuteten Sinne von dem Gegensatze des malerischen und plastischen zu verstehen sei, und dass in der That dies, übrigens völlig berechtigte, malerische Princip mit Bewusstsein und Absicht zuerst von Lysipp in die Plastik eingeführt worden sei. Ich halte es ferner für wahrscheinlich, dass in dieser Stelle das letzte *esse* als Zusatz zu streichen ist, und dass der Inhalt von Lysipps Ausspruch war: die Statuen der alten Meister stellen die Menschen dar wie sie sind; ich wie man sie sieht. Ich vermute, dass damit die Notiz in Verbindung zu bringen ist, dass gerade ein Maler, Eupompos, den Lysipp von den früheren Meistern weg auf das Studium der Natur hinführte[2].

Ich konnte diese Auseinandersetzung nicht umgehen. Ich weiss nicht, ob ich mit Geistern kämpfe; aber ich glaube, dass diejenige Auffassung der Natur, welche sich in dem Körper des pompejanischen Apoll zeigt, die Einführung des malerischen Princips in die Plastik zur notwendigen Voraussetzung hat.

Ich glaube ferner, dass in der, wenn ich so sagen darf, anatomischen Darstellung der einzelnen Formen der pompejanische Apoll eine peinlichere, eine weniger frische und weniger unbefangene Auffassung, einen späteren, mehr gealterten Geschmack kund giebt, als der mit bewusster Meisterschaft, aber noch immer mit echt antikem, grossartigem, bescheidenem und keuschem Sinne durchgeführte Körper des Apoxyomenos; dass in dem Apoll nicht noch nicht, sondern nicht mehr das pulsirende, schwellende Leben der lysippischen Figur seinen ganzen und vollen Zauber übt; dass es durch das raffinirte Studium alles einzelnsten daraus vertrieben ist.

Der lysippische Apoxyomenos kann uns zugleich auf die Betrachtung der Stellung leiten.

Die Wichtigkeit der Art der Ponderation für eine geschichtliche Betrachtung der alten Kunst wird nach Brunns Ausführungen in der Künstlergeschichte niemand mehr bestreiten. Seine Bemerkungen sind, wie mir scheint, nicht immer richtig verstanden und nicht immer glücklich weitergesponnen und die ganze Frage verrückt worden, als ob Polyklet überhaupt zum erstenmale den Gegensatz von Stand- und Spielbein erfunden haben sollte. Bei einzelnen Figuren Michelangelos kann mit Recht von der Erfindung einer Stellung als von etwas neuem und unerhörtem die Rede sein; aber für den Gegensatz von Stand-

[1]) Plin. N. H. 34, 65.

[2]) Plin. N. H. 34, 61: *Lysippum Sicyonium Duris negat ullius fuisse discipulum, sed primo aerarium audendi rationem cepisse pictoris Eupompi responso; eum enim interrogatum quem sequeretur antecedentium, dixisse monstrata hominum multitudine naturam ipsam imitandam esse, non artificem.*

und Spielbein hatte man nicht nötig auf Polyklet, für das in leichter Schrittstellung zurückgesetzte Spielbein nicht nötig auf römische Zeiten zu warten. Sehr mannigfache und bewegte Stellungen kannte schon die altertümliche Kunst — es kann mir nicht zugemutet werden, die Beweise herzuzählen. Aber deshalb bleibt nicht weniger richtig, dass für ruhig stehende Figuren verschiedene Fähigkeit, Geschmack und Gewohnheit verschiedener Epochen auch verschiedene Arten der Ponderation üblich machten, und dass darin eine historische, in den Hauptzügen vollständig klare Entwickelung beobachtet werden kann.

Auf das altertümliche gleichmässige Aufstehen auf beiden Beinen folgt die Entlastung des einen Beines, später das Wegnehmen eines Theiles der Last des Körpers von den Beinen durch Aufstützen des Oberkörpers und des Armes, und für alle diese Stellungen giebt es sehr viele Modificationen. Die Kunst nimmt das Problem der ruhigen und einfachsten Stellungen wie der bewegteren immer wieder von neuem auf, versucht immer wieder neue Nüancen, erfindet immer wieder neue Mittel, auch in der Ruhe Leben und Bewegung darzustellen.

Eine der einfachsten, besonders aus attischen Monumenten bekannte Stellung lässt den Körper in ziemlich senkrechter Linie auf dem Standbeine ruhen, während das Spielbein im Knie wenig gebogen und der Fuss leicht aufgesetzt ist. Bei dem Doryphoros tritt dieser Fuss fast in Schrittstellung zurück, aber die senkrechte Lage des Körpers zum Standbein wird dadurch nicht wesentlich alterirt; dagegen ist durch die geringe Senkung der rechten Schulter, die Wendung des Kopfes, die Hebung des linken Armes ein bestimmter Rhythmos und Bewegung in der Ruhe gewonnen. Aber vergleichen wir den Apoxyomenos. Neben ihm erscheint der Doryphoros trotz seines im Schritt begriffenen Fusses weniger bewegt. Der Apoxyomenos zeigt nicht die völlige Entlastung des einen Beines, der Oberkörper ruht zum Theil auch auf dem Spielbein, und dennoch ist die Figur voll Leben; es scheint fast, als ob der Jüngling sich in den Hüften elastisch hin und her bewege, wenigstens jeden Augenblick in eine solche Bewegung übergehen könne. Der Doryphoros scheint für den Künstler und den Beschauer etwas stille zu halten; die Stellung des Apoxyomenos scheint während und in der Bewegung selbst vom Künstler momentan erfasst zu sein. Diese Wirkung ist erreicht durch den Rhythmos der Figur, welcher bedingt ist durch den weiten Stand der Füsse und durch das Herausrücken der linken Hüfte, das den Körper auf keiner Seite in der geraden Richtung des Beines ruhen lässt. Diese Stellung kann ich keineswegs für eine einfache Modificirung des altertümlichen Aufstehens auf beiden Beinen durch Verschiebung der Hüften und Verrückung des Schwerpunktes halten, sondern für weit später als die einfache Entlastung des Spielbeins. Ich bilde mir nicht ein, dass diese Stellung ohne jede Vorstufe zum erstenmale von Lysipp erfunden und angewendet sei; aber es scheint mir allerdings, dass sie bei ruhig stehenden nackten männlichen Einzelfiguren erst seit den Zeiten des Lysipp und Praxiteles in ihren verschiedenen Modificationen so ausserordentlich beliebt geworden ist, wie sie es für die Folgezeit geblieben ist. Ich glaube ferner, dass sie mit dem besonderen Raffinement und dem weiten Stand der Füsse wie bei dem Apoxyomenos in der That erst durch Lysipp ausgebildet worden ist. Der eigentlich altertümlichen Kunst ist sie, so viel ich sehe, fremd.

Der pompejanische Apoll und die Figur des Stephanos sind ruhiger und einfacher als der Apoxyomenos, sie haben nicht den weiten Stand der Füsse, aber der Oberkörper ist nach demselben Princip so geordnet, dass er mit keinem der beiden Beine lotrecht steht, und die eine Hüfte ziemlich stark vortritt; der Umriss des Körpers ist in ähnlichem Rhythmos bewegt. Es ist versucht, den Schein von Bewegung und Leben mit einer einfacheren und ruhigeren Stellung als die des Apoxyomenos zu vereinigen. Ich kann es nicht für notwendig und auch nicht für wahrscheinlich halten, dass dieser in der Stephanosfigur und dem pompejanischen Apoll sich kund gebende Versuch nur eine Vorstufe der lysippischen Stellung sei; er scheint mir ebensowohl ein absichtliches Zurückgreifen sein zu können, das Experiment einer Kunst, welcher die lysippische Stellung längst geläufig war, und ich werde darin durch den etwas weiteren Stand der dem pompejanischen Apoll entsprechenden Figur des Museums zu Mantua noch mehr bestärkt.

Es ist aus den bisher gegebenen Bemerkungen deutlich, warum ich die Auffassung von Friederichs, dass alle diese Werke genaue Copien echt altertümlicher Originale, ohne jede selbständige Aenderung, sogar ohne selbständige Benutzung des lebenden Modells seien, nicht theilen kann, und aus welchen Gründen ich ebensowenig der Vermutung Conzes, dass die Stephanosfigur eine Copie des polykletischen Doryphoros sei, irgend welche Wahrscheinlichkeit zuschreiben kann[1]. Es kommt dazu, dass ich noch immer der Ansicht bin, dass die Frage nach dem polykletischen Typus bereits gelöst, dass der polykletische Doryphoros von Friederichs[2] und Helbig[3] bereits gefunden ist. Ich darf mich hier auf die letzte bündige Auseinandersetzung Benndorfs berufen[4], dessen ausführlichere Behandlung dieses dringendsten Punktes der alten Kunstgeschichte hoffentlich nicht lange wird auf sich warten lassen. Nur zwei Bemerkungen kann ich nicht unterdrücken.

Gegen die von Friederichs aufgestellte Rückführung des Doryphoros hat Eugen

---

[1]) Dass die Figur des Stephanos dem Motiv eines Doryphoros nicht entspreche, hat Friederichs, Archäol. Zeitung 1869 p. 84 bemerkt.

[2]) Friederichs Der Doryphoros des Polyklet (Winckelmanns-Programm der archäologischen Gesellschaft. Berlin 1863). Archäol. Zeitung 1864 p. 149. Bausteine p. 118 no. 96 vgl. p. 551.

[3]) Helbig, Bullettino d. I. 1864 p. 29 ff.

[4]) Benndorf in der Zeitschrift für die österreichischen Gymnasien 1869 p. 262 ff.

Petersen[1]) eingewandt, dass er in diesen Figuren den erwärmenden Funken des griechischen Geistes, die Schönheit vermisse, welche von der Vorstellung polykletischer Kunst untrennbar sei. Ich weiss nicht, ob dieser Einwurf durch die Erinnerung an das wenig gute Exemplar des Braccio nuovo veranlasst wurde. Bei Betrachtung des Motivs an sich und der besseren Repliken scheint er mir nicht gerechtfertigt. Der Doryphoros ist von einer ursprünglichen Frische, von einer hohen und glänzenden Schönheit, welche ihn, was die Vollendung der Form als solcher angeht, den grössten Kunstwerken aller Zeiten zur Seite stellt. Aber mit vollem Rechte würde jener Vorwurf der Stephanosfigur zu machen sein. Hier fehlt in der That der zündende Funke der Genialität, der volle Wollaut der vollendeten Formschönheit; ein moroses, zur Correctheit gequältes Werk, wie es in Vergleich mit dem besten die Figur des Stephanos und selbst der pompejanische Apoll ist, kann ich dem Künstler, den das Urteil des Altertums neben Phidias stellte, nicht zutrauen.

Die zweite Bemerkung betrifft den Unterschied polykletischer und attischer Kunst. Ich bin keineswegs mit Conze[2]) der Ansicht, dass sich Phidias und Polyklet so fremd gegenüber gestanden hätten, wie Rafael und Dürer, aber allerdings, dass zwischen Argos und Athen ein ähnlicher Unterschied innerhalb des allgemein griechischen stattfand wie innerhalb des allgemein italienischen zwischen Mailand und Rom; und der Ausdruck Benndorfs, dass die archaische dorische und attische Kunst nach der Blütezeit zu gleichsam convergiren, scheint mir sehr glücklich.

Der Doryphoros und die attischen Monumente tragen beide die Kennzeichen der ersten griechischen Kunstblüte; aber die Gemeinsamkeit ist nicht der Art, dass der Doryphoros für attisch erklärt werden müsste. Ich muss darauf bestehen, dass die dahin gehenden Bemerkungen von Conze[3]) und Friederichs[4]), der an seiner eigenen Vermutung irre geworden ist, und von Overbeck[5]) auf einer nicht ausreichenden Beobachtung beruhen. Innerhalb des gemeinsam griechischen zeigt der Typus des Doryphoroskopfes gegenüber sicher attischen Monumenten, welche in grosser Anzahl vorhanden sind, Unterschiede, die nicht auf subjectivem Urteil beruhen, sondern klar und bestimmt nachgewiesen werden können und nachgewiesen sind[6]).

Brunn hat die Figur des Stephanos als selbständiges Werk dieses Künstlers — oder doch als Copie dieses Originalwerkes, mit Uebertragung der Inschrift — angesehen.

---

[1]) E. Petersen in der Archäol. Zeitung 1864 p. 130 ff.

[2]) Conze Beiträge zur Gesch. der griech. Plastik p. 11.

[3]) Conze a. a. O. p. 8.

[4]) Friederichs in der Archäol. Zeitung 1869 p. 84.

[5]) Overbeck Gesch. der griech. Plastik I p. 396 der zweiten Bearbeitung.

[6]) Archäol. Zeitung 1866 p. 173. Annali d. I. 1868 p. 317. Neue Jahrbücher für Philologie 1869 p. 84. Schöne, Bullettino d. I. 1866 p. 70. Benndorf a. a. O. p. 262. 266 ff.

als Frucht der Lehre des Pasiteles, die ihn zum Studium der älteren Kunst und der Natur gleichmässig anhielt. Ich hoffe, dass Brunn keinen Widerspruch dagegen erhebt, wenn ich eine so eigentümliche Schöpfung lieber dem Pasiteles selbst, als seinem weniger berühmten Schüler zuschreibe. Wenn Stephanos ein Werk des Meisters copirte, so erklären sich auch leichter die Unvollkommenheiten und Ungleichheiten desselben, und die, wie mir scheint, stets missliche Annahme der Uebertragung der Inschrift wird vermieden[1]). Dafür scheint mir auch die Gruppe des Menelaos ins Gewicht zu fallen. Sollte wirklich der Lehrer dieses Menelaos in der Figur der Villa Albani die höchste Stufe seiner Kunst erreicht, in ihr gleichsam die Summe seines Wissens und Könnens niedergelegt haben? Hier fehlen Mittelglieder: wir möchten annehmen, dass Stephanos aus der strengen Zucht des Pasiteles zu grösserer Selbständigkeit und Freiheit hervortrat, ehe er einen Schüler wie Menelaos erziehen konnte. Plinius[2]) nennt unter den Monumenten des Asinius Polio auch *Appiades Stephani*. Aus Ovid[3]) ist bekannt, dass vor dem Tempel der Venus Genetrix Appiaden aufgestellt waren, welche mit Wasserkünsten in Verbindung standen und Quellnymphen darstellten. Der Vermutung Otto Jahns[4]), dass es dem Polio auch in diesem Falle darum zu thun gewesen, Nachbildungen beliebter Statuen für seine Anlagen zu erlangen, und dass er deren Anfertigung dem Stephanos als einem geschickten Arbeiter übertragen hätte, weiss ich nichts entgegen zu stellen. Keinesfalls ist es bis jetzt gelungen jene Appiaden des Stephanos unter den erhaltenen Monumenten nachzuweisen.

Wenn ich ein Beispiel geben darf, wie man sich jene Zwischenstufen zwischen der Stephanosfigur und der Gruppe des Menelaos etwa denken könnte, so würde ich auf den berühmten Camillus des capitolinischen Museums (Taf. III, 3) hinweisen[5]), der dem Gegen-

---

[1]) Stephani Compte-rendu pour 1865 p. 101.

[2]) Plin N. H. 36, 33.

[3]) Ovid. A. A. I, 79 ff. *Et fora conveniunt — quis credere possit? — amori Flammaque in arguto saepe reperta foro. Subdita qua Veneris facto de marmore templo Appias expressis aera pulsat aquis.* III, 451 f. *Has, Venus, e templis multo radiantibus auro Lenta vides lites, Appiadesque duae.* Rem. Am. 659 f. *Turpe vir et mulier, iuncti modo, protinus hostes: Non illas lites Appias ipsa probat.* Vgl. Visconti Pio-Clem. I, 35 p. 217 ff. Bentley zu Horaz Od. I, 22, 14. Becker Röm. Altertümer I p. 369.

[4]) O. Jahn, Leipz. Ber. 1862 p. 116 f.

[5]) De Cavalleriis (1585) 73. Maffei 24. Beschreibung Roms III, 1. p. 214. E. Braun Ruinen und Museen p. 142 f. Friederichs Bausteine p. 496 f. no. 798, der bemerkt „...... Wir besitzen in dieser Figur, die schon im Altertum Ruf gehabt zu haben scheint, da mehrere Wiederholungen derselben vorhanden sind, ein unzweifelhaft römisches Werk. Es ist eben eine aus römischer Sitte genommene Darstellung. Gewiss aber gehört die Statue der besten römischen Zeit, dem Anfang der Kaiserherrschaft an. Denn sie ist mit höchster Eleganz und Sauberkeit ausgeführt, und eine kleine Zuthat anmutiger Nachlässigkeit, die sich namentlich im Fall des Gewandes über den Gürtel ausdrückt, erhöht sehr den Reiz des Werkes.“ Die Höhe der Figur beträgt 1,44. — Als statuarische antike

stande nach der römisch gewordenen griechischen Kunst angehört. In Stellung und Haltung steht er der Stephanosfigur nahe; der Geschmack der Gewandbehandlung erinnert an die Elektra der napolitanischen Gruppe, und sogar einzelne Gewandmotive würden sich vergleichen lassen. Aber im ganzen offenbart diese schöne Bronze ein anmutenderes Motiv, eine mildere Stimmung als die früheren Werke der Schule.

Einen unmittelbaren Vergleich mit der Gruppe des Menelaos bietet die auf Taf. III. 4 abgebildete weibliche Figur aus Villa Pamfili, von welcher bisher nur Clarac pl. 836, 2096 A[1]) eine ungenügende Skizze gab.

Die Statue ist überlebensgross, aus griechischem Marmor. Modern sind Kopf und Hals, der linke Arm von der Mitte des Oberarmes an mit einem Theile des Aermels, die Finger der rechten Hand, sonst Kleinigkeiten. Die Rückseite ist wenig ausgeführt.

Winckelmann[2]) hat diese vorher für Clodius in Weiberkleidern gehaltene Statue mit Recht für weiblich und für verwandt mit der übrigens auch in der Grösse gleichen Merope der Gruppe des Menelaos und für den Rest einer ähnlichen Gruppe erklärt: sie wiederholt die Hauptmotive von der Gegenseite. Auch die Verwandtschaft der allerdings geringeren Arbeit ist nicht zu verkennen.

An die Merope erinnern in dem Geschmacke des Arrangements und der Art der Behandlung noch manche andere Figuren, in erster Linie eine schöne Gewandstatue der Villa Borghese[3]). Auch die Töchter des Balbus und die berühmten herculanischen Gewandstatuen in Dresden bieten manche Vergleichungspunkte. Und solche Vergleichungspunkte würden sich noch an anderen Statuen, wie dem Jüngling des capitolinischen Museums[4]), welcher eine Umbildung des sogenannten Iason zeigt, nachweisen lassen, und gerade diese Figur ist für die Art der Benutzung älterer Werke und ihre Umbildung besonders lehrreich. Aber da es sich auch jetzt noch um die Elemente der ganzen Untersuchung handelt, so unterlasse ich es, sie weiter als auf die unumgänglichen Monumente auszudehnen[5]). Es mag

---

Repliken werden ausser der Neapler (Museo Borb. VI, 8. Clarac 770, 1917) eine aus der Collection Miollis: Clarac 770 F, 1917 angeführt. Die beiden borghesischen im Louvre sind moderne Copien.

[1]) Clarac V p. 77: „Les parties modernes sont: les doigts de la main droite, le bras gauche depuis le bas du deltoide. Cette statue est très-retravaillé. [Haut. 8 pol. 8 on.]" Dass Kopf und Hals modern und aus demselben Marmor wie die übrigen ergänzten Theile seien, theilt mir Herr Dr. Matz mit.

[2]) Winckelmann Werke V p. 215 f. 247 f.

[3]) Clarac pl. 979, 2158. V p. 271. Haut. 8 pol. 1 on ½.

[4]) Raccolta di statue antiche (Roma 1804 presso P. P. Montagnani-Mirabili) I, 41 p. 85. Mori Riflessioni sulle sculture capitoline II, 11 p. 40.

[5]) Der Annali 1865 p. 62 angeführte Kopf des Museo Bresciano XLIV, 3 giebt, nach einer Notiz Benndorfs, vielmehr einen echt archaischen Typus wieder. Den sogenannten Germanicus, den Overbeck, welcher den von mir in den Annali d. I. 1865 gegebenen Ausführungen nicht durchaus,

desshalb nur noch auf zwei Analogien hingewiesen werden, welche zu mittelbarer Erläuterung der älteren Werke der pasitelischen Schule dienen können. Der in neuerer Zeit öfter besprochene athenische Apoll ist schon gelegentlich erwähnt worden. Ich habe an anderer Stelle ausführlicher darzulegen versucht[1], warum ich in Betreff dieser Statue Conze, welcher dabei an Kalamis dachte, so wenig beistimmen kann als in Betreff der hier besprochenen Statuen, sondern diesen Apoll für eine etwas blasirte späte Arbeit halte, welche sich an einen altertümlicheren Typus anschloss. Es geht dies aus der nemlichen Tendenz hervor wie die in engerem Sinne archaistischen, wie Zoëga sie nannte hieratischen Werke. Wie diese sich scheuen, von den im Cultus überkommenen Formen abzuweichen, auch nachdem diese Formen künstlerisch bereits überwunden und veraltet sind, so wünscht in jenem Apoll ein grösseres künstlerisches Können, eine höhere künstlerische Prätension nur einen Theil des altertümlichen beizubehalten, einen Compromiss zu schliessen zwischen dem, was die moderne künstlerische Anschauung fordert und dem, was die religiöse Ueberlieferung nicht aufgeben will. Für wie sehr gelungen solche Versuche gelten konnten, zeigen eben die Repliken dieses Apoll, welche auf ein berühmtes Exemplar von übereinstimmendem stilistischen Charakter und denselben archaisirenden Einzelheiten und Aeusserlichkeiten hinführen.

Auch die hieratischen Werke, welche nicht durch ein plötzliches, unvermitteltes Zurückgreifen entstehen, sondern in ununterbrochener Folge zu denken sind und erst nach und nach, wie die überkommene Form dem Gefühl immer fremder wird, zu eigentlich archaistischen werden, müssen wir für das Verständniss der pasitelischen Schule im Sinne haben, insofern als durch diese lange und geheiligte Gewohnheit der Reproduction archaischer Formen die Tendenzen des Pasiteles dem Altertum ungleich weniger auffällig gewesen sein mögen, als sie es für uns sind. Auch lassen sich unter den vorhandenen nicht in dem gewöhnlichen Sinne archaistischen Reliefs Spuren davon nachweisen, dass die absichtliche Wahl der Vortragsweise früherer Zeiten, auch ohne andere als Gründe des Geschmacks, keineswegs unerhört war.

aber zum grössten Theil beipflichtet (Pompeji p. 72. 245. der zweiten Bearbeitung, Gesch. der Plastik II² p. 340 ff. p. 394 f.), aus der von mir angegebenen Reihe streicht, hatte ich nicht direct als der Schule des Pasiteles angehörig bezeichnen wollen, sondern der in einiger Beziehung analogen Bildung des Körpers wegen verglichen, wie den Hermes aus Villa Ludovisi des Kopfes wegen. — Dass die Gruppe von S. Ildefonso Vergleichungspunkte bietet, habe ich a. a. O. p. 64, 1 bemerkt; die Verwandtschaft derselben mit der Gruppe im Louvre ist schon von Visconti Monumenti scelti Borghesiani p. 65 hervorgehoben worden.

[1]) Neue Jahrbücher für Philologie 1869 p. 85 ff.

IV.

Otto Jahn hat öfter darauf hingewiesen, wie die künstlerischen Tendenzen, welche uns beschäftigen, Analogien in den litterarischen Bestrebungen derselben Epoche finden; dass ebenso auch in der Litteratur durch Zurückgehen auf die Muster der alten anerkannten Meister die Herstellung eines reinen Geschmacks erstrebt und dabei vor allem Demosthenes, aber neben und zugleich mit Demosthenes und Platon auch Lysias und Thukydides studirt und nachgeahmt wurden [1]). Die verschiedenen Tendenzen dieser Art, unter denen hier vor allem an den strengen Archaismus des Asinius Polio und den Eklekticismus Ciceros, der mit dem Anlehnen an die besten attischen Muster doch zugleich die Vorzüge der anderen Schulen zu vereinigen wünschte, erinnert werden mag, sind von Fr. Blass weiter verfolgt und dargelegt worden [2]).

Indem wir diesen Gesichtspunkt festhalten, werden die Bestrebungen des Pasiteles in Zusammenhang mit der allgemeinen culturgeschichtlichen Strömung seiner Zeit gesetzt und sie erhalten dadurch neues Licht. Es wird uns um so leichter sein, die eigentümliche Stellung, die Pasiteles in der langen Reihe der Entwickelung der griechischen Kunstgeschichte einnimmt, zu verstehen. Denn es ist nicht etwa ein neuer und frischer Ansatz, den die Kunst auf italischem Boden nimmt; es sind nicht neue und andere Wurzeln, aus denen eine neue und andere Kunst entstände. Die griechischen Künstler in Rom standen zur etruskischen Kunst und überhaupt zu den altitalischen Künstlern sicherlich in gar keinem Verhältniss. Es setzt sich in ihnen der grosse Gang der griechischen Kunstgeschichte naturgemäss weiter fort.

---

[1]) O. Jahn, Leipz. Ber. 1862 p. 111 f. Archäol. Zeitung 1867 p. 70. Vgl. die Einleitungen zu Ciceros Orator und Brutus.

[2]) Fr. Blass Die griechische Beredsamkeit in dem Zeitraum von Alexander bis auf Augustus (Berlin 1865).

Die Kunst wird unter den Griechen lange Zeiten hindurch in sehr vielen kleinen Centren zunftmässig geübt; sie erstarkt langsam und allmählich in kleinen Geschicklichkeiten und Vortheilen des Handwerks, in technischen Erfindungen, bis plötzlich mächtige, tiefer greifende politische und geistige Kämpfe ein energischeres Zusammenfassen aller Kräfte der Nation zur Folge haben, welche die früheren Fesseln der Kunst sprengt: aus den verschiedenen einseitigen provinciellen Schulen erhebt sich rasch und gewaltig die nationalhellenische Kunst, in welcher Athen die Führung übernimmt. Mit dem Sinken der politischen Blüte büsst die Kunst den grossartig monumentalen und religiösen Charakter, der die perikleische Epoche bezeichnet, zum Theil ein; aber sie durchmisst nach und nach den ganzen Bereich menschlicher und individueller Empfindungen und Leidenschaften, sie dehnt ihr Gebiet in jedem Sinne aus; sie wird immer allgemeiner und unentbehrlicher, sie bleibt ein treuer Ausdruck alles dessen, was das griechiche Volk bewegt.

In der Epoche Alexanders treten neue bewegende Kräfte in das geistige Leben ein. Die Kenntniss der Natur und die religiösen Anschauungen erfahren eine gewaltige Umwandlung. Aus derselben geistigen Tendenz entstehen die welterobernden Pläne Alexanders und die umfassenden Ideen des Aristoteles, der über die Schranken des Griechentums hinwegschreitet[1]).

Seit Alexander tritt die griechische Cultur und Kunst erobernd auf, zieht ein Land, ein Reich nach dem andern in ihren Bereich, erfüllt sich mit neuem Inhalt, schafft und löst immer neue Aufgaben. So tritt endlich auch Rom in diesen Kreis hellenischer Cultur und Kunst ein.

Als Pasiteles aufwuchs, war die goldene Zeit der Kunst längst vorüber. Auf Phidias und Polyklet waren die grossen Meister der jüngeren Kunst gefolgt, es waren von ihnen neue Anschauungen, neue Reizmittel gefunden und verwendet worden. Die Rhodier hatten durch die kühnsten Aufgaben und mit gewaltigem Können und Wissen neue Bahnen zu eröffnen versucht. Die pergamenische Schule hatte an historischen Gegenständen eine eigentümlich energische und charakteristische Weise der Darstellung ausgebildet. Die Attiker endlich scheinen zumeist den Mustern ihrer Vorfahren wenn auch immerhin in einem mehr äusserlichen Idealismus treu geblieben zu sein.

Wie in dem Kampfe der litterarischen Richtungen die Neigung der maassgebenden römischen Gesellschaft für die bedingte Nachahmung der attischen Muster der ersten Blütezeit entschied, so wird diese selbe Neigung die entsprechende Reaction auf dem Gebiete der bildenden Kunst, welche die natürliche Folge des Alterns und der Uebersättigung

[1]) Diese Umwandlung ist häufig besprochen worden. Vgl. A. von Humboldt Kosmos II p. 183 ff. und besonders Schnaase Bildung und Christentum (Berlin 1861) p. 53 ff.

war, beschleunigt und gestärkt haben. Diese Reaction war sicherlich nicht an einen Ort, an einen Künstler, an eine Schule gebunden. Aber für uns ist sie mit dem Namen des Pasiteles verknüpft. Unbefriedigt von seinen nächsten Vorgängern, unbefriedigt von den gewaltsamen Conceptionen und der Massenwirkung der Rhodier, wie von dem conventionellen Idealismus der Neuattiker, glaubt er die Natur selbständiger und energischer nachbilden zu müssen. Aber indem er die Fehler aller Schulen vermeidet, wünscht er die Vorzüge aller zu vereinigen. Es ist das erste Beispiel des Eklekticismus in der Kunstgeschichte, das Pasiteles uns bietet. Nicht in der Art der Kunstwerke, aber in der kunstgeschichtlichen Stellung ist er mit den Carracci zu vergleichen. Wie diese die Vorzüge der Antike, Michelangelos, Rafaels, Correggios und der Venezianer zu vereinigen hofften[1]; wie Mengs die Schönheit der Antike mit dem Ausdrucke Rafaels, mit der Anmut und Harmonie Correggios und dem Colorit Tizians verbinden will[2], so will Pasiteles, der die Kunstwerke aller früheren Schulen und die altertümlichen des Kalamis, Kanachos, Pythagoras nicht weniger als die der nachpraxitelischen und nachlysippischen Meister kennt, vor allem die strenge, einfache, starke Wirkung, den eigentümlichen Reiz der

---

[1]) Agostino Carracci bezeichnet das Ideal selbst in dem berühmten Sonett zum Lobe des Niccolino Abbati

Chi farsi un buon pittor brama e desia;
Il disegno di Roma abbia alla mano,
La mossa coll' ombrar Veneziano
E il degno colorir di Lombardia;

Di Michelangiol la terribil via
Il vero natural di Tiziano,
Di Correggio lo stil puro e sovrano
E di un Raffael la vera simmetria;

Del Tibaldi il decoro e il fondamento,
Del dotto Primaticcio l'inventare,
E un po' di grazia del Parmegianino:

Ma senza tanti studj e tanto stento
Si ponga solo l'opre ad imitare
Che qui lasciocci il nostro Niccolino.

Eins der frühesten Urteile, welches der herkömmlichen kunstgeschichtlichen Schätzung der Carracci widersprach, wird das von Passavant sein in den Ansichten über die bildenden Künste von einem deutschen Künstler in Rom (Heidelberg und Speier 1820) p. 57 ff.

[2]) Mengs Opere I p. 78 „. . . . . Conchiudo da tutto il fin qui detto, che il pittore che vuol trovare il buono ossia il miglior gusto, deve imparare a conoscerlo da questi quattro; cioè dagli antichi il gusto della bellezza, da Raffaello il gusto dell' espressione, da Correggio quello del piacevole e dell' armonia, e da Tiziano il gusto della verità ossia del colorito. Tutto questo però deve egli cercare nella natura u. s. w. Vgl. Ansichten über die bildenden Künste u. s. w. p. 65 f.

altertümlichen Kunst erreichen; aber er will bei dieser Einfachheit weder auf die anatomische Wissenschaft der Rhodier, noch auf die neuattische Eleganz verzichten. Er lehnt sich, besonders in den Köpfen an die altertümliche Kunst an; er folgt ihr in Besonderheiten, die hart an die Grenze des möglichen streifen —, aber er ist ein Epigone; er kann sich als Sohn seiner Zeit von einer veränderten Auffassung der Natur nicht frei machen, er kann und will sich der Kenntniss alles dessen was er gesehen nicht entschlagen. Bei aller Strenge gegen sich selbst, bei aller hingebenden Treue gelingt es ihm nicht, zur grossartigen und tiefen Auffassung der Natur zurückzukehren, die ihre höchste Offenbarung in den Sculpturen des Phidias gefunden hat. Es gelingt ihm nicht, die glückliche Wirkung der altertümlichen Werke zu erreichen, die er in ihrer naiven Schönheit und Kraft so sehr geschätzt haben muss, deren Meistern er an Wissen und Können so weit überlegen ist.

Wenn ich nicht völlig irre, ist vor allem der pompejanische Apoll geeignet, die Vorstellung von dem künstlerischen Charakter des Pasiteles, welche wir aus so vielen und verschiedenen Elementen mühselig zusammensetzen mussten, in der eben angedeuteten Art zu beleben und zur Anschauung zu erheben. Die Repliken dieses Apoll sind zugleich ein Beispiel dafür, wie eine für eine bestimmte Situation erdachte Figur mit andern Attributen ausgestattet in verändertem Sinne verwandt wird. Die Verwendung derselben Figur in verschiedenem Zusammenhange zeigt sich noch deutlicher in der napolitanischen und der Pariser Gruppe, und auch an die Gewandstatue der Villa Pamfili ist dabei zu erinnern. Es verrät sich in diesen Gruppen — selbst diejenige des Menelaos ist von diesem Vorwurfe nicht ganz frei — eine fast mehr gezeichnete als plastisch gedachte Composition, und diese Composition ist so künstlich einfach, dass man über den bestimmten Moment, über das eigentlich sprechende Motiv zweifeln kann —, in recht auffälligem Gegensatze zur rücksichtslos deutlichen archaischen Kunst. Aber nicht zweifeln wird man über den tragischen Charakter dieser Figuren. Dass die Tragödie auf die bildende Kunst und besonders auf das Kunsthandwerk auch der Blütezeit von bedeutendem Einfluss war, soll nicht geleugnet werden. Aber wirkliche Kunstwerke in grossem Stil sind nicht durch die Tragödie bedingt, sondern stellen sich, als selbständige Aeusserungen desselben schaffenden Geistes, welchem die Tragödie entstammt, dieser zur Seite. Die archaische Kunst zumal entnimmt ihre Bilder der Heroen unmittelbar dem in Epos und Localsage ausgesprochenen, durch Epos und Localsage sich nährenden Volksbewusstsein. Die Charaktere des Orest, des Pylades, der Elektra, wie sie uns jene Gruppen der pasitelischen Schule vorführen, sind durch die euripideische Tragödie hindurchgegangen. Die Kunst, der die religiöse Seite verkümmert ist, die sich nicht mehr eins fühlt mit dem Volksgeiste selbst, nicht mehr aus ihm immer neue, jugendliche Kraft schöpft, wendet sich auch heute an das geistige

Besitztum der Gebildeten, bemüht sich den Mangel der zündenden Wirkung des Stoffes auf das religiöse und nationale Gefühl durch die Erinnerung an Dichtwerke zu ersetzen, das poetische Verdienst dieser auch für sich auszunutzen.

Was waren einem römischen Grossen, für den Pasiteles arbeitete, Orest und Elektra? — Was uns Hamlet und Lear sind: Tragödienfiguren, Gestalten einer durch litterarische Bildung erworbenen poetischen Welt. Wie unsere modernen Bilder Juliens und Desdemonens auf die Zaubersprüche Shakespeares rechnen, so mochte der Anblick der Gruppe des Orest und Pylades die euripideischen Verse in den Sinn bringen[1])

. . . . . . Ὀρέστην κεῖνον οὐχ ὁρᾷς πέλας
στείχοντ', ἀγῶνα θανάσιμον δραμούμενον;
ὁρῶ δ' ἄελπτον φάσμ', ὃ μήποτ' ὤφελον,
Πυλάδην τε καὶ τὸν σύγγονον στείχονθ' ὁμοῦ,
τὸν μὲν κατηφῆ καὶ παρειμένον νόσῳ,
τὸν δ' ὥστ' ἀδελφὸν ἴσα φίλῳ λυπούμενον,
νόσημα κηδεύοντα παιδαγωγίᾳ.

Ebenso mussten die Gruppen des Orest und der Elektra, der Merope mit Kresphontes notwendig an die Charaktere, an Scenen und Verse der Tragödien lebhaft erinnern; sie setzen ihre Kenntniss beim Beschauer voraus.

Es hat eine eigne Anziehungskraft, der Thätigkeit gerade solcher Künstler nachzuspüren und gerecht zu werden, welche unter Verhältnissen, unter welchen dies sehr schwierig gewesen sein muss, redlich bestrebt waren, ihre Kunst gewissenhaft und streng zu üben und weiterzuführen, unbeirrt von weniger mühevollen und äusserlich glänzenderen Manieren. Es ist nicht ihre Schuld, wenn sie das höchste nicht erreichen, das in glücklicheren Zeiten leichter zu Theil wird; ihre Werke verfehlen auf einen ernsten Sinn ihren Eindruck nicht. Es gereicht dann zu einer Art Genugthuung, wenn es möglich ist zu erkennen, dass solche Bestrebungen nicht unfruchtbar, dass sie nicht ohne glückliche Einwirkung auf die Folgezeit geblieben sind. Die schöne Figur des Camillus und zumeist die Gruppe in Villa Ludovisi scheinen jene Tendenzen des Pasiteles zu rechtfertigen. Auch seinem Enkelschüler Menelaos ist es nicht gelungen der Naivität, der siegenden Klarheit, der hinreissenden Wirkung der vollendeten Kunst gleich zu kommen. Aber im Besitze der Tradition und der Kunstmittel seiner Schule und auferzogen in ihrer strengen und harten Zucht, hat er es verstanden einen so hohen Grad von einfacher und edler Schönheit zu erreichen, dass er den grossen Meistern der Vorzeit nicht unwürdig nachgeeifert hat, und sein Werk vor der Masse der gleichzeitigen Monumente weitaus und glänzend hervorsticht. Den Zusammenhang mit den älteren Werken der Schule offenbaren nicht nur die einfache Anordnung, einige Besonderheiten, wie das Verhältniss der Gesichts-

[1]) Eurip. Orest. 877 ff.

theile an der Merope und die wenigen Schwächen, die man über dem vielen erfreulichen so gern übersieht[1]), sondern wie sehr der Künstler selbst sich dieses Zusammenhanges bewusst war, lehrt die Inschrift, in welcher er sich als Schüler des Stephanos bekennt, ebenso wie dieser seinen Lehrer Pasiteles nannte —, eine Art der Pietät, die in der Künstlergeschichte, so viel ich sehe, fast allein steht[2]). Aber jener Erfolg ist weder intensiv, noch ist er von langer Dauer. Es liegt in der Natur der eklektischen Schulen begründet, dass das erste zusammengesetzte Ideal bald von anderen zusammengesetzten Idealen verdrängt wird, dass innerhalb der Schule selbst, innerhalb des gemeinsamen verschiedene und meist kurzlebige Richtungen aufkommen[3]). Wer die Irrgänge der späteren italienischen Kunst zu übersehen im Stande ist, möchte leicht diese Sätze im einzelnen begründen können.

Wenn die Schule des Pasiteles zu so erfreulichen Leistungen vordringt, so muss dennoch die Besserung selbst, die sie erstrebte, für das Auge, das nicht am nächsten haftet, sondern weitere Strecken überblickt und das einzelne in Verbindung mit dem ganzen sieht, als ein Symptom des Verfalls gelten, als ein Versuch, der alternden Kunst neue Lebenskraft einzuflössen, der, auch wenn er gelingt, das Ende aufhalten, aber nicht abwenden kann. Wenn es wahr ist, dass alles menschliche nur besteht durch begeisterten zuversichtlichen Glauben, so gilt dieser Satz doppelt von aller Kunst. Wo das Kunstwerk nicht mehr „gleich Athena in voller Rüstung dem Haupte des Künstlers entspringt", sondern „seine Wehr nachträglich zusammensucht", wo der Künstler zweifelt nicht etwa an seiner Kraft und Kunst, sondern an dem Ideal selbst, das ihm vorschwebt, bleibt ihm der goldene Kranz versagt. Nur wo der Künstler die volle Seligkeit des Schaffens empfand,

[1]) Brunn Künstlergeschichte I p. 599 „ . . . . . . Freilich fehlt die Frische, Lebendigkeit und Weichheit der Modellirung, welche in den Werken der besten Zeit uns das vorhergegangene Studium gänzlich vergessen und das Kunstwerk wie unmittelbar aus der Natur in Stein verkörpert erscheinen lässt. Ebensowenig finden wir ein Prunken mit technischer Meisterschaft und gelehrtem Wissen, wie wir es in den Werken der kleinasiatischen Kunst bemerkt haben. Wir erkennen vielmehr, wie der Künstler namentlich in den Gewändern jede einzelne Partie sich für seine besonderen Zwecke zurechtgelegt hat; ja an einigen Stellen glaubt man noch Spuren einer Zubereitung des Modelles wahrzunehmen, welches der Künstler zuerst sorgfältig in Thon nachgeahmt haben muss, um es erst dann in den Marmor zu übertragen . . . ."

[2]) In der Inschrift an einem Grabmale im Dom zu Siena vom Jahre 1321, bei Schnaase Geschichte der bildenden Künste VII p. 413 Note, heisst es: *Operum de Senis natus ex magistro Camaino in hoc situ florentino Tinus sculpsit omne latus. Hunc pro patre genitivo debet inclinari ut magister ille sive velit appellari.* Hier ist der Lehrer also zugleich der Vater.

[3]) Es ist interessant, mit der Figur des Stephanos eine in Villa Albani im Corridor neben dem sog. Brutus aufgestellte Statue eines Jünglings (Annali d. I. 1865 p. 64 f.) zu vergleichen, welche in Stellung und Haltung (in umgekehrter Richtung) und im ganzen Charakter und Typus an jene erinnert, aber ganz andere Proportionen zeigt und unnatürlich schlank und trocken ist. Die Höhe, ohne Basis, beträgt 1,50, die Länge des Fusses 0,24, die Kopfhöhe 0,23, die Breite der Schultern 0,36.

strömt ein Theil dieser Seligkeit auf den Beschauer über, ein beglückender Hauch von Ruhe und Frieden, wie er von den Schöpfungen des Phidias und Rafaels ausgeht.

Der Versuch einer akademischen Regeneration wiederholt sich noch in der befohlenen Treibhausblüte der hadrianischen Kunst —, in ihrem stilvermengenden Archaismus, in ihrer glatten und leeren Eleganz, selbst in dem schönen, aber fast krankhaft sinnlichen und trüben Ideal des Antinous ein neues und deutlicheres Symptom des langsam herannahenden Endes. Auch die Lebenskraft der hellenischen Kunst wird endlich erschöpft. Aber wunderbar lange und unverwüstlich hat sie bis in das späte Alter ausgedauert; auch im Verfall selbst herrscht noch antike Grösse. Alle die Erscheinungen der verschiedenen Epochen tragen trotz aller Verschiedenheit ein gemeinsames Gepräge, welches der modernen Kunst die Antike als eine einzige grosse Erscheinung gegenüberstellt; für die Festigkeit der Tradition in der alten Kunst fehlen uns in der modernen alle Vergleichungspunkte. Wie die Carracci in ihren Schwächen dennoch den Vortheil haben, italienische Künstler zu sein und noch unter dem Einflusse der rafaelischen Epoche zu stehen — und eine künftige Zeit wird vielleicht darüber erstaunen, dass gerade unsere Zeit sie so völlig verwirft und über die Missachtung des für die Kunst doch wesentlichsten Elementes der Schönheit, die sich in dieser einfachen Verwerfung kund giebt —, so haben Pasiteles und Menelaos den Vorzug nicht nur des Südländers, sondern auch des antiken Künstlers voraus. Mit Recht konnte Herder in den Sätzen, von denen wir bei dieser Untersuchung ausgegangen sind, die Gruppe des Menelaos zugleich mit den griechischen Grabreliefs als Zeugen des echtgriechischen Geistes nennen, als Gestalten einer idealen Welt, der er angehören möchte. Denn diese Gruppe ist in der That noch ein Ausfluss derselben schöpferischen Kraft, welche die Sculpturen des Parthenon erzeugte, desselben unvergleichlichen Schönheitssinnes, der auch den untergeordneten griechischen Werken eine Art besonderer Vollkommenheit verleihen konnte. Der Strom ist schwächer geworden, aber er entstammt derselben Quelle; und unter allen späteren Werken möchte keines sein, das so viel von jenem echtgriechischen Geiste des Maasses und der Schönheit in sich trüge, das so würdig wäre als letztes Denkmal dieses Geistes dazustehen, als jene „stillen Vertrauten", welche die Hand des Menelaos geschaffen hat.

BUCHDRUCKEREI VON W. DRUGULIN IN LEIPZIG

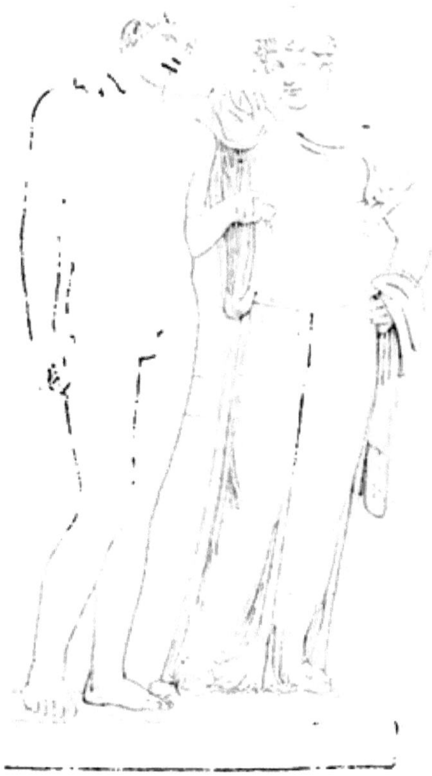

1.

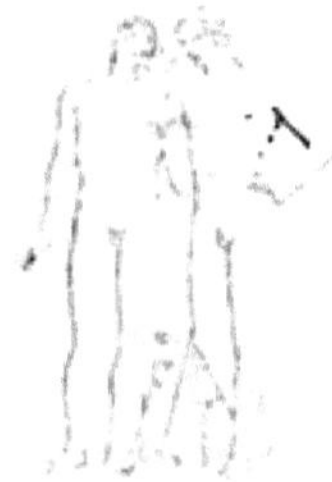

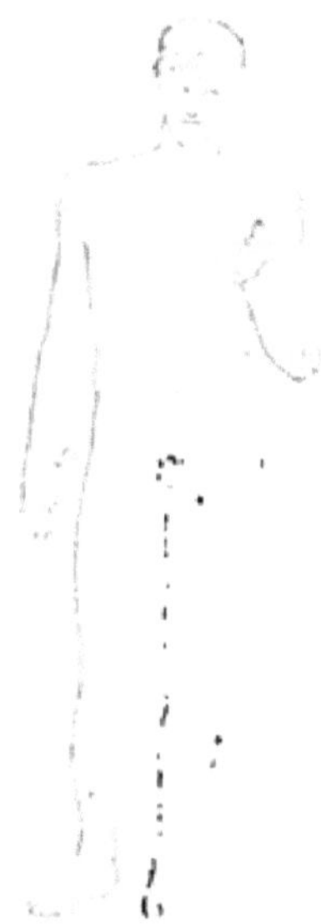

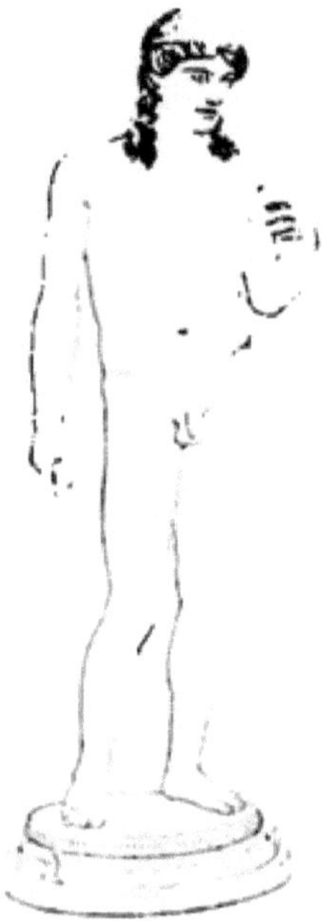

1.

2.

3

4

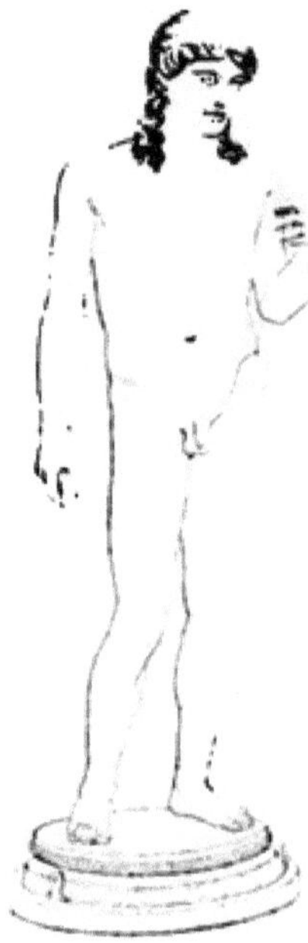

1.

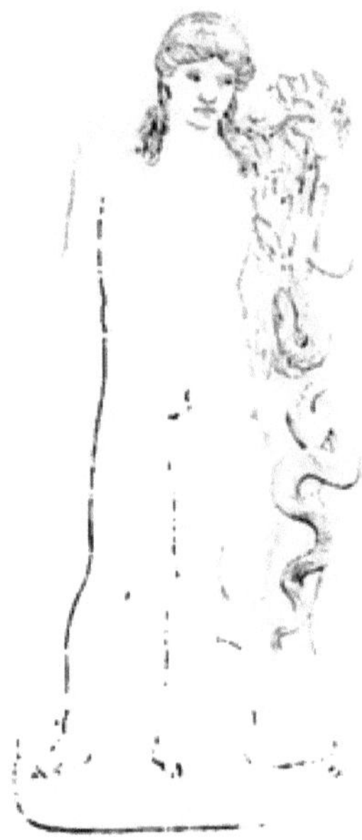

2

3

4